U0508754

文史哲论丛

（2014卷）

CULTURE, HISTORY AND PHILOSOPHY FORUM (2014)

主　编◎谷建全
副主编◎卫绍生　张新斌
　　　　高秀昌　闫德亮

社会科学文献出版社
SOCIAL SCIENCES ACADEMIC PRESS (CHINA)

前　言

《周易》曰："刚柔交错，天文也。文明以止，人文也。观乎天文以察时变，观乎人文以化成天下。"人文精神是人类对自身本质、尊严、价值及终极关怀的追求，是民族与国家文明程度的重要表征。中国现代化进程中如何建构当代人的精神家园，如何与世界进行交流与对话，如何形成具有中国特色的人文核心价值体系，对于文史哲等人文学科的研究者而言，也许需要的不仅是坚守与执着，更是胸襟与担当。五千年的中华古老文明，涵养了大批人文大家与经典之作，传承与创新了富有东方智慧的中华人文思想和人文精神，建构了中国本土的意识形态、价值体系、中国学派、话语体系，其应当成为当下社会转型时期人文知识分子的不懈追求。中原文化博大精深、源远流长，是中华文化的核心与主干。中原文化的内在品格与外在风貌深深地影响着生活在这片厚土上的人文知识分子，并已经成为中华民族走向伟大复兴过程中的文化自觉。

无论是文学的感性体验与心灵意会、历史的鉴戒垂训与实践理性，还是哲学的本体追问与终极关怀，文史哲共同的人文精神和价值追求成为拓展人类认知视野、提升个体生命境界、传承创新优秀文化的重要载体。文史哲传统基础理论学科关系到社会的主流价值导向与人文导向，关系到民族精神的传承与弘扬。为此，河南省社会科学院决定从2014年起编纂出版《文史哲论丛》（2014卷），每年一本，以期增强文史哲研究的力量并不断提升文史哲研究的水平。为了把《文史哲论丛》（2014卷）做成精品，河南省社会科学院专门成立了"文史哲论丛编委会"，就策划、选题、组稿、编辑和出版等工作认真部署，并指导实施。在地方社会科学院进行科研转型发展的背景下，河南省社会科学院深刻认识到基础理论研究与应用对策研究犹如车之两轮、鸟之两翼，需要均衡、协调、全面、有机发展。《文史哲论丛》（2014卷）的编纂出版，旨在加强传统文史哲基础理论学科的建设，并以此为平台进行重点学科的资源配置，以期逐渐形成不同专业、方向、学科整合下的国内文化学术研究新高地。

《文史哲论丛》（2014 卷）所载论文均为河南省社会科学院从事文史哲学科研究学者近年来的研究成果。其呈现出以下特点：一是作者队伍以老带新的发展趋势。《文史哲论丛》（2014 卷）的作者队伍中，既有已经退休的院内专家学者，也有目前文史哲研究所的所长们；既有资深的研究员，也有刚刚毕业的博士生、硕士生，从一个侧面也展示出文史哲研究群体以老带新的阶梯状发展态势。二是研究成果呈现出多重视角与多种方法的研究范式。《文史哲论丛》（2014 卷）囊括了河南省社会科学院文史哲不同学科方向的最新研究成果：既有宏观的理论命题研究，也有微观的文艺个案研究；既有在文献整理基础上的专题研究，也有基于对现实问题观照的实证性研究；既有描述性与阐释性的研究，也有预测性与对策性的研究，呈现出文史哲基础理论研究生生不息的发展活力与潜质。三是刊发论文选题呈现出传统经典研究与前沿动态研究相结合的态势。《文史哲论丛》（2014 卷）收集了河南省社会科学院在古文、古史、古哲等古典学术方面的优秀成果，其中有些是专家学者的国家课题、省级课题等阶段性成果；同时也选取了河南省社会科学院青年科研人员针对新的文化现象、文献资料的最新研究成果，其中有些是博士论文、硕士论文的精华部分。《文史哲论丛》（2014 卷）显示了河南省社会科学院从事文史哲基础理论研究的学者在不断变化的时代语境中的思考与探索，以及他们为学术创新做出的不懈努力。

近年来，河南省社会科学院不断坚持"思想领先、应用为主、学术本位、专家治研、项目带动、统筹发展"的办院理念，为建设河南省应用对策研究中心、河南省哲学社会科学理论创新基地，服务于河南省委、省政府宏观决策的高水平智库，做出了积极努力。河南省社会科学院的文史哲研究具有独特而深厚的学科传承，曾经涌现出了一大批像胡思庸、王天奖、崔大华、栾星、孙广举、何向阳等在学界享有盛誉的知名学者，为河南省社会科学院基础理论研究的持续发展奠定了坚实的基础。《文史哲论丛》（2014 卷）在编纂过程中，力争做到跨越不同研究学科、统合不同研究主题、采取不同研究方法，达到文史哲学科的会通观照。由于时间紧迫及研究者、编纂者的视野和能力所限，不足乃至失当之处亦在所难免，希望能得到方家的批评指教。我们衷心地希望能够以《文史哲论丛》（2014

卷）的编纂出版为开端，埋下打造开放、多元、包容的学术平台的种子，滋养出学术成果精品，为推动文史哲基础理论研究贡献绵薄之力。我们更加衷心地希望，能够通过对文史哲等人文基础理论研究，以视界融合的姿态打破原有学科的藩篱，开启时代的新知；以通达生命的澄明之境，实现文史哲等人文思想的书写与重构，并不断提升文化自觉、增强文化自信、实现文化自强，为中华文化的繁荣兴盛与实现民族复兴的中国梦积极探索、砥砺前行。

《文史哲论丛（2014 卷）》编辑委员会
2014 年 8 月

梁漱溟、熊十力、冯友兰早期政治思想特点论析

高秀昌*

摘要：现代新儒家梁漱溟、熊十力、冯友兰三位先生，由于他们的人生经历和遭际的不同、对于西方哲学与文化了解和认识特别是他们的心性及致思趋向的不同、对中国传统文化及中国国情的认识和了解的不同，致使他们在建构哲学体系上表现出重大的差异，而且在探索中国走向自由民主之路时所提出的政治思想或理想也大为不同。具体来说，梁先生提出的"乡村建设"和"民主建国"等思想，熊先生提出的"中国一人，天下一家"的大同理想和"世界文化国"的设想，冯先生所提出的"工业化"和"都市化"的思想，都表现出不同的特点。不过，他们也有共同的政治思想取向，即以"民本"承受"民主"、高扬"道德理性"、破"私（德）"而立"公（德）"、以哲学或道德代替宗教、以中国文化救世界等。他们的政治思想中所表现出的这些共同特点，是具有保守主义特征的现代新儒家在探索"中国走向自由民主之路"时，力主"高扬中国优秀传统文化"而"返本开新"思想的具体体现。

关键词：梁漱溟　熊十力　冯友兰　政治思想

李泽厚先生（2003）在《现代中国思想史论》中发表的"略论现代新儒家"专论说：现代新儒家（或现代新儒学），大体上说来，是"在辛亥、五四以来的20世纪的中国现实和学术土壤上，强调继承、发扬孔孟程朱陆王，以之为中国哲学或中国思想的根本精神，并以它为主题来吸收、接受和改造西方近代思想（如"民主""科学"）和西方哲学（如柏格森、罗素、康德、怀特海等人）以寻求当代中国社会、政治、文化等方面的现实

---

* 高秀昌，哲学博士，河南省社会科学院哲学与宗教研究所副所长，研究员。

出路。这就是现代新儒家的基本特征"。笔者认为，现代新儒家梁漱溟、熊十力、冯友兰三位先生的"主业"是在中国传统哲学的基础上，吸纳西方哲学（或印度佛学）以建构新的中国哲学即"新心学"和"新理学"，以求守住中国文化精神、中国哲学精神，挺立中国人的精神；以求复兴中国文化、振兴中华民族。而学习西方的"科学"与"民主"则是其"副业"，也就是说，学习西方的"科学"与"民主"虽然是他们思想中的一个主要论题，但是在他们的整个思想中仍处于次要的地位。因为，在他们看来，哲学是更为根本的东西，"科学"与"民主"只是哲学之用，所以人们在研究现代新儒家的时候，往往注重于他们的哲学思想及相关的文化理论，而对于他们的政治思想特别是自由民主思想则不十分看重。其实，现代新儒家大都像张君劢先生一样，是既关注于现实政治又致力于学术（学问）的（即游走于政治与学术之间），而且都是以学术为本、政治为用的。他们在为中国传统文化特别是儒家文化辩护的过程中，一方面通过建立哲学而挺立中国文化；另一方面希望通过学习西方先进的思想文化为中国文化寻找新的出路，并为当时中国最大的问题——"中国向何处去？"指出一条出路。而自由民主思想及制度，不但是自由主义西化派所最为关注、极力宣扬的，激进主义的马克思主义派所企图尽快实现的，而且也是保守主义的新儒家所希望的，只不过现代新儒家对自由民主的吸收、融合走了一条折中之路罢了。

就现代新儒家梁漱溟、熊十力、冯友兰三位先生来说，由于他们的人生经历和遭际的不同、他们对西方哲学与文化了解和认识特别是他们的心性及致思趋向的不同、对中国传统文化及中国国情的认识和了解的不同，致使他们在建构哲学体系上表现出重大的差异，在探索中国走向自由民主之路时所提出的思想设计也大为不同。具体来说，梁先生提出的"乡村建设"和"民主建国"等思想，熊先生提出的"中国一人，天下一家"的大同理想和"世界文化国"的设想，冯友兰先生所提出的"工业化"和"都市化"的思想，都表现出不同的特点。如果单纯按照梁漱溟先生的"乡村建设"之路走，历史和现实已经证明走不通；单纯按照熊十力先生的以"均平""联比"而达到"中国一人，天下一家"，这是一条空想乌托邦的路，也不可行；若单纯按照冯友兰先生的"工业化"先行之路，实在倒是实在，可行倒是可行，但恐怕会延缓中国政治自由民主化的进程。

因为，一般说来尽管经济基础决定上层建筑，但是作为上层建筑的政治制度及文化思想、价值观念具有相对的独立性，它不一定会自动地随着现代经济的快速发展而发展，甚至它本身具有的惰性还会使它沿着自身的轨迹惯性地发展下去。这就是说，即使物质现代化了，经济现代化了，政治并不一定就现代化，所以不能坐等"工业化"，坐等经济现代化后才来实现政治的现代化。而真正要做的应当是多管齐下：经济快速发展、政治自由民主化进程加快、思想文化建设及时跟进。因为社会原本就是一个复杂的系统工程。尽管中国传统的政治、经济、思想文化异于西方近现代的自由民主政治、经济和思想文化，未来中国也不会走一般意义上的近现代自由民主政治道路。当然，我们不能、事实上也不会全盘西化，我们的目标是走向具有中国特色的政治现代化、经济现代化、社会现代化和文化现代化。伴随着近代以来的经济、政治、思想文化的快速发展，中国社会正在实现全面转型。应当相信，中国人不仅能够创造经济发展的奇迹，也有很高的政治智慧实现中国政治制度的创新与发展。现代新儒家梁漱溟、熊十力、冯友兰三位先生对中西治国之道的探索，对自由与民主的思考，就包含很多值得总结的经验和教训。在此，笔者尝试论之，以求教于方家。

一 以"民本"承受"民主"

从一定意义上来说，以"民本"承受"民主"，这是第一代现代新儒家梁漱溟、熊十力、冯友兰三位先生政治思想的基本特征。

梁漱溟先生早在《东西文化及其哲学》中就开始对西方的"德谟克拉西"即"民主"与"自由"进行认真的研究和评述。在该书中，他提出了一个重要论断："对于西方文化全盘承受而根本改过，就是对其态度要改一改。"这里的"西方文化"当然是包括"科学"与"民主"的。梁先生对于西方独具"异彩"的"共和""立宪"条件下的"个性伸展"与"社会性发达"的"民主"真精神的认识是很到位的，他甚至用"人同此心、心同此理"来确认民主的普世价值。他曾在《答胡评〈东西文化及其哲学〉》中说："科学和德谟克拉西这两个东西有没有时间上和空间上的个性区别呢？有没有'南北之分古今之异'呢？照我们的见解，这是有绝对价值的，有普遍价值的，不但在此地是真理，调换个地方还是真理，不但今天是真理，明天还是真理，不但不能商量此间合用彼间合用不合用，硬是我所说'现在所谓科学和德谟克拉西的精神是无论世界上哪一地方人所不能自外的'。中国人想要拒绝科学和德谟克拉西，拒绝得了么？其所以然，就是因为'人心有同然'。"梁先生这是从共性、普遍性出发论证科学与民主的绝对而普遍的价值，论证整个科学与民主精神、科学与民主实现于中国的可能性和必然性。可以说，梁先生的这一主张与主张西化派的胡适没有什么不同，区别只在于：梁先生在全盘承受的同时，要对之进行根本的改过，即用中国人的人生态度、人生价值转化西方人的人生态度、人生价值，而胡适则没有此见。尽管后来梁先生从中西不同的文化路向及异质的人生态度出发，认定中国不能走欧洲近代民主政治的路，因为在中国走这样的路是走不通的。而与此同时，梁先生又极力宣扬中国文化中所包含的"自由""民主"精神。他曾说过，"中国文化富于民主精神""中国文化中的民主成分绝不低于西洋文化"。因为，中国人在家庭、宗族、亲戚、乡党、朋友等关系中就有民主倾向。梁先生在《预告选灾，追论宪政》中也说，中国所需要的民主、宪政，应当由中国固有文化引申发挥而来，不应袭取外国制度。他还说，中国的特点在于：与其说是政治统一，不如说是文化统一；它是"不是国家的国家""不要政治的政治"。其关键在于中国人无阶级意识，或者说根本就无阶级。中国人一贯崇尚理性而不尚力，贵谦、贵让而耻于争，求和合相处而不争强好胜。而民主就是承认旁人，承认旁人即是与"恕""谦""让"相通。

像梁漱溟先生一样，熊十力先生也着重阐述了中国古代思想家的"自由""民主"思想。他说："古者儒家政治思想，本为极高尚之自由主义，以个人之尊严为基础，而互相协和，已成群体，期于天下之人人各得自主而亦相互联属也；各得自治而亦互相比辅也。"熊先生看到了，在政治上人原本是享有自由的，因为人原本是独立自主的，自愿结成团体组织，实行自治。所以，人人的自由尊严便得到保障，或者说，人因为有自由而有尊严。关于"民主"，熊先生说："法家正宗必与西洋民治思想有遥合者……要之，法必有人民公意制定之，非可由在位者以己意立法而钳束民众，此实民治之根本精神。""这合于《春秋》之旨：反统治、反君权、反专制，'贬天子、退诸侯、讨大夫'，决不许居上位窃大柄者以私意制法而强民众以必从；其尊重人民之自由而依其互相和同协助之公共意力以制法而公守之。"熊先生释《礼记·表记》:"置法以民","君子若为社会设置共守之法,必由民众之公共意力制定之。此语已涵民主与法治精神"。总之,熊先生也是在中西比较中来阐释中国思想传统中固有的"自由""民主""法治"的,虽然存在着一定的比附,但是仍然自信、自由、民主是中国文化中"固有"的。

冯友兰先生主要是从哲学人生观的角度对中国传统哲学中的"自由""民主"思想加以阐述的。在冯先生看来:"中国哲学中表现民主思想而可以为民主政治的根据者,也很不少。"他从民主政治的社会里人对人的了解和应持的态度反观中国哲学中所包含的民主成分:一是要有"人是人"的观感,而确实知道"人是人";二是对一切的事物都有多元论的看法;三是要有超越感;四是要有幽默感。这四点作为一种态度、精神,是民主政治的必要条件。在冯先生看来,中国儒家有"人皆可以为尧舜"的见解,表达的是人人平等的意思,而孔子《论语》中"过则勿惮改""过而能改",所表达的就是对批评的容忍态度;儒家的"中和""和而不同"和道家的"各适其适、顺其性情",就是对于事物持多元论的看法;庄子的"得其环中"的"齐是非"的观点就是不以自己的意见为绝对,不以自己的观点为衡量一切的标准,要互忍互让,是一种超越感;中国人常有拿得起放得下的"一笑了之"的心态,孔子就曾有戏言。由此,冯先生总结说:"以上四种态度,都是实行民主政治的必要条件,必须大家都具这种见解,抱这种态度,人人尊重此种作风,才能实行真正的民主。中国哲学家,实在具有此等见解和态度,对于民主政治的实行,的确是相合的。"

综上所述,可以看出,现代新儒家梁漱溟、熊十力、冯友兰三位先生在20世纪20~40年代,是自觉地援引西方传来的自由民主的思想和理念,来阐发中国传统思想中所蕴含的自由民主思想的。这里需要指出的是他们在阐释中所存在的一个偏向,即都把中国传统思想中的"民本"解释或比附为现代的"民主"。对此,已有不少专家学者进行了研究和评述,并做出了明确的区分。如林毓生先生(1988)说:"民主的观念最根本的意义是'主权在民(popular sovereignty)'——国家为人民所有,应有人民自治,中国传统中并没有这个观念……事实上,中国在'普遍王权(universal kingship)'未被怀疑之前,无法产生民主的观念……儒家政治哲学的最高理想,归根结底仍是一元论的、政教合一的'圣王'观念。有道之君要为人民谋福祉，故孟子有'民为贵'的话，然而，这是来自政治道德化的思维，即使表面上与民主观念中所包含的'民享'观念相通，但因来源不同，不可与民主观念相混淆。民主观念所包含的'民享'，在理论上是政治运作的自然结果（实际情况当然要复杂得多）：国家主权属于人民，亦即民有；人民有权利，也被假定有能力自治，亦即民治；自治的措施一切为人民，亦即'民享'，所以'民享'是民主的自然结果……我们必须认识清楚：因为我们传统中并无民主的观念与制度，所以在中国实行民主实在不是一件容易的事……"其实，梁、熊、冯三位先生在迎接西方挑战时都有这样的认识，即民主自由都是"我固有之"的。笔者认为，这其实是误把中国的"民本"当成是现代的"民主"了。我们并不否认中国"民本"思想中含有"民主"的思想资源，但"民本"就是"民本"，有"民本"只能使人民做到"民享""民有"，而不能真正做到"民治"，而做到"民治"恰恰是"民主"的根本，所以必须要经过创造性的转化，才能实现由"民本"达成现代的"民主"。需要强调的是，中国古代思想家眼中的"民为邦本""民为贵"所体现的"民主"，主要是"为民做主"的"民主"，而不是人民自己"当家做主"的"民主"，更不是"民享、民有、民治"三位一体的真正现代的民主。

尽管如此，我们还是要肯定梁、熊、冯三位先生这种积极的探索态度、精神。正是这种探索精神为现代新儒家的后继者开辟了一条通道，即从中国传统思想中开掘自由民主思想的资源，为西方自由民主的移植平整好肥沃的思想土壤。

在此，笔者还想强调的是，现代新儒家确实可以作为一个中介，连接传统儒家的自由民主思想资源与西方现代的自由民主精神。总结他们探索的成败得失，为未来中国自由民主政治的建设和发展开辟新途径，或许这就是研究儒家、现代新儒家与自由主义、民主主义关系的理论价值和实际意义。当代新儒家牟宗三、徐复观先生，特别是徐复观先生便是一个较为成功的范例，他的《儒家政治思想与自由民主人权》（1988）就是这方面的代表作。他说："自由主义的名词，虽然成立得并不太早，但自由主义的精神，可以说是人类文化与生俱来的。只要够得上是文化，则尽管此一文化中找不出自由主义乃至自由的名词，但其中必有某种形态，某种程序的自由精神在那里跃动。否则，就根本没有产生文化的可能。"他还说：

"民主自由是一种态度；这是对整个人生负责的，因之也是民主自由的根源；而民主自由，也正是儒家精神、人文精神在政治方面的客观化，必如此而始成大用。"这里，徐先生也是从自由民主的普适价值、普遍价值来肯定中国传统文化中本有的自由民主精神。虽然中西、古今思想中的自由民主思想的交流、会通、融合是一个十分复杂而又艰难的过程，但是，这一大方向是没有错的。尽管传统文化特别是儒家思想中并没有近现代意义上的自由民主思想，但是不能够否认其中有自由民主的思想资源，更不能否认现代新儒家在接受西方自由民主思想的时候试图从中国传统文化中寻找思想资源。其实，两种文化的交流、融会、贯通，往往就是在纵横比较、探本溯源中进行的。所以，在一定的意义上，笔者赞同郭齐勇先生的观点："现代新儒家的三代代表人物都重视接纳西方近世以降的自由、民主、法治、人权的价值，多有创获。他们在政治诉求上并不保守，在民主政治的理念与制度建设（例如宪政）上，在以德抗位，批评权威方面绝不亚于自由主义者（例如胡适）。梁漱溟、张君劢、徐复观就是其中的佼佼者，熊十力、唐君毅、牟宗三在理论上也有不少建树……关于'儒家自由主义'的概念，学术界有多方面的讨论，亦成为当代新儒学的又一向度。我以为，就自由主义者必须具有的独立的批评能力和精神，必须具有的道德勇气、担当精神而言，就自由、理性、正义、友爱、宽容、人格独立与尊严等自由主义的基本价值而言，就民主政治所需要的公共空间、道德社群而言，就消极自由层面的分权、制衡、监督机制和积极自由层面的道德主体性而言，儒家社会与儒家学理都有可供转化和沟通的丰富资源。"

二 高扬"道德理性"

梁漱溟、熊十力、冯友兰三位先生都有道德救世的思想，这正是中国传统政治思想特别是儒家政治思想的一贯之道，即政治的道德化。

在梁漱溟先生看来，欧洲近代的政治，实是专为拥护欲望、满足欲望，而并无其他更高的要求，因此西方近代的政治就是"物欲本位的政治"。而讲"物欲"，便"有己无人""损人利己""追逐外物"，因此也就会"自丧其天然之生趣"。而中国人讲"理""礼""伦理"，不会把人生放在"物欲"上，因此也就不会像西方人那样"争权夺利"，而是仁让谦礼；不会搞"竞争选举"，而是敬人信人，与人为善；不是凡事都诉诸法律，争个我高你低，而是讲礼乐教化，以"礼"息事宁人，和睦相处。梁先生因此认为，中国人的人生追求是高明、深厚的，也是高于西方人的。也正因为如此，梁先生才说："一民族生命之所寄，寄于其根本精神，抛开了自家根本精神，便断送了自家前途。"熊十力先生也说，西方人言"治化"是"从欲上立基"，从而演成"法治"，而儒家"六经"则是"从性上立基"，从而昌明"德治"；而"民主""法治"只是"器""用"，唯有"德治""礼治""人治"才是"道""体"，这也就是六经"言治"的根本。为此，熊先生着重阐述了儒家六经的"言治"之"九义"，即"仁以为体""格物为用""诚恕均平为经""随时更化为权""利用厚生，本之正德""道正齐刑，归于礼让""始乎以人治人""极于万物各得其所""终之以群龙无首"。而这"九义"所言之"治道"，其根本精神就是"仁""礼"精神，这是"遍注于吾民族沦肌浃髓几千年"而"永远不磨灭之价值"的源泉。因此，熊先生指出，切不可"完全毁弃自己之路"，而应当"反之吾数千年来所奉为常道之六经"。冯友兰先生也曾明确地指出，中国自古以来所形成的"国风"是"道德的价值高于一切"。就是靠这种"国风"，中华民族才成为世界上最大的民族，除几个短时期以外，"永久是光荣地生存着""世界上还没有一个民族能望及中国的项背"。因此，冯先生说："我们可以说，在过去我们在这种国风里生存，在将来我们还要在这种国风里得救。"

一般说来，近代以来中国人的觉悟过程是经由科技（器物）到政治（制度）再到文化（思想）。事实上，思想文化层面的觉悟还是归结为伦理道德的觉悟。不仅是现代新儒家，就是近代具有民粹主义特色的章太炎、五四新文化运动的启蒙者陈独秀等也是这样。例如，章太炎"对历史和历史人物的评定也多从道德着眼……他对当时清朝政府、官吏和改良派的斗争，也总是尖锐揭露对方个人道德的堕落、人格的低劣……'湛心利禄''廉耻丧尽'官迷心窍、趋附势利、佞媚诌伪、怯懦畏葸……这种人身揭露的道德武器，在极端爱面子的中国上流社会和知识分子中，经常是使人狼狈不堪，能够取得很多战果的"。余英时先生（1989）也说："不幸在中国的传统中，一旦形成任何对立，双方（或多方）总是要把它加以道德化，使己方代表正义，而将对方在当代道德上判处死刑。己方既为正义的化身，骂起对方来自然就气壮山河；至于其中有几分'理'在，那就不暇顾及了。从中国传统中转出民主精神来（尤其是容忍异己的精神），所以如此困难重重，其中难道没有可以使我们深刻反省的所在吗?"陈独秀更是明确地说"伦理觉悟"是"最后觉悟之觉悟"："儒者三纲之说，为吾伦理政治之大原……近世西洋道德政治，乃以自由、平等、独立之说为大原……此东西文化之一大分水岭也……此而不能觉悟，则前之所谓觉悟者，非彻底之觉悟，盖犹在徜徉迷离之境。吾敢断言曰：伦理之觉悟为最后觉悟之觉悟。"显然，陈独秀的伦理觉悟是要打倒旧道德，而提倡新道德，批判以"三纲五常"为核心的维护历代封建帝王统治的儒家伦理，从孔子入手抨击和反对束缚国民精神、阻碍社会发展的封建礼教和宗法制度。陈独秀甚至认为作为中国文化根本的"儒教孔道"不被破坏，中国的一切政治、道德、伦理、社会、风俗、学术、思想都没有救治的办法。这种通过伦理道德来解决一切问题的致思取向，使他滑向了唯意志论的泥潭而不能自拔。

道德怎么能够治国呢？这是只有那些所谓有智慧的中国圣贤才能提出的"治国之道"。中国圣贤的政治期待就是"贤人政治"，希望圣贤统治。他们大都相信，只要有"德"的"真明天子""太平宰相"一现世，那么就可以天下有序、天下有道了。可是，无情的史实在不断地粉碎着人们的这种幻想、梦想，他们见到的所谓"圣贤官员"大都是按照读书→做官→发财的高爵厚禄和"一人得道，鸡犬升天"的逻辑来行事的，所以一些官员的贪污、欺骗、敲诈、结党营私、舞弊等就是家常便饭、司空见惯的了。事实上，道德是属"人"的，更是属"己"的。道德只能评价人的行为，并不能强硬制裁人的行为。唯有法律才是治人的，通过法律、法规来客观、公正、公平而有效地调控人的行为。在高扬"法治"的时候又突出强调"德治"，这不仅是中国传统"德治主义"的延续，而且更重要的是因为抬高了"道德"而弱化了"法律"，甚至有道德高过、压倒法律的倾向，致使人们更看重了道德而看轻了法律，更加强化了道德的高贵性，却扔掉了法律的神圣性、绝对性。美国的中国问题观察家、著名汉学家费正清先生（2003）在《伟大的中国革命（1800～1985）》一书中，对于在中国道德对政治的影响有很细致的描述："中国的政治既然存在于道德的世界中，任何一个新的政权上台后，很自然地把许多玷污道德的垃圾都推到他的前任身上，而他的前任也曾经同样否定过他们的前朝。结果是中国历史充满对于过去不如意的当权者的道德谴责……先是希望的象征（也许很短暂），后来又变成暴君的象征。"

事实上，中国圣贤的道德理想主义是一朵只开花而不结果的美幻之树。在中国，似乎只要人的"良心"被发现，一切问题就可以迎刃而解。因为中国人相信，人心是善良的，一切皆在人心中。所以，对于中国人来说，"不怕做不到，就怕想不到"，只要敢想敢干，什么人间奇迹就都可以创造出来，遑论自由民主的政治制度。熊先生就将政治归于道德："治乱之几，故视乎人群相生相养之制度与法纪之当否。而制度法纪之所以当者，必出于道德。道德必有内在之源泉，即心性是也。"这是走向内心道德以解决政治问题的方法和途径。梁先生也曾倡导以中国的礼治、德治取代西方近代所确立的法治。只要中国人的"道德理性"被张扬，中国人的"伦理情谊、人生向上"的精神被张扬，就可以救中国，甚至可以救世界。熊十力先生的著名弟子牟宗三先生，就继承熊先生的衣钵，提出"良知坎陷"说，认为从人的"良知"就可以开出科学与民主。现代新儒家沿着传统儒家的路数，把人的一切一切的问题都归结为人的内心道德问题：人心正则一切正，家正、国正、天下正，于是，天下有道，天下太平；人心邪则一切邪，家邪、国邪、天下邪，天下无道，天下大乱。走向内心的解决之道导致伦理道德的绝对化与泛化。现代新儒家梁、熊、冯三位先生的道德自大，对中国人的不自信的傲慢起到推波助澜的作用，甚至阻碍了中国人真正的觉醒——理性觉醒。这里所说的"理性"当然不仅是梁先生所说的"道德理性"，而且包括"理论理性""逻辑理性"，也包括社会层面的"政治理性""公共理性"等。

现代的自由民主社会是建立在健全的理性基础之上的。所谓健全的理性主要是指包含了确定性、普遍性、真实性、正确性、真诚性的理性。就现代政治理性而言，它也是具有这五大特性的；而具有这五大特性的现代政治理性正好可以对治中国传统道德理性中的不确定性、特殊性、虚假性、虚伪性，等等。在对中国传统道德理性的绝对化和泛化的解构、批判的同时，逐渐建构起现代政治理性，这是建立现代自由民主政治的思想基础。

现代政治社会的自由民主制度和各种法律法规，都是建立在现代政理性这五大特性上的。各项制度和各种法规都应当是政治理性的外化，都应具有确定性、普遍性、真实性、正确性和真诚性。如果缺乏这五大特性，就不能建立现代意义上的政治制度，也不能确保和维护法律的至上性、神圣性及威严。正是从这个意义上说，从心学立场出发的梁、熊两位先生，因为他们的道德理想主义而使他们走向了以伦理道德来解决政治问题和社会问题的传统老路，而不能借助于现代政治理性超越传统，建构现代政治哲学思想。与之不同的是，冯友兰先生则是从理学立场出发，尽管他也相信有不变的道德，但是，因为他承认有客观的、普遍的、必然的"理"存在，所以，事实上，他是在自觉地接受西方近代自由民主的，不过他也反对在政治层面上的全盘西化。在冯先生看来，由于文化的民族性和国情的不同，照搬西方是不必要的，也是不可能的。

三 破"私（德）"而立"公（德）"

这里首先要指出梁、熊、冯三位先生借助于高尚的道德对于人的"物欲"的批判是他们比较一致的地方。他们都看到，中国哲学主张清静无欲，限制物欲，而西方哲学则张扬物欲。因为，物欲会导致人的猖狂、人性的沦丧；另外，西方哲学知识的进入会产生盲人摸象的恶果。所以，西方哲学是片面的，短浅的。梁先生认为：近代西洋人功利派的思想是"肯定欲望"；古印度人的出世思想是"否定欲望"；中国儒家思想主张"不欲之欲"。而他自己的思想也经历了这样三个阶段，即由肯定欲望到否定欲望再到不欲之欲。他的立场是很明确的：也就是不仅肯认中国文化最高远，而且认为中国文化是世界的未来，即世界各国最后都要归本于中国的礼乐之制。

这种因为痛恨物欲而批判物欲，进而否定西方因张扬物欲而进入自由民主政治之路的做法是很片面的。物欲即希求得到诸种物的欲望。人的生存和发展只有仰赖"物"。对于"物"来说，万事万物皆有可变性、易逝性、稀缺性、有限性。假如人所需要的各种"物"都是极大地丰富，取之不尽，用之不竭，那么人就可以无须对于"物"产生欲求。既然"物""稀缺""可变"又"有限""易逝"，因此人必须不断地去得到所需之"物"，否则人便无法生存，更不要说发展了。所以，人就得像西西弗斯循环往复地推石头上山那样，不断地生产自己所需要之"物"，这就是人的"命运"。人的物欲可以说是自然的，也是必然的，而满足人的物欲也是自然的，又是必然的。人之所以伟大，是由于人能够不限于物欲、并且超越物欲（当然现代新儒家在一定的意义上也是承认这一点的）。因此，应当将人的物欲放到最基本的层面上，既肯认之，又超越之，而不应当是抛弃之、消灭之。

如果按照传统中国人的逻辑：个人有欲即为私，无欲即为公。那么如何对待公与私的关系呢？人到底是以"私"立还是以"公"立？如何看待私（德）与公（德）呢？梁漱溟、熊十力两位先生的看法依旧是传统的，没有多少新意。在熊先生看来，人的私欲（如贪财、名誉欲、权力欲等）都是发于人的身体，跟禽兽一样。他认为，人人竞争功利，以利害相团结，最终可导致人类永无宁日。在他看来，正是人的小己之私与野心，"才使得近世帝国主义国家之当权者，欲保持其侵略与剥削弱者之威权"。所以，小己之私欲、私意是要破除的，唯有超脱小己之私图，才能高履或达至公道、正义。熊先生主张单纯地去私、去褊，这样就可以复人性之通、归人情之公，人才有正义感。否则，人只是顽物，不会有正义感。他将"德"分为"公德"与"私德"二种："人生日用之间，慎以持身，言行不苟，此为私德。关于团体生活或公共事业，及凡公道所存、正义所在者，皆尽心竭力而为之，甚至杀身成仁，此为公德。"虽然熊先生依据相反相成之理，也认识到公与私双方应当合一于公道之下，但他还是主张私方应当去私以归公。所以，事实上在熊先生那里，公与私是截然对立的："公，无私也。"这里，熊先生表现出中国传统的意识，而非现代的意识。熊先生还没有以个人为本位的个人与他人（包括集团、国家）的双赢思想。人的欲望虽然无限，可是其享受是有限的：当人满足了需要时，他会考虑将自己的所得拿来贡献给社会。这就是人。冯友兰先生的看法较高，有超越传统之处。在冯友兰看来，人在事实上（即实然上）是"私"的，而在道德上（即应然上）是"公"的。可以说，"私"乃"人性之本"。人若无"私"，他就不能立；人若不能立，他就无自尊；人若无自尊，他就不会自觉其为人。"成家""立业"便是人独立自主的开始。你得有"家"有"业"，这就是说，你得有属于你自己的"东西"；而没有这些东西，你就不是一个真正的、独立的人。人必须要有自己的私有财产，要有自己的"自留地"，这是人之所以为人的根本。有了财产，人就可以建立一个属于自己的私有空间，并在这样一个属于自己的空间里自由驰骋。试想：一个"一无所有的人"他会是一个什么样的人？不要说现实生活中没有这样的人，即使有这样的人，他也只能是一个完全依附于他人的人，毫无自由可言，也毫无权利可言。所以，人必须要有自己的私产。人最惧怕的，莫过于剥夺他的私产，叫他倾家荡产，叫他一无所有。一个"一无所有"的人，他还有什么"脸面"在这个世界上生存？因此，一个合理而健康的社会，必然是人人都有一定的私产即都比较富有的社会。在这样的社会里才会有自由民主可言，也才有和谐幸福可言。因此，现代社会不仅要从经济上、政治上、法律上肯认个人之私，而且要在道德层面确立私的地位和价值。这是确立"个人本位"（不是空洞的、抽象的"以人为本"，而应当是"以具体的个人为本"）、个人价值，同时确立"社会本位"、社会价值的基础和前提。事实上，在个人的基础上，既利己又利人，既为己又为人，既肯认私（德）又张扬公（德），这才是现代自由民主社会的德行基础。只有肯认私、肯认个人、肯认个人的自由意志，才能建立个体独立人格，弱化、淡化人身依附和精神依赖，才能形成健康的自由民主的生活方式。

四 以哲学或道德代宗教

梁漱溟、熊十力、冯友兰三位先生都一致认为中国文化特别是儒家文化是既世间又出世间、亦入世亦出世的非宗教文化，并主张用道德代宗教或哲学代宗教。虽然3位先生都在哲学的形面上的层面上谈论宗教与哲学的关系，并为人的安身立命高扬哲学而贬低宗教，这诚然是对于宗教的一种看法；但这是对宗教一种不够全面甚至带有很大偏见的看法，因为宗教文化不仅是人类文化的源头，而且它还具有十分复杂的内容和各种各样的功能，只从儒家的不屑于谈论鬼神的态度出发就想要否定甚至消灭宗教的看法是非常片面的、幼稚的。好在梁漱溟先生在社会层面上对于宗教和民主关系的认识颇有新意，是高于熊十力、冯友兰两位的。因为他看到了：宗教是要求过团体生活的，而团体生活恰恰是形成自由民主的基础。西方人自中世纪以来的宗教团体生活是文艺复兴以后能够形成自由、民主、平等近现代政治价值观念的基础。西方自由民主政治的一个重要基础就是宗教。这就告诉我们，建构一种人人信仰的神圣宗教是有很重要的价值和意义的。笛卡尔曾经在致默桑的信中说："上帝在自然中建立起这些法则，就像国王在自己的王国中制定法律一样。""人民的声音就是上帝的声音——1801年杰弗逊的胜利奠定了这一信念的基石。托克维尔在描述美国民主时说道：在民主思想中，人民居于整个国家的政治生活之上，就像上帝居于世界之上一样，成为万物的原因和目的，万物生于兹又归于兹。"黑格尔保留了上帝概念的内在论哲学，并允许法律和国家从客观性的内在论中产生。施密特因此指出："从历史角度来看，'私人化'的根源可以追溯到宗教。在资产阶级社会秩序中，个人的最初权利是自己自由。在一系列自由权——信仰和良心自由、结社和集会自由、新闻自由、贸易和商业自由的历史演变过程中，宗教是源头和首要原则。""如果宗教是一桩私人事务，那么由此而产生的结果是私人性受到了尊重，两者是不可分离的。私有财产之所以享有如此神圣的地位，恰恰因为它是一桩私人事务。""宗教是一桩私人事务，这一点使私人性获得了宗教上的认可。从真正的意义上说，只有当宗教成为一桩私人事务时，绝对的私有财产才能获得无条件的保障。"从这些引述中即可看出，在西方，基督教在西方人的政治生活、经济生活、社会生活中的基础作用，特别是在形成自由民主的政治制度时所产生的根本作用。

在此，笔者想着重强调的是：具有神性的宗教观念是政治自由民主的基础。在中国古代，也有君权神授的思想观念，这也是在论证现实的、世俗的政权的合法性问题。尽管后来"天道""天"取代了"帝""上帝"而成为现实君权的合法性基础，但是，其基本的致思趋向并没有改变。由于中国人"天人合一""大化流行"的宇宙观、世界观使得中国人从思想上、精神上最终摆脱了超越的、绝对的神的存在，所以中国人自古及今一直未能建立起真正意义上的一神宗教信仰。因此，中国人回归内心的、以人为本的现实的、世俗的立场，使中国人无法树立起真正的敬畏对象，也没有真正的神圣观念。这样一来，建立在家国一体基础之上的专制制度便缺乏神性的基础。"朝为田舍郎，暮登天子堂""王侯将相宁有种乎"，于是，人人可以成圣，人人可以为王，现实政治成为野心家枭雄追逐、争霸的战场；而"胜者为王，败者为寇"也就成为中国传统政治的逻辑。所以，在没有神性的向度，而只有人自身的向度的情况下，人不仅不能确立自我，而且人也无法超越自我。中国人要么自高自大，上可以通天；要么自卑自贱，下可以同物（"动物"，甚至一般的自然之"物"）。所以，中国人自古以来都是在跟禽兽的比较中来提升人的，而"老子天下第一"的狂妄心理真的可以使中国人达至无法无天之境。相反，有了人所敬畏的神性的信仰，便可以使人有一种谦卑的心理，可以通过外在的"全知""全能""全善"的"神"来提升人，这既可以确立自我，又可以超越自我。与之相应地，现实的政治也就有了真正的神性根基，具体的表现就是政治的神圣性和法律的神圣性。

五　中国文化救世界

现代新儒家走的是文化救国、学术救国之路，合乎借思想文化以解决问题的路数。林毓生先生曾指出："在儒家传统中，有把道德与思想当成人间各种秩序的泉源与基础的看法，遇到了困难的社会与政治问题，便以'借思想文化以解决问题的方法'对付之。"其实，梁、熊、冯三位先生都有中国文化、中国哲学救中国、救世界的理想：梁先生说世界未来是中国文化的复兴。现代新儒家的保守主义最根本之点就是要保住、守住中国文化精神、中国哲学精神。他们相信只要保住、守住中国哲学精神、中国文化精神，就能够救中国，甚至救世界。因为中国哲学精神、文化精神是世界上最高远、最超迈的，是任何民族文化都无法企及的。梁漱溟先生说未来世界文化必定是中国文化的复兴。熊十力先生说孔子广大而精微的哲学思想不仅是救中华民族的，还认为中国的文化观、国家观高于西方。冯友兰先生说中国哲学文化救中国不足，而救世界有余。他们认为：中国文化能够对世界做出贡献：中国文化是一最高的文化，它讲中庸、中道、和合、和谐；而西方文化是向外追逐的文化，是一种斗争文化、霸权文化，全世界人类终将因为永无休止的斗争和骗诈之祸而趋于自毁；所以，非有孔子儒家文化，世界不救。中国文化的最大的特长就在于它有"天下"观念，即超越于"国家"观念之上的世界观念。在他们看来，民族国家，对内进行阶级压迫，对外实施抢夺。所以斗争、战争将持续不断，人类的灾祸不可避免；而有了"天下"观念，就可以化解、消除国与国之间的斗争、战争、侵略，而归于"协和万邦""天下太平"。这是他们自信、自豪的地方。在熊先生看来，中国文化是高尚文化，它使中国人有一种高文化团体的观念，而非现代西方人做强盗、抢夺、残杀的民族国家的观念，有了这种高文化的观念，人类都依着至诚、至信、至公、至善的方向去努力，使全世界成为一个最高的文化团体。这样就可以达至大美、大乐之境，即天下太平之境。面对虽然无序而一体化、全球化的世界，中国的天下观念是否能成为构建"和谐世界"的一个理论基点，仍然是值得我们继续深入探讨的问题。

从中国历史看，自从夏商周"三代"至春秋战国的所谓"轴心时代"，中国在百家争鸣的基础上所产生的以儒道为主体的中华文化，延续了两三千年，即使在中国的范围内，儒家"天下""天下大同"的主导观念和理想，并没有使中国建立起一个天下太平的"和谐世界"，而中国的历史则常常是"分久必合""合久必分"的循环交替的状况。而从理论上看，尽管中国的"天下"观念有"中国一人，天下一家"的理想，它有可能消除国家的界限从而消除国与国之间的争斗与战争，但是，由于人是依赖于种族、民族而存在的，而种族、民族之间的隔阂是难以完全消除的，所以，"天下"理想也终归是理想。其实，人类原本就没有实现"天下大同""世界大同"的方法和途径。历史和现实都证明了这一点。因此，希望以中国的思想文化来拯救中国、拯救世界的理想终归是理想、甚至是幻想，不可能落到实处。不过，这里并不否认世界可以在各个国家的竞争甚至争斗中形成一种秩序，这一秩序可以保障各个国家相对独立的生存与发展；但是，战争以及伴随着战争而来的各种灾祸还是不能避免。这就是人类的宿命。不过这也是人类需要时时保持警惕之心而防止战争发生的缘由。

参考文献

陈独秀：《吾人最后之觉悟》，《新青年》第一卷第六号，1916。

邓晓芒：《徜徉在思想的密林里》，山东友谊出版社，2005。

〔美〕费正清：《伟大的中国革命（1800～1985）》，刘尊棋译，世界知识出版社，2003。

冯友兰：《三松堂全集》，河南人民出版社，2000。

郭齐勇：《近20年中国大陆学人有关当代新儒学研究之述评》，载冯天瑜：《人文论丛（2001）》，武汉大学出版社，2002。

黄克剑等：《徐复观集》，群言出版社，1993。

〔德〕卡尔·施密特：《政治的概念》，刘宗坤等译，上海人民出版社，2003。

李泽厚：《中国近代思想史论》，人民出版社，1979。

李泽厚：《中国现代思想史论》，天津社会科学院出版社，2003。

梁漱溟：《梁漱溟全集》第一卷，山东人民出版社，1989。

梁漱溟：《梁漱溟全集》第四卷，山东人民出版社，1991。

梁漱溟：《梁漱溟全集》第五卷，山东人民出版社，1992。

梁漱溟：《梁漱溟全集》第六卷，山东人民出版社，1993。

林毓生：《中国传统的创造性转化》，生活·读书·新知三联书店，1988。

熊十力：《熊十力全集》，湖北教育出版社，2001。

徐复观：《儒家政治思想与自由民主人权》，台湾学生书局，1988。

余英时：《有感于"悼唐"风波》，载罗义俊：《评新儒家》，上海人民出版社，1989。

"前衡猜想"：6×64 的原生性*

——易学最简关系式与希望哲学

安继民**

摘要：在提出"前衡猜想"源于命运关怀以解读数字卦的前提下，对传统易学的学术路向和版本误置进行反思，用唯一确定性形式系统的易学思想方法探讨了易学最简关系式及其相关的希望哲学问题。这样理解的易学既蕴涵着数理逻辑的形式理性和科学禀赋，又为人类的信仰自由问题提供了无限的可能方式并将其称之为开放神学。

关键词：前衡猜想命运关怀；--/—最简关系式唯一确定性形式系统希望哲学

易在代道立象，易道是境遇中与时俱进之情境串环，境遇是一系列生活问题，不易、简易、交易、变易是用来解决生活问题的种种变通和决断。将易道历史展开，人类共生需要权利，权利要求秩序，权利需要自由，二者互补统一。本文试图对传统易学进行一次全新的解读，旨在确立易学最简关系式——阴/阳（--/—）作为一种思想方法所蕴含的巨大的模塑中华文化形态的重大意义。从易经起源的中国哲学有一种"相信明天会更好"的希望品格，使我们相信有一个整全性、根本性的"明天"，此即希望哲学或开放神学。

从命运关怀的易符号形式系统出发，考察汉字的二元构造源于阴阳互补关系，作为儒道互补哲学的内在结构形式和思想方法，易学的最简关系式及其汉字传承，同时也是华夏文明的"内在形式"。总有一天人们会认识到，易学的这些重要内涵，是中国人人生在世信仰自由性质的存在价值

---

　　* 本文是国家社会科学基金项目"秩序与自由：儒道功能互补的历史形态及其当代向度"（项目编号：08BZX041）阶段性成果。

　　** 安继民，河南省社会科学院哲学与宗教研究所研究员。

指向；中国历史形态的内在形式和外在类型样式，不仅有易学的命运关怀做支撑，而且有其科学的符号形式系统的坚实基础。

一 《周易》版本新诠

（一）传统《易》学及其误区

秦始皇"焚书坑儒"，但《易》却幸免于"秦火"。这说明在法家现实主义者的眼中，《易》虽不是"以法为教"的内容，但亦非儒家"法先王"的典籍，它无害于政治稳定且可满足民众精神生活。

司马迁从儒道互补和道家哲学的高度，"厥协六经异传，整齐百家杂语""正《易传》，继《春秋》"（《史记·太史公自序》），把《易传》抬到了前所未有的高度。于是，两千年来的易学史即以"伏羲作卦""文王重卦作卦爻辞""孔子序《易传》"的"圣人作易"谱系，相信所谓"人更三圣，世历三古"，从而使《易传》而非《易经》，成为影响文化形态最大的基本信念。孔颖达之后就有人对"圣人作《易》"提出过疑问，但迄至五四时期的顾颉刚、余永梁证据确凿地提出"《周易》卦爻辞非文王所作"[①]，易学界对"圣人作《易》"的总体学术倾向却至今仍然没有发生大的、根本性的改变。

朱伯崑先生（1995）指出："从汉朝开始……《周易》列为五经之首，人们对它的研究，成了一种专门的学问，即易学。"《易》作为专门学问得以成立，"从汉代以来，无论是义理派还是象数派，其解易都是经传不分，以传解经，并且将经文部分逐渐哲理化。"传统《易》学一直以来，是一条"以传解经"的思想路线且逐渐哲理化，这应该是不错的。但汉代以前呢？朱先生补充说："易学有自己的历史，如果从春秋时期的易说算起，已经有两千多年。"汉代以后是"易学"，此前只有"易说"，这是朱先生的说法，但易学和易说是什么关系，学术界没有人对这一重大问题做出认真的回应和对待。廖名春等（1991）认为："这里所说的'易说'，指除

---

① 顾颉刚的《周易卦爻辞中的故事》和余永梁的《商周变革与〈易经〉卦爻辞的形成》两文的有关论证。分别载于《古史辨》第三册，上海古籍出版社，1982，第 1~44 页，第 143~170 页。

《易传》外散见于先秦各书和各种出土材料上关于《周易》的说解。这些说解主要集中在先秦史书和诸子著作中。"这说法显然也不清不楚。董光璧（1992）退一步说："虽然关于《周易》的研究在宋代才称之为'易学'，实质上自《易传》起，'易学'就已存在。"这似乎是把"易学"的名分前提了一千多年，但仍然没有涉入真正的《易》文本，即《易传》。《易经》和上千例出土数字卦的关系问题，更没有涉及传统易学"象数"和"义理"间这一重大的学术问题。

（二）传统易学的儒道互补品格

对此，余敦康先生（1997）说："王弼的《周易略例》是一部划时代的著作，易学史上义理派与象数派的明显的分野就是以这部著作的出现为标志的。"对于《经》和《传》的关系，余先生的见解非常精彩，他说："表面上看来，在《周易》的结构形式中，传是解经之作，依附于经而存在，应该是经为主体而传为从属；但是就思想实质以及所体现的文化意义而言，经却是依附于传而存在的，正好颠倒过来，传为主体而经为从属。自从《易传》按照以传解经、牵经合传的原则对《易经》进行了全面解释之后，《易经》原来所具有的那种宗教巫术的思想内容和文化意义便完全改变了，其卦爻符号和卦爻辞只是作为一种思想资料依附于传而存在，被《易传》创造性地转化成为具有人文理性特征的思想内容和文化意义。"余先生认定《易传》为儒道互补之作，蕴涵着中国思想传统所特有的世界观，他说："论证《易传》围绕着'一阴一阳之谓道'所展开的思想体系，是自然主义与人文主义的结合。就其思想渊源而言，它的自然主义的思想是继承了道家，人文主义的思想是继承了儒家，因而总体上体现了儒道互补的特征。"就《易》文本的解释学意义上说，后人为什么一定要"牵经合传"呢？因为《易经》的"宗教巫术思想"既不合道家的自然主义，也不合儒家的人文主义。所以，文本解释学无穷后退的情况发生了，为了解经的《传》反客为主，成了主体，《经》隐身在对它的解释之中，这是后人有意识遮蔽经义的解释学需要。解释者被再解释，文本一步步改变了它的原初内涵。这虽在解释学意义上值得尊重，但就传统特别是两汉经学而言，《经》的至高无上性却悄悄地被时代潮流所裹挟，于是，传统易学在以逻辑损伤历史的同时，却又扼杀了逻辑。

严重的问题在于，历史资料证明，儒道两家的学派争论都是从孔、老所处的春秋晚期发生的，此时只有《易经》而没有完整意义上的《易传》。准确地说，《易传》的发生刚刚真正开始，因为孔子和老子正是《易经》向《易传》创造性转换的关键性人物。也就是说，儒道两家都是在《易经》向《易传》的创造性转换过程中，同步发生并双向展开的，如果儒道两家根源于《易经》的宗教巫术并在此土壤中萌生发展，宗教巫术也就是儒道互补的思想渊源。所以从源头查清儒道互补的发生学问题，就需要追问《易经》的来龙去脉，这既是历史学问题，也是民族文化甚至是文明形态的重大学术问题。如果《易经》确实曾为儒道两家提供了思想方法，《易》文本特别是《易》卦画的发生学问题，在当今这个以文明对话/冲突为主调的时代，就涉及一个十分重要的中、西文化在思想方法上的比较学问题，而思想方法的变革往往就是解释学叙事结构的根本改变。[①]

（三）让文本回归历史的真实

这样，"圣人作《易》"的传统易学解释是否为真？易学的文本发生学究竟如何？就成了不得不面对的带有根本性质的学术问题。布留尔说："原始人的思维则首先利用梦，然后利用魔棍、算命晶球、卜骨、龟鉴、飞鸟、神意裁判以及其他无数方法在神秘因素及其结合为其他方法所不能揭露时搜索它们。原始人的求知欲甚至比我们的还强……没有什么风俗比占卜的风俗更普遍的了。"在漫长的初民时代，易文本发生学蕴涵着中华文化形态发生学的重大理论问题。

当代科学的互补性量子解释和信息所依托的二进制已经并正在造就一个新时代，且与《易经》符号系统有着根本性关联；中国先民的《易》文本符号系统既有"宗教巫术"面，也有科学的符号学内涵和解释学空间。量子的波粒二象性（可用符号表述为~/·）有两套分别由海森堡和薛定谔构建的数学方程支撑，这与西方人原子式因果追问性逻辑思维完全背离。物理学的哥本哈根领袖 N. 玻尔在 1927 年提出"互补原理"，对这一基础性的微观现

---

① 陈炎：《阴阳：中国传统的思维结构》（《孔子研究》1996 年第 4 期），《〈易经〉：作为儒、道两家美学思想萌芽的卜筮观念》（《复旦学报》2004 年第 6 期），《〈易经〉的世界观和方法论》（《中国文化研究》1994 年），《卜筮与哲学》（《中文自学指导》2003 年第 5 期）等论文中的论述。

象进行解释，以协调让人难以忍受的实验结果。玻尔认为，在西方文化传统中，找不到互补原理的同类思想元素，只能用中国太极图的思维形式来看待，这和李约瑟的看法恰相一致。信息单位比特（bit）用二进制数学进行度量并转换为当代网络通信信息处理的基础性技术。二进制的发明者莱布尼茨在传教士白晋等人所寄邵雍《太极经世书》① 的符号图形化了的《易经》上发现了二进制的直观形式，这是莱氏发现二进制并在此基础上发明机械计算机（当代电子计算机的鼻祖）的最重要知识支撑。

熊十力说："两宗（唯物论、唯心论）与大易不同术。"余英时（1987）说："与西方文化相比较，中国文化几乎在每一方面都表现出它的独特形态。"既然中国文化如此特异，那么，该怎样在其根部获得对她的准确理解，以便昭示我们的未来呢？

吴前衡先生在其遗著《〈传〉前易学》中，提出这样一个理论假设，如果张政烺的《易》画阴阳与出土数字卦奇偶相通约论证不错，六十四卦的卦画就不是"两仪生四象，四象生八卦"之类的传统易学逻辑演算的结果，而是整个易学的前提。也就是说，六十四卦的出现是最早的、原生性的。这样，六十四卦作为巫源性的法器符号，就既是科学的又是信仰的。它提供的阴/阳最简关系式作为一种思想方法，既是初民命运关怀的结果，作为关系性形式系统，又可以为作为现代物理学基础的物质世界的波粒二象性提供一种思想范式，从而走出西方人对形式逻辑的迷信。根据吴先生的解读，任何人每时每地每件事，都可以从自己的"身体坐标"出发，进行"二者择一"的行为选择，贞定吉凶祸福，满足自己的命运关怀。阴/阳作为思想方法，--/—符号严格区别于逻辑重言式 A = A 的因果追问方式，中国哲学以"阴/阳"为基础，可自成严格区别于西方的关系性、系统性的形而上学。

二 "前衡猜想"：逻辑历史相统一的《易》文本

（一）什么是"前衡猜想"

所谓的"前衡猜想"，是根据吴前衡先生（2008）长达近 80 万字的遗著

---

① 请参北宋邵雍著，卫绍生校注：《太极经世书》，中州古籍出版社，2007。

《〈传〉前易学》①，根据卡西尔符号学、伽德默尔解释学、波普尔的"世界3"及其科学发现的逻辑来自科学家的"问题→猜想→反驳→问题2→⋯⋯"如此循环等理论，对以《周易》为最后符号集成的易学起源问题做作的独创性研究。前衡猜想可作以下表述。

吴前衡先生以"为什么出土千例数字卦多为六个一组"为问题意识，猜想易象六十四卦之原生性何以可能的推理过程：每个人都有一个空间性的身体，以身体为坐标进行最简差异式二者择一的六次空间定位性选择，必得六十四卦的符号系统，即 $\left(\dfrac{1}{2}\right)^6 = \dfrac{1}{64}$。

在吴先生看来，自1980年张政烺在《考古学报》发表《试释周初青铜器铭文中的易卦》以来，面对上千例基本上全是六个一组的数字卦考古实物存在，易学界囿于几千年的传统成见，除韩仲民外，几乎是一片漠视不理的态度，没有任何人给出过任何理论说明。所以至今为止，"伏羲作卦、文王重卦作卦爻辞、孔子序《易传》"的"圣人作《易》"说，仍是易学界的潜在预设。这种易学文本发生学的误区，可以用一个公式来表述："阴阳→八卦→六十四卦"，它既是由简单到复杂的逻辑集成，正好也是圣人作《易》的历史过程；用二进制数学形式表述，即"$2 \to 2^3 \to 2^6$"的升幂历史过程。

简单的常识是，圣人也是人，人生下来的第一声啼哭不可能是一首好诗。这种从简单出发，逻辑地构造出复杂系统即从抽象到具象的情况怎么可能历史性地具体发生呢？如果中华文明真的有如此精彩的文明源头，哪来的文明初期的"宗教巫术"？最早的数字卦是江苏海安青墩遗址出土的铭刻在鹿骨上的八组数字卦，其碳测年代距今 4400～5300 年，比甲骨文的出现至少早一千年，既然在没有文字的情况下人们已经大量运用了数字卦符号的形式来表达自己的命运关怀，那个年代人们的主导性意识形态当然只能是卜筮性的巫术。怎么对这种易学存在的"巫源性"进行解释呢？这

---

① 吴前衡生前所著《〈传〉前易学》一书，根据武汉大学胡治洪教授推荐、唐明邦先生作《序》，已经由湖北人民出版社于2008年出版。这是一本极有原创性的著作，本文有关易学方面的许多论述都得益于此书，对"前衡猜想"论之甚详，逻辑严谨，运用资料特别是反证性易学资料相当充分。由于是吴先生的遗著，有些理念性的表述前后略有重复且存在一些技术处理上的问题，故引此书恕不详注。

种"巫源性解释"后来又是怎么样转化为"自源性解释"的呢?①

(二) 神灵崇拜：命运关怀的古老形态

占卜的本体是宗教巫术，巫术的本体是先民对命运神灵的崇拜，所以在吴先生看来，占筮易学的出发点只能是先民的命运关怀。据此，他给出了这样一个公式：

占筮易 = 命运崇拜 + 筮仪 + 筮法 + 《易》文本 + 占断解释

他对占筮易学所需要的这五个要素及过程进行了一一展开和证明。对命运崇拜，他说："人总是面向未来生活，但'未来'的生存状况，'现在'从来都不够明朗。人明确地知道有'未来'，但不知道'未来'怎么样，世界的变幻莫测和人对生活的价值期望，反反复复在'未来'上面闪烁交织，把人紧紧地缠绕，人永远无法摆脱。而且，情况随时都在变化更新，人们面向未来生存，就得随时随地谋划'未来'，为'未来'烦劳和烦恼。这就是人作为人的现实生活，是生活本身不可脱离的主题。只是在不同的历史时期，这个主题活跃在不同的旋律里。""初民告别了原始的蒙昧，即开始了命运的苏醒，急切地关怀自己的命运，这是文化的重要进步。命运关怀的表现为对某物某事之后果的计较和思虑，计较和思虑的中心点是命运的好坏。去狩猎，多获还是少获？迁徙涉川，有险还是无险？去作战，俘还是被俘？去作田，好年还是凶年？如此等等，都是命运苏醒的关怀。命运的苏醒，意味着人对自己的未来有了意识，意识到了未来的捉摸不定，意识到这种捉摸不定直接关联着自己的命运，意识到置身于变幻莫测的世界中命运的飘忽不定；于是就产生了对命运有所谋划的要求，以求在变幻的世界中能够趋吉避凶，获得美好的命运。"

但是，有命运崇拜是一回事，怎样进行对命运的谋划或通过什么样的占筮或龟卜方法了解把握命运是另外一回事。结合早期数字卦基本上全是六个一组的重要考古学依据，吴先生给出的猜想是方位神求问，有六

---

① 吴前衡先生关于"巫源性解释"和"自源性解释"的大意是：巫源性解释仰赖于巫史背后的神灵，需要通过一整套仪式才能完成占筮过程；自源性解释即专业史官根据卦爻辞的文字符号所透显出来的汉字信息，给当事人某种不需要复杂仪式的直接解释。由于是人对自身所创造的文字进行解释，故称自源。简单地说，文化形态的根据是人还是神？这不仅是个易学起源的发生学问题，也是中西文化传统的根本区别问题。

"方"必先有六次"二者择一"的求问。经长期的积累，"方位神灵不再是崇拜的对象，但方位神灵崇拜时的标志物，'六个一组的二者择一的选择标记'却作为传统保留下来，因为它拥有通达神灵而安抚命运的价值，各个方向的神灵崇拜整合为统一的崇拜。"他又说："神灵对象变了，但通神之法却仍然是有用的，人神交通的观念仍是牢固的，它就是当时之人所掌握的文化。这时，'六个一组的二者择一的选择标记'，不再是六位神灵分别指示的逐步汇集，而直接就是一个整体，成为统一神表达意志的固定模式。这时，'六个一组的二者择一'标记图形，已经不再是每次祈祷的临时摆弄，它直接就是现成的整体，即作为整体的六十四卦图形。这图形可以采取实物的形式，也可用符号表达，作为人造的崇敬物。""至此，六十四卦正式地登上了历史舞台。易学的源头就在这里。"

这样，"64"就具有了原生性，六位一组的上千例数字卦而不是"八卦"和"阴阳"，才是易学的真正源头。通过这一直面问题的"猜想"，吴氏给出了一个可供"反驳"的说法。圣人作《易》的公式是由逻辑和历史的反演方式成就的分解式：六十四卦→八卦→阴阳，即 $2^6 \to 2^3 \to 2$。这是一个降幂而升幂的过程，这才是真正的历史真实，不需要文字，不需要逻辑，甚至也不需要数字至少不需要数字的计算，用黑白石子或长短粗细的草棍也都行，用任意两种具有最简差异的物体或符号，都能满足初民的命运关怀和求问。《国语·楚语下》中观射父从"家为巫史"到"重"和"黎""绝地天通"的解释，在这里成了专业性分工和占筮的垄断，这在《仪礼》中大量出现的"筮者"和"卦者"都是两个人联合进行的占筮过程也可以得到进一步的证明，这就是我们的巫史传统，它实际上是一种类似专业分工性的历史过程的证据。甲骨文中关于人体坐标和"方"以及后来的"六合""六方"，关于吉凶"二者择一"和"正反对贞"的关键证据都很丰富，这一系列的证据正是我们所谓前衡猜想的关于"易学起源的基因鉴定"。于是绝大多数连文字都没有的六个一组的数字卦考古事实于此得到说明，逻辑和历史在前衡猜想中得到了科学性很强的空前统一。占筮前进行的隆重"筮仪"，亦通过"64"获得它的神圣性。

（三）易学三阶段和三个《易》文本

传统易学的义理派和象数派，都可以归于《传》"后"易学即易学第三阶段，没有文字的数字卦阶段是"《经》前易学"即易学第一阶段，处于两者间的是"西周时代的易学"即易学第二阶段。吴先生分别对"筮书《周易》文本"和"筮书《周易》的卦爻辞"进行了大量的考证，兹恕不具一一。

没有文字的数字卦或卦画→有了卦爻辞但没有"卦德"（八卦取象）和"爻称"（九、六及初、二、三、四、五、上）的《易经》→经传合一的传世本传统易学，这就是对应于易学发生三阶段的三个《易》文本。

（1）**符号文本**　西周早期以前没有卦爻辞串入的数字卦或卦符号文本。

（2）**周易文本**　西周早期有了卦爻辞而没有《易传》的《周易》文本

（3）**传统文本**　经春秋战国到汉武帝之后形成的《经》《传》合一且日益"牵经合传"哲理化解释的传世《易》文本。

可见，"前衡猜想"是波普尔式的真问题猜想，这个猜想从远古洪荒中走来，在《传》前易学中由于初民的命运关怀在"未来"反复闪现，把无数次生命经验向符号文化学的汇聚，经历了漫长的历史过程。传统易学的"象"与"数"，既像通向命运神灵的法器，又因其系统严整从未消失并将永远存在。对于这一原生性的六十四卦符号的理解，牵涉到当代数理逻辑和科学革命的诸多问题，传统易学无法发现其原生性，一直以为它是逻辑展开而非历史派生的，把由繁到简、分解降幂的抽象过程颠倒为由简到繁，从逻辑前提出发的组合升幂的具象化过程。

可见，易学发生学是把具有整体性六十四卦符号作为"统一神"象征的身份，从而复合了大量的初民神圣奥秘。这一严整的形式系统超出了传统易学的思想方法，甚至远远超出了当代人的平均想象水平。因此，它至今仍是一个未解之谜，高悬于人类理性的天空。但是，可以肯定的是卦爻辞的"串"入本来是要解释卦画而编纂进来的历史故事和古歌①，不过一旦巫史专家们将卦爻辞像"羊肉串"一样穿在卦画符号上，意想不到的后果就必然发生：一是解释者被解释，而卦符号本来所要呈现的命运神灵的开放性和希望品格却被卦爻辞的文字解释所限制；二是占筮过程中严整的

---

① 黄玉顺：《易经古歌考释》，巴蜀书社，1995。

唯一确定性的形式系统品格，在人们对卦爻辞的再解释过程中，不可避免地被忽略或过滤掉了，这使得中国的逻辑化形式系统观念被深深地掩埋在汉字的象形/象意二元偶化之中，无法从逻辑的单一性前提出发，使抽象演绎性的形式逻辑进一步得到发展。

吴前衡先生以自述性的口吻说："我是在高亨先生'《周易》古经，殆无爻称'的启发下，为回答'无爻称如何变卦'之问题，才发现了'《A》之《B》'具有唯一定爻功能的。后来在排比揲蓍过程时，又发现了'六、七、八、九'的概率分布。这个概率分布对'《A》之《B》'的唯一性提供了确凿不疑的概率支持；使成卦之法成为变卦之法可靠的概率背景，两者的结合，使筮法成为'离散条件下高概率地实现其唯一性'的形式系统。至此，我的灵魂被深深地震撼，在公元前1000年的古代，我们的祖先居然实现了如此辉煌的形式系统，不能不是古代世界的奇迹，不能不令人叹为观止。我曾反复检视所做的工作，看看什么地方出了差错，结果是没有。"他说："在讨论《易传》发生时，我看到一幅象思维节节胜利而筮法被层层剥蚀的历史画卷，既为哲理易学降生中华而额手称庆，又为形式理性系统做了占筮的殉葬品而从此一蹶不振，感到无限惋惜。中国逻辑和数学的发展，与中国文明古国和文明大国的地位不相匹配，这可能是一个重要原因，在中国理性文化奠立的过程中，形式系统被当作巫学糟粕殉葬了。"这里的关键词有三个：确定性、唯一性和概率性。这就涉及《周易》的筮法问题，抓住了反思《易》学思想方法的要害和关键点。

三 《周易》筮法：高概率保障的唯一确定性形式系统

（一）筮法缘起和传统筮法的误区

1. 筮法缘起及其误区

说到筮法，当然是《易传·系辞上》中的"大衍之数"问题，请看原文。

> 大衍之数五十，其用四十有九。分而为二以象两，挂一以象三，
> 揲之以四以象四时，归奇于扐以象闰，五岁再闰，故再扐而后挂……

是故四营而成易，十有八变而成卦。

这正是"算卦"的过程，但同时却摄入了天文学的日月两大天体统合性运动规律亦即阴阳历或现在仍在使用的农历。台湾文化学者傅佩荣（2009）解释说：

筮者准备五十根筹策（古代用蓍草或竹片），取出一根，放在一边，备而不用，是为四十有九。（大衍之数五十，其用四十有九）

第一次运算：

①任意分四十九根为两组，甲与乙。（分而为二以象两）

②从甲组中取出一根，放置于二指之间。（挂一以象三）

③甲组以四除之。（揲之以四以象四时）

④甲组所余之数为一、或二、或三、或四，将此余数放置于二指之间。（归奇于扐以象闰）

⑤乙组以四除之。（再揲之以四以象四时）

⑥重复步骤4的做法。

⑦将二指之间所得之根数置于一旁。所余者为四十四根或四十根。

第二次运算：

①将所余之四十四根或四十根，任意分为甲乙两组。

②重复第一步运算中的步骤②至⑦。此时余数应为四十或三十六或三十二。

第三次运算：

①为第二次运算之重复。

②余数应为三十六、或三十二、或二十八、或二十四。

经过以上三次运算（三变），才可决定一爻之阴或阳。亦即最后余数以四除之，则为九、或八、或七、或六。九为老阳，七为少阳；六为老阴，八为少阴（九、六为可变之爻；七、八为不变之爻。）六爻共需十八次运算，是为"十有八变而成卦"。

注：老阳为夏季，老阴为冬季；少阳为春季，少阴为秋季。

截至目前，傅佩荣的解释是正确的。他提供"《易经》解卦方法参考"

接着说：

请遵守"三不占"原则：不义不占、不疑不占、不诚不占（这也很好！引者注）。

解卦步骤：（以下②～⑧的解卦，就过分自由随意了。引者注）

①针对所占问之事，本卦代表当前的处境，之卦（之，往也）代表未来的趋势。要配合心中的疑惑，详细思考两卦的卦辞含义，以求得到启发。这是最重要的一步。

②六爻皆不变者，只有本卦而无之卦，则参考本卦卦辞。

③一爻变者，则参考本卦变爻的爻辞。

④二爻变者，则参考本卦二个变爻的爻辞，但以上爻为主。

⑤三爻变者，则参考本卦及之卦的卦辞，但以本爻为主。

⑥四爻变者，则参考之卦中二不变之爻的爻辞，但以下爻为主。

⑦五爻变者，则参考之卦中不变之爻的爻辞。

⑧六爻变者，则参考乾坤二卦的用（九、六）辞，并参考之卦卦辞。

注：①以上②～⑧，主要参考朱熹《易经启蒙》（引经据典并不意味着有真理）之说，但不可忽略解卦所需要的生活经验以及个人主观的动态力量。

②对同一问题，至少隔三月再占，请记住荀子所云："善为《易》者不占。"懂《易经》的人要努力由理性思维与德性修养而主导自己的命运。（这也很理性。引者注）

从"二爻变"到"六爻变"的变通即"朱熹《易经启蒙》之说"，儒道两家观念的核心都是讲德性、讲境界，这当然是中国哲学的精髓。傅先生也是这样，他说："人生是要自己负责的，我们不管谈任何人生哲学，儒家、道家以及它们的根源——《易经》，都是一样的，你还是要自己负责，也不要幻想有很多奇怪的力量来支持你。'天助自助者'，你能够自己帮助自己，所有的万物都会来帮助你。"但这就会导致这样一个逻辑矛盾：既然主张"不占"，朱熹为什么还要写一本《易经启蒙》并给出如此宽松的占断解释原则呢？而傅先生在如此现代化的今天，仍要对朱熹筮法作如此具体的引述。这不正说明当代人亦与初民一样，仍然有强烈的"预知未来"的冲动吗？根据朱熹的原则，"卜以决疑"的《易经》筮法与路边人"有求必应"之承诺必为同路。这显然不再是热爱智慧的学者探问新知的哲学努力，而是在宣扬所谓的"封建迷信"了。当然，易学为中华民族提供的是开放神学系统，宣传这样的开放神学可以是拒绝一神教的学术努力，抵御发展迅猛的"家庭教会"。这就有些文化味道的意思了，这当然是另外的话。

2. 传统易学基本状况及其困境

《四库全书总目提要》提出：

> 《左传》所记诸占，盖犹太卜之遗法。汉儒言象数，去古未远也。一变而京、焦入于禨祥；再变而为陈、邵，务穷造化，《易》遂不切于民用。王弼尽黜象数，说以老庄，一变而胡瑗、程子，始阐明儒理；再变而李光、杨万里，又参证史事，《易》遂日启其论端。此两派六宗，已互相攻驳。

> 《易》道广大，无所不包，旁及天文、地理、乐律、兵法、韵学、算术，以逮方外之炉火，皆可援《易》以为说，而好易者又援以入《易》，故《易》说至繁。

"前衡猜想"要解决的正是这种"无所不包"的传统易学和朱熹"有求必应"的传统筮法，从而为我们理解易学提供了严密论证。他"废寝忘食，抱病苦思"（唐明邦《序》语），把巫性易学中所包含的形式系统精华挖掘出来。他说："这里所用的数学方法一点也不艰深，为什么千古以来的易学家们不去尝试一下呢？为什么这样简单的问题会讹传千古？我曾非常怀疑自己的思路是否正确，但反复勘比各种著作有关筮法的论述，拿围棋当著草反复演练，终于坚定了自己的信心，认定传统筮法的定卦理论，的确存在重大缺陷。传统易学的思路没有统计观点，著数的概率分布被岔过去了。"可见，朱熹或傅佩荣错误的共同特点是把筮法中"六、七、八、九"的出现视为等概率的，这样，就不能解释"七八不变六九变"的根据是什么。他根据高亨的演算结论认为：高亨先生已经发现了"六、七、八、九"在揲著过程中，其出现的概率是不相等的（见表1）。

表1　撲蓍成卦数字变化

大衍之数	50							
其用	49							
挂一	48							
一变	44				40			
二变	40		36		36		32	
三变	36	32	32	28	32	28	28	24
÷4	9	8	8	7	8	7	7	6
概率（%）	12.5	12.5	12.5	12.5	12.5	12.5	12.5	12.5

（二）《易》占不等概率：唯一确定性的《左》《国》证明

根据“一演”从 49 开始，而 49 不是 4 的整倍数，表 1 可以调整为表 2。

表2　撲蓍成卦概率变化

大衍之数	50							
其　用	49							
挂　一	48							
一　变	（引者注：可能顾及数字和概率数的转换，原文这里为空。）							
二　变	0.5		0.5		0.5		0.5	
三　变	0.5	0.5	0.5	0.5	0.5	0.5	0.5	0.5
蓍　数	9	8	8	7	8	7	7	6
总概率（%）	18.75	18.75	18.75	18.75	6.25	6.25	6.25	6.25

“《左传》所记诸占，盖犹太卜之遗法”，吴前衡对《左传》筮案的“《A》之《B》”句进行了分析，证明《A》是本卦，《B》是之卦，“之卦”的功能是“唯一性定爻”而非傅佩荣所谓“之，往也”的动态解。可以说，这种动态解是完全不得要领的。吴前衡先生对《左传》《国语》中提供的 22 个筮案一一详加剖析，结果发现，根据这种唯一确定性定爻的理论检证，“与《周易》文字基本相同者”14 例，“相通者”4 例，“文义悬殊者”4 例。从而证明通过占筮过程走向唯一确定性定爻的理论判定是完全正确的。

那么，从朱熹到傅佩荣乃至于两千多年的传统易学，为什么未能发现这一极为重大的学术问题呢？吴先生说："追求什么就会虚构什么。以上虚构的内容全都包含着操作和解释的自相矛盾，全无唯一定爻的痕迹，说明朱熹对变卦法则心无定见，法无取向。"这样，朱熹、傅佩荣等传统易学所言"二爻"以上的"变卦"即《左》《国》中的"之卦"也就被高概率保障的"唯一性定爻"在逻辑上所排除，排除了的占筮在《左》《国》中被称之为"八"，吴前衡称之为"盲卦"，或可称之为"天命不通"，即"神灵不回答你的问题"，这卦算不下去了。《易传》即于此解释性危机中开始出现，哲理性"自源性解释"日益代替了筮法性的"巫源性解释"。哲学代替了宗教，这个"代替"过程通过"汉字"象形符号来实现，故形式逻辑思维也被淹没其中。要开发出易画符号系统中蕴涵的数理逻辑系统，就必须回到《周易》早期解卦的唯一确定性占筮过程中来，从而在巫氛中发现数理逻辑的科学理性精神。吴前衡先生对《周易》筮法的这种精髓解释总结说：

> 《周易》筮法是结构严密的形式系统，它可概括为"一次揲著，两阶唯一性选择"。它的宗旨就是唯一性判定，成卦法则判定唯一本卦，变卦法则判定用于占断的唯一卦爻辞语句。
>
> 《周易》筮法的成卦法则，是在揲著过程中实现的。揲得著数"六、七、八、九"，其简并，保证了成卦的唯一性。传统筮法理论的错误在于，以为"六、七、八、九"的发生概率平均分布；实际的情况是：不变的"七""八"占75%，可变的"六""九"占25%。这就保证了本卦的稳定性，降低了变卦过程的风险。
>
> 《周易》筮法的变卦法则，起于对"--/—"的解并，解并的发散性质造成了变卦唯一性的困难。传统筮法理论的错误在于，它把各种变卦类型都兼容并包为法则，迷失了筮法的方向。实际的情况是，只有三种情况（六爻皆不变，即成卦时没有"九""六"；一爻变卦，即成卦时只有一个"九"或"六"；筮得《乾》《坤》时全为"九""六"），变卦才对应于《周易》的唯一卦爻辞，其他变卦都强制性地舍弃。这一变卦法则得到了全方位的证明。
>
> 为变卦法则舍弃的占筮称之以"八"，占筮即行中止，本书以

"盲卦"称之。"盲卦"无占断解释，其现实存在和可能发生不成比例。在占筮易学解体的过程中，少数"盲卦"因变通而获得占断解释。筮法的变通使占筮走向瓦解，也使《周易》文本获得更宽松的解释。

西周巫、史通过专业性努力，将占筮的巫源性解释唯一确定化之后，就切断了自己的巫性之根，失去了巫性力量对占筮易学神秘性支撑，从而走向自源性的哲学解释学。

命运是个永恒的话题，《易》作为五经之首，富有哲理自不待言，但很少有学者会公开承认易学的出身其实并不高雅：易经以算卦之操作为人算命，是满足人类希望了解未来的渴望，这种强烈的感情非科学规律所能满足，而是对行为结果的苦苦等待中的感情，如考试结果、投资回报如何等都属此类事情，所谓"妆罢低眉问夫婿"云云，难道不正是此类感情的真实描述吗？清人刘献廷《广阳杂记》卷二中说：

> 余观世之小人，未有不好唱歌看戏者，此性天中之《诗》与《乐》也；未有不看小说听说书者，此性天中之《书》与《春秋》也；未有不信占卜祀鬼神者，此性天中之《易》与《礼》也。圣人六经之教，原本人情。而后之儒者乃不能因其势而利导之，百计禁止遏抑，务以成周之刍狗，茅塞人心，是何异壅川使之不流？无怪其决裂溃败也。

这里，透过刘献廷对后世儒者的批评，明显可见六经的出身都相当朴实，思辨的道家其实也很朴实，易经更是朴实到"愚不可及"（《论语·公冶长》）。

（三）过程的结果是确定的

实践是检验真理的唯一标准，毛泽东在《实践论》中认为：外因是变化的条件，内因是变化的根据。这与西方哲学形而上学追求唯一确定性的努力，并终于成就了西方世界的一神宗教大有关系。实践哲学的思考，并非为达目的不择手段，而是以善良目标为追求选择手段。人性追求真善美的努力固然崇高，但不能因此贬低人的"求效"性。① 就哲学意义而言，时间的神秘不亚于上帝的神秘，《庄子·徐无鬼》中的"时为帝"或即此义，此即西方哲学史上著名的"休谟问题"，罗素在《西方哲学史》中甚至将其称之为"哲学的家丑"。但生活何以可能的问题并非理论问题，更非逻辑学的问题，而是一个面向未来自然展开的不可解命题。晚年的维特根斯坦认为，风俗习惯与形而上学之间存在一种张力，正是它激荡出生活世界的丰富性。文化既离不开日常信念和日常生活，又受某种神秘性的召唤。正是这种神秘性才既指引着形而上学，又让生活成其所是。

在生活世界中，在面对"未来"这一有关命运的问题上，文明人和初民的基本性情相去并不甚远。既然掌握自己命运的努力并非人人胜任愉快，对命运的关注便是人类至今不得不面对而且又难以面对的事情。傅佩荣的《易经与人生》说明，在命运关怀问题上，现代人对远古初民的超越是有限的。只有人有能力思考"未来"，人必须面对未来，但未来对于现在的我们又总是不明朗。人明知有未来，却永远不可能清楚地确知。世界变幻莫测，人们的希望也流动不居，这些都在"未来"上形成交织，难以摆脱。但既然人们明明知道有未来，也就不得不谋划未来，而所有的谋划又都是概率性的，甚至根本靠不住。海德格尔意义上的"此在"的"烦"和"畏"，根源就在这里。

正如索绪尔所言，所谓确定性无非是把语言文字符号看成某种"静态结构"，它用"空间"性的结构替代了"时间"性。逻辑上的确定性亦无非是维特根斯坦的"重言式"，重言式是隐身于逻辑空间中心的"点"，就像庄子的"道枢始得其环中，以应无穷"。说得很玄乎，实际上无非是人际的通约，需要相对稳定的概念内涵来指称名词所指之"物"，以便协调行动。所以，占筮的过程性规则设定只能确保最终"某一爻"的唯一确定性。这种结果是当初的巫史专家所想不到的，他们通过占筮过程获得那"某一爻"时，拥有筮仪等一系列神圣性程序的支撑，使他们的解释获得了通灵的可信性。但在"解释者"获得巨大的"自由"的同时，却使解释本身的重要性超过了"灵"的重要性。这就是《易》学从"巫源性解释"

---

① 关于"求效"的实践性哲学的问题，请参考刘道兴：《技术精神、求效思维与人类价值体系的四维结构》，《中州学刊》2009 年第 6 期。

向哲理性的"自源性解释"的分裂的开始。大概直到老子的时代，才标志性地彻底告别了巫术的宗教性时代而走进哲学的新时代。确定性在获得其形式系统的严整性之后，却不得不彻底地失去确定性，正像逻辑实证主义者身后的确定性一概成为"空"一样。逻辑学的"空"以只有数量外延而无内涵的"类"词的科学性登场，但人的心灵却再也找不到"确定性"了。中华民族自轴心时代（春秋战国）开始即将这种逻辑结果转换为时间性的"未来"的希望性，乐感文化形态虽使我们失去了发现理论科学的机会，却从不曾失去对"人心"的支撑。

四 科学、命运与开放神学

（一）科学信仰与信仰科学

就易符号是一个严格的二进制数理逻辑系统的意义上说，它所能包含的科学思想似乎是无量的，正如维特根斯坦所谓"逻辑形式是无限的"，他说："很清楚，'逻辑的初始命题'的数目是任意的。"所以，科学的易的出现也就决不意外。这一问题有很多著述，如美国人卡普拉著的《现代物理学与东方神秘主义》（灌耕编译，四川人民出版社，1983 年）、董光璧的《当代新道家》（华夏出版社，1991 年）以及 1989 年在安阳召开的《〈周易〉与现代自然科学》论文集（李树菁等主编，中国社会科学出版社，1990）等，由于牵涉问题过多，这里不予引述。

开放神学是一个新提法。金岳霖对"阴阳"二字颇有问题的感慨①无非说明由于阴阳二字的含糊性似乎可以装入一切内容却又事实上无法确定地说清楚任何内容。但科学前沿的事实证明：人靠着自己的理性通过各种符号，对世界已经有了惊人的发现和在科学发现基础上的技术性利用，但基本粒子乃至整个的物质世界的波粒二象性，确实迫使 N. 玻尔提出了他的"互补原理"。互补原理是一种功能性的解释，简单说来，这种功能性的解释是非逻辑的，它的本质是反"A = A"这一西方式因果追问思想方法的。

---

① 金岳霖说："阴阳二字颇有问题，中国哲学里常用此两字，意义非常之外；至少我自己弄不清楚。"（《论道》，商务印书馆，1987，第 38 页）。

爱因斯坦在《科学的宗教精神》一文中曾说，科学家总是"一心一意相信普遍的因果关系。"所以，他在《宗教和科学》中说："我认为宇宙宗教感情是科学研究的最强有力、最高尚的动机。只有那些做了巨大努力，尤其是表现出热忱献身在理论科学的开辟性工作中取得成就的人，才会理解这样一种感情的力量，唯有这种力量才能做出那种确实是远离直接现实生活的工作。为了解开天体力学的原理，开普勒和牛顿花费了多年寂寞的劳动，他们对只不过是那个显示在这世界上的理性的一点微弱反映——宇宙合理性的信念该是多么深挚，了解它的愿望又是多么热切……只有献身于同样目的的人，才能深切地体会到究竟是什么在鼓舞着这些人，并且给他们以力量，使他们不顾无尽的挫折而坚定不移地忠诚于他们的志向。给人以这种力量的，就是宇宙宗教感情。有一位当代的人说得没错，在我们这个唯物论的时代，只有严肃的科学工作者才是深信宗教的人。"

依据西方人的思想方法，人对哲学的思考来自于对世界的好奇，正是这种对世界的好奇推动着人们对世界的认识及与之相关知识的积累，而知识积累又推动着社会进步，虽然这并不排除有许多知识来自于生产、生活实践。"人们总想以最适当的方式来画出一幅简化的和易领悟的世界图像；于是他就试图用他的这种世界体系（cosmos）来代替经验的世界，并来征服它。这就是画家、诗人、思辨哲学家和自然科学家所做的。他们都按自己的方式去做。各人都把世界体系及其构成作为他的感情生活的支点，以便由此找到他在个人经验的狭小范围里所不能找到的宁静和安定。"①

如果《易》符号确实是从六十四卦开始，且这种"人体坐标""二者择一"的前衡猜想经得住科学的反驳并被认定为真理，占筮作为初民"命运关怀"中宗教情感的满足方式就应该被认定为是一个值得信任的历史事实。所有的生命经验告诉我们：命运往往就是一些客观外在的、人们无法改变却又满意或者并不满意的条件。但在知识论上，人们把握命运的渴望

---

① 由于光的波粒二象性哥本哈根解释不符合逻辑同一律的 A = A 原则，所以爱因斯坦对此极为不满。他坚信"上帝不会和人掷骰子"。但他在 1934 年的索尔维会议上提出的反驳性"理想实验图"，却被以玻尔为首的及其学生辈们在逻辑上推翻。但爱因斯坦在情感上终生不承认量子的波粒二象性解释，尽管他也未能在引力、电磁力（包括光）、强作用力、弱作用力这四大作用力的"统一"上前进半步。让人感慨的是，玻尔直到 1963 年逝世的前一个晚上，仍然将爱因斯坦的"理想实验图"画在自己床前的黑板上，说明他终生对物理世界的波粒二象性耿耿于怀，心有不甘。但很无奈，世界确实如此。

总是如此强烈，以致如果没有一神的教堂，便肯定会饥不择食，甚至是慌乱地走向任何能满足这种精神需求的种种地方和满足方式，就像中国道教和形形色色的民间信仰一样。在所有这一切的民间信仰中，对《易经》的信仰既十分古老又十分强大而稳定。这种颇具有泛神色彩的中国民间信仰，我们不妨将其称之为开放神学。

儒家信仰的是人伦日用的"家"及与之相关的祖先崇拜，所以，不管是后来的"道士"还是佛教的"和尚"，都称自己是"出家人"。事实上也只有出家人，才能称得上是真正的相对于占主流地位的儒家"关系人"的"个体人"。作为儒、道两家的理论起点，"关系人／个体人"与"阴／阳"或"--／—"一样，都遵循"关系"乃至系统性的整全思想方法。这种思想方法的重大特征在于认为人人具有神圣性，从而重视人与人之间的横向超越性联系，即不诉诸神灵而直接"爱人"这样一种社会性道德。

开放神学是希望哲学的另一种表述方式。由于人生在世的自我的有限性和世界的无限性之间有着巨大的、人的心灵难以承受的张力。对于任一个个体人而言，神圣，不管是"上帝"的神圣还是孟子式"圣而不可知之之谓神"（《孟子·尽心下》）的神圣，都可以在有限的人生与无限的世界之间，提供缓解张力的精神滋养。

既然中国的圣贤——不管是孔孟还是老庄——承诺人人可以得道，可以成为尧舜，事实上也就等于宣称：我们在"天命"面前人人平等。如果我们在亲情和责任担当上感受到了整体性存在的神圣性并为之献身，就已经体验到了这种神圣。易学未能开启理论科学并不减弱它在以人为本的价值选择问题意义上的科学性；易学能阻止一神信仰则是因为其符号系统本身已经有了开放的神圣性。

（二）易→儒—道命运关切与希望哲学

儒、道两家在终极意义上都承认世界的不可知性，他们宣告这个存在世界的有秩序的和谐本身即显示出它的神圣，并任由人们根据自己的方式进行命运选择，从而负起自己的人生责任，在伟大的责任承担中沟通神圣。牟钟鉴、卢国龙等道教学者和葛兆光的研究证明：中国的信仰方式，特别是民间的信仰方式，从来都是自由的。张世英先生（2004）在《新哲学讲演录》中认为："一个人的命运是什么呢？我把它理解为个人所属的，同时又参与了的世界。因此，命运就不是按一般人所理解的那样，是一种异己的力量，是个人完全无能为力的外在领域。形成我的命运的因素，既有自然的方面，包括地理环境、先天的禀赋等，也有人类历史的方面，还有我个人的方面……我个人参与了我的命运的塑造，我在命运面前不完全是被动的，不完全是无能为力的。"①

命运与每一个生活个体具体关联，所以虽然哲学家可以抽象地探讨命运，命运却并不因此而变得抽象。常见西方人走出教堂而进入心理诊所或星座命相室；当集市乡村、旅游景点和城市背街上的"路边人"在招徕顾客时，投出蔑视甚或鄙夷的眼光，以示自己的境界高远和理性清高，余实难许以高明。谚曰：不怕你不信神，就怕你家中有病人。大凡人去算命，皆于百无聊赖不得已之时谋划自己命运的办法之一。很可能的情况是，他自己都知道这是没有办法的办法，是一种自我宽解！

在确立信念的终极向度上，"中国式一元、自因、时间性一重化生活世界哲学理念，可以为人类的理想、信仰提供最后根据。'易→儒－道'时间哲学的信仰方式，表现为总有希望，且把未来的希望落实为当下的'做'法而非仅是说法。希望是时间哲学的终极关怀。希望的信仰方式既可以避免知识和信仰的两难，也可以舒解人的生存困惑。"

算命是民间文化。就传统意义而论，精英文化和民间文化还意味着城市和乡村、官府和农民的区分。但是，中国文化在比较文化学意义上的最大特点，正因其朴实而不够高远，这一特点使得在大传统和小传统之间，从来都有极为通畅的沟通渠道。正因为这一特点，中华民族才成就了大一统文化帝国的连续性历史而独步天下。在与西方思想传统相比较的意义上，这种小传统（the little tradition）可称为中国思想传统的信仰自由（freedom of faith）。对中国民众而言，神圣天国总以他们希望的方式对他们开放着，当圣人说不知道、可能有神灵时，他们是理性的存疑；当我们说"希望有"时是希望哲学；当民间说"宁信其有，不信其无"时，就是开放神学。指责民间的"封建迷信"很容易，但他们那无所谓的态度却能触

---

① 此书的"余论：希望哲学"以作者人生在世的经验分解曰："一，以希望哲学代替猫头鹰哲学；二，希望就是虚拟；三，希望就是战斗；四，希望与命运；五，希望与失望；六，希望与无限。"

动哲学的良知。当我们认真思考爱因斯坦式的"宇宙宗教情感"时，难道你不曾触摸到科学与信仰的深处那并无鸿沟的心灵吗？

凭什么改变自己的命运呢？张世英说："希望总是意味着做出某种抉择。我可以希望这，可以希望那，可以做出这种抉择，也可以做出另一种抉择，我是有选择、有抉择的自由的。当然不可否认，这种自由不是无限制的。希望的自由有一个基地，这就是命运，其中包括我过去已经做过的抉择……即使在已有命运的基础上，或者通常说的命定的基础上，仍然可以继续希望这、希望那，继续做不同的抉择。我甚至可以把这个基础，把命运本身拿来考虑一下、反思一下，特别是把过去已经做过的抉择、希望拿来总结一下，反思一下，以便做出新的、更富生命力的抉择与希望。作为命运的现实不过是自由希望的条件，条件当然是不可否认的，但希望是主动的，条件、命运是被动的。是希望照亮着现实，指引着现实，希望塑造着命运，改变着命运。"

既然有"命运"这种可感的"东西"，我们便不必讳言"算命"。我们可以因"善《易》"而"不占"，我们不是经常能够听到某达官贵人或富商大亨到某寺庙求签算命的街谈巷议吗？人的理性是有限的，当陈子昂在"前不见古人，后不见来者。念天地之悠悠，独怆然而涕下"的语境中"怆然涕下"之时，也就是意识到了人的有限。于是当有人走向古老的《易经》，不管以什么方式为自己谋划未来、寻找心理支撑时，我们应有的态度就不仅是宽容，而应是一种深深的同情和"哲学的自恨"；既然我们从来没有"勇气"像传教士那样宣称"我们是上帝奥秘的保有者"，也就应该承认哲学理性的有限性。

（三）信仰自由与开放神学

希望当然可以超越无限，但人并不总有希望，往往也不免有所失望。"人的一生总是在现实与希望的统一中，以现实为基础，以希望为动力，在人生的道路上向着未来奋勇前进。但未来是无限的，是无穷无尽的，有限的个人面对无限的未来，总会有些事可以如愿以偿，达到自己所希望的目的，因而感到幸福，有些事却不能如愿以偿，因而引起不快，叹息。人们可以通过谋划、预测，尽可能争取实现希望，获得幸福，减少失望和叹息，但在漫长的、荆棘纵横的人生道路上，失望、叹息总是不可避免的。

希望不可能绝对地、完全地逃避失望，幸福不可能与叹息绝缘，这是人的有限性所决定的。"

希望哲学是有限的人和无限的世界之间寻求平衡的一种心理状态。这种状态把世界的无限性虚拟为某种神圣性。于是，人的心灵就往往从向往神圣而简化为对"神"的信仰。此即所谓"心神之间"。哲学界的休谟问题建立在绝对经验论之上，这种论点认为，既然对"未来"不可能有经验，我们就只能靠"信念"支撑。但这一哲学史事实并不意味着哲学是"算命"。按西方占优势地位的哲学传统，哲学的依据是人的"理性"。如果哲学发现了那亘古不变的理性法则，未来等于过去，也等于今天。所以也就不需要对未来有什么担心和忧虑。问题在于人之所以为人，他本身的最大特点是自己的自由意志，自由意志本身并不保证人自身在情感、思虑和行为上总是可以做到充分的理性。存在主义者的最大特点就是发现了人的这一特性并为之忧心忡忡：人是无所依凭的，假如上帝不存在的话（陀思妥耶夫斯基）。既然上帝存在的问题是既不可证明也不可否证的（波普尔），我们面对未来的唯一确定性便是"向死而生"（海德格尔）。于是，中国思想传统的历史发展可因其"乐感"而非"罪感"性，被有根据地称之为"希望哲学"，《易经》的卦爻辞也为我们提供了这样的"希望品格"。

人心的最大选择困境就在心/神之间。在一重化生活世界中仍有许多生活上的问题，有些问题居然使得我们在某种情况下显得有些"心神不定"起来。人会心神不定，即需开放神学，此时我们在逻辑上只有两条路可走：一是靠内在的理性，正像陆王心学指示我们的那样；二是靠外在的理性，在非常粗略的意义上，这有点像程朱理学告诉我们的那样。"天理"虽然保障了秩序的合法性基础，却并不为人的具体问题提供外在支撑，这样我们就常常在内在之"心"和外在之"神"之间产生某种焦虑。他或她希望有一种神圣的外在力量帮助自己，尽管他也知道自己的感情渴望及其努力事实上很可能靠不住。正是在这种意义上，初民们那种强烈的命运关怀才是可以理解的。人往往因迷而信，易学的学术任务不是简单地否定"迷信"，而是要承担起自己的思想责任，发掘《易》画中的形式系统思想元素，提升民族的逻辑思维能力，以便滋养中华民族的美好未来。

（谨以此文献给英年早逝的吴前衡先生）

参考文献

〔美〕爱因斯坦：《爱因斯坦文集》（第一卷），徐良英、范岱年译，商务印书馆，1976。

安继民：《秩序与自由：儒道互补初论·前言》，社会科学文献出版社，2010。

董光璧：《易学科学史纲》，武汉出版社，1992。

傅佩荣：《易经与人生》，上海三联书店，2009。

高亨：《周易古经今注》，中华书局，1984。

廖名春等：《周易研究史》，湖南出版社，1991。

〔法〕列维－布留尔：《原始思维》，丁由译，商务印书馆，1987。

苏勇点校：《易经》，北京大学出版社，1989。

〔英〕维特根斯坦：《逻辑哲学论》，贺绍甲译，商务印书馆，1996。

吴前衡：《〈传〉前易学》，湖北人民出版社，2008。

熊十力：《体用论》，中华书局，1994。

余敦康：《内圣外王的贯通》，学林出版社，1997。

余敦康：《〈周易〉的思想精髓与价值思想——一个儒道互补的新型的世界观》，载于陈鼓应主编《道家文化研究》（第一辑），生活·读书·新知三联书店，1992。

余英时：《士与中国文化·自序》，上海人民出版社，1987。

张世英：《新哲学讲演录》，广西师范大学出版社，2004。

赵玉强：《〈周易〉的希望品格及其文化价值》，《周易研究》2009 年第 4 期。

朱伯崑：《易学哲学史》（第二卷），华夏出版社，1995。

从功利主义到专制主义

——墨子政治哲学的内在理路

代　云*

摘要： 墨子政治哲学是指墨子对人类政治生活"应然状态"的思考与主张，它以对人之为人的理解与规定为前提。墨子以"劳动"区分人与动物，把人的物质生产活动视为人类社会存在的基础，其政治哲学即是奠基在这个认识之上的。他在对政治事务进行价值判断时，以是否有利于人类的两种生产（物质生产与人自身的生产）为标准来进行，这使其思想中浸透了功利主义的内容。墨子不主张个人主义的功利主义，他的功利主义是社会本位的。墨子政治哲学中社会整合的原则是"义"，最大的"义"由"天"掌握，即"义自天出"。社会整合的结果是对家长权和个人选择权的侵夺，前者具有批判性，后者导致政治生活中的专制主义倾向。

关键词： 墨子　政治哲学　功利主义　专制主义

墨学在战国时代与儒学并称"显学"，两家各思以其道易天下，救世热情高涨，但皆不见用于当世。汉代之后儒学昌盛墨学衰微，直至清末西学东渐，在中西的比较中墨学的价值才重新被发现，但"以西范中"的结果是重视发掘其逻辑与科学思想，反倒将其学说原本最重要的面相，即作为政治学说的一面遮掩了。目前，学术界从政治哲学的角度探讨墨学的论著不多，深入讨论的更少。本文从墨子对人之为人的理解与规定出发探析其政治哲学的内部理论线索及其矛盾。

一　墨子政治哲学的理论基础

墨子政治哲学是指墨子对人类政治生活"应然状态"的思考与主张，

---

* 代云，河南省社会科学院哲学与宗教研究所助理研究员。

由于政治生活的主体是人，对它的思考必定要以对人"应然状态"的思考为前提，也就是说要以对人之为人的理解与规定为前提。

（一）墨子对人之为人的理解与规定

在中国古代思想史上，墨子政治哲学是作为儒家政治哲学的反对命题而出现的。儒家政治哲学的理论起点是"人禽之辨"，墨子政治哲学亦如是，但两者的内容截然不同。

墨子认为"人之所以异于禽兽者"，在于禽兽靠自然物即可生存，人则必须靠劳动才能生存：

> 今人固与禽兽麋鹿、蜚鸟、贞虫异者也。今之禽兽麋鹿、蜚鸟、贞虫，因其羽毛以为衣裘，因其蹄蚤以为绔屦，因其水草以为饮食。故唯使雄不耕稼树艺，雌亦不纺绩织纴，衣食之财固已具矣。今人与此异者也，赖其力者生，不赖其力者不生（《非乐》上）。①

但墨子并不主张所有人都直接参与物质生产劳动，而是主张社会分工：

> 王公大人蚤朝晏退，听狱治政，此其分事也；士君子竭股肱之力，亶其思虑之智，内治官府，外收敛关市、山林、泽梁之利，以实仓廪府库，此其分事也；农夫蚤出暮入，耕稼树艺，多聚叔粟，此其分事也；妇人夙兴夜寐，纺绩织纴，多治麻丝葛绪捆布縿，此其分事也（《非乐》上）。

虽有分工，但在墨子那里，物质生产劳动乃是整个社会生存的基础，分工是建立在多数人劳动的基础上：

> 凡五谷者，民之所仰也，君之所以为养也，故民无仰则君无养，民无食则不可事，故食不可不务也，地不可不力也，用不可不节也（《七患》）。

---

① 本文所引《墨子》原文依据的是〔清〕孙诒让的《新编诸子集成·墨子闲诂》（中华书局 2001 年版），引用时只标卷名。

因此，墨子的"人禽之辨"实际上体现为对"力"的强调，或者说"重力"思想。李泽厚（1985）认为"墨子的整个社会政治哲学就是建立在这个简单素朴的道理之上"。"力"首先指劳动，这就是说，人的本质规定性在于劳动，与动物相比，人要靠自己的创造能力、能动性（而不是纯粹的自然物）维持自身生存。当然从墨子的表述来看，他更强调的是人与动物相比较而言，生存环境的恶劣与艰难，并不是从主观的、积极意义上来肯定劳动中包含的人的创造性（如同马克思、恩格斯一样），他是在客观上肯定了人的创造性与能动性。

以"劳动"区分人与动物，把人的物质生产活动视为人类社会存在的基础，墨子的政治哲学就是奠基于这个看似简单、实则深刻的道理之上的。这与儒家形成鲜明的对比。

（二）墨子与孔子"人禽之辨"的关系

儒家的"人禽之辨"，其内容与其说指的是人与动物的区别，不如说是人与自身动物性的区别。也就是说，它不是从物质层面而是从精神层面来区分人与动物或者说人与自身的动物性。孔子以"仁"作为人的本质规定性，认为人应当成仁，为此必须强化人之为人的自觉，克服自己生理欲望的干扰，实现人的自然生命向道德生命（"仁"）的生成。儒家从精神的、道德的层面理解"人禽之辨"，意味着人自觉地将自己从实然世界中提升出来，开辟出属于人的价值世界、意义世界，并以之规定政治生活的目标与方向。

根据以上分析，孔子与墨子对人的理解和规定完全不同甚至形成对立，实际上，无论在历史中还是在逻辑上两者都构不成对立。在历史中，人依靠自己的创造性，首先在物质生活形态上与动物区分开来，以此为基础和前提，才有可能从更高层面上与动物进行区分；在逻辑上，人的自然生命是人道德生命的物质载体，人的道德生命则使人的自然生命获得存在的意义。它们是物质与精神、存在与意义之间的关系。因此，孔子与墨子在"人禽之辨"命题上的对立是由于双方各执一端造成的，它们的主张本身并不对立。

二 墨子政治哲学从功利主义到专制主义的理论线索

（一）墨子功利主义思想的表现与实质

1. 墨子功利主义思想的表现

墨子是从物质层面对人之为人进行理解与规定的，他在对政治事务进行价值判断时，就以是否有利于人类的两种生产（物质生产与人自身的生产）为标准来进行，这一标准贯穿于他所有的重要主张之中。

墨子思想的主旨在于"兴天下之利，除天下之害"，在他看来，当时天下之大害有三：

> 民有三患：饥者不得食，寒者不得衣，劳者不得息，三者民之巨患也（《非乐》上）。

前两患（饥不得食、寒不得衣）与物质生活直接相关，后一患（劳不得息）则是因为它妨碍了简单再生产。

就墨子最具特色的主张"兼爱"而言，经过对此主张之必要性、可行性的反复论证，结论是：

> 故兼者圣王之道也，王公大人之所以安也，万民衣食之所以足也（《兼爱》下）。

最后还是落脚在物质生活上。

墨子"非攻"主张的物质内容更加突出和明显：

> 今不尝观其说好攻伐之国？若使中兴师，君子庶人也，必且数千，徒倍十万，然后足以师而动矣。久者数岁，速者数月。是上不暇听治，士不暇治其官府，农夫不暇稼穑，妇人不暇纺绩织纴，则是国家失卒，而百姓易务也。然而又与其车马之罢弊也，幔幕帷盖，三军之用，甲兵之备，五分而得其一，则犹为序疏矣。然而又与其散亡道路，道路辽远，粮食下继傺，食饮之时，厕役以此饥寒冻馁疾病，而转死沟壑中者，不可胜计也。此其为不利于人也，天下之害厚矣

（《非攻》下）。

墨子反对攻伐，除了因为它浪费财物，损失人口，因而不利于物质生产之外，还因为它同时也妨害了人自身的生产：

> 今天下为政者，其所以寡人之道多。其使民劳，其籍敛厚，民财不足，冻饿死者不可胜数也。且大人惟毋兴师以攻伐邻国，久者终年，速者数月，男女久不相见，此所以寡人之道也（《节用》上）。

墨子的"尚贤"思想与孔子儒家相比，更加彻底：

> 故古者圣王甚尊尚贤而任使能，不党父兄，不偏贵富，不嬖颜色，贤者举而上之，富而贵之，以为官长；不肖者抑而废之，贫而贱之以为徒役。是以民皆劝其赏，畏其罚，相率而为贤（《尚贤》中）。

而他"尚贤"的目的，则是因为：

> 贤者之治国也，蚤朝晏退，听狱治政，是以国家治而刑法正。贤者之长官也，夜寝夙兴，收敛关市、山林、泽梁之利，以实官府，是以官府实而财不散。贤者之治邑也，蚤出莫入，耕稼、树艺、聚菽粟，是以菽粟多而民足乎食（《尚贤》中）。

可见"作为'为政之本'的'尚贤'，是直接服务于物质生产以满足人民生存需要这个总目标的"。

墨子的节用、节葬、非乐思想更加直接地反映他的这一判断标准。

> 古者圣王，制为节用之法曰："凡天下群百工，轮车、鞼鞄、陶、冶、梓匠，使各从事其所能"，曰："凡足以奉给民用，则止。"（《节用》中）
>
> 古者圣王制为饮食之法曰："足以充虚继气，强股肱，耳目聪明，则止。不极五味之调，芬香之和，不致远国珍怪异物。"（《节用》中）
>
> 古者圣王制为衣服之法曰："冬服绀緅之衣，轻且暖，夏服絺绤之衣，轻且清，则止。"（《节用》中）

墨子在这里假托古圣王之法来表达自己的主张，反对任何超出基本生存需要的消费需求，其基本原则是"诸加费不加于民利者，圣王弗为"。

他不主张死人夺活人之利，反对厚葬，原因在于：

> 今唯无以厚葬久丧者为政，国家必贫，人民必寡，刑政必乱。若法若言，行若道，使为上者行此，则不能听治；使为下者行此，则不能从事。上不听治，刑政必乱；下不从事，衣食之财必不足（《节葬》下）。

不仅如此，久丧还影响人的再生产：

> 今唯无以厚葬久丧者为政，君死，丧之三年；父母死，丧之三年；妻与后子死者，五皆丧之三年；然后伯父、叔父、兄弟、孽子其；族人五月；姑姊甥舅皆有月数。则毁瘠必有制矣，使面目陷陬，颜色黧黑，耳目不聪明，手足不劲强，不可用也。又曰上士操丧也，必扶而能起，杖而能行，以此共三年。若法若言，行若道，苟其饥约，又若此矣，是故百姓冬不仞寒，夏不仞暑，作疾病死者，不可胜计也。此其为败男女之交多矣（《节葬》下）。

对于统治者，他特别提出"非乐"主张，其目的主要是为了保证基本生产活动的进行及保证老百姓的基本生活需要，防止统治者过度聚敛：

> 且夫仁者之为天下度也，非为其目之所美，耳之所乐，口之所甘，身体之所安，以此亏夺民衣食之财，仁者弗为也（《非乐》上）。
> 姑尝厚措敛乎万民，以为大钟、鸣鼓、琴瑟、竽笙之声，以求兴天下之利，除天下之害而无补也（《非乐》上）。
> 使丈夫为之，废丈夫耕稼树艺之时，使妇人为之，废妇人纺绩织纴之事（《非乐》上）。

可以看到，由于以是否有利于"两种生产"作为政治事务的价值判断标准，墨子的思想中浸透了功利主义的内容。

2. 墨子功利主义思想的实质

与近代西方功利主义思想相比，墨子功利主义思想的哲学基础不是个人主义的。个人主义的功利主义是以个人利益为本位来计算社会总体利益。以功利主义代表人物边沁为（2000）例，他认为"共同体是个虚构体，由那些被认为可以说构成其成员的个人组成。那么，共同体的利益是什么呢？是组成共同体的若干成员的利益的总和"。

墨子则不同，他的功利主义是社会本位的，因为在他看来，每个人都追求自己的个人利益乃是天下乱源之所在：

> 古者，天之始生民，未有正长也，百姓为人。若苟百姓为人，是一人一义，十人十义，百人百义，千人千义，逮至人之众不可胜计也，则其所谓义者，亦不可胜计。此皆是其义，而非人之义，是以厚者有斗，而薄者有争（《尚同》下）。

这里的"义"实际是利益，因为根据《经上》的解释："义，利也。利，所得而喜也。"《大取》的解释："义，利；不义，害。"

可见，在墨子这里，人在自然状态（无"政长"之时）中，个人的利益之间具有强烈的对抗性、排他性，充满了冲突对立且无法通过内生动力自然调和。由于冲突无法调和，从而天下大乱：

> 内之父子兄弟作怨雠，皆有离散之心，不能相和合。至乎舍余力不以相劳，隐匿良道不以相教，腐臭余财不以相分，天下之乱也，至如禽兽然，无君臣上下长幼之节，父子兄弟之礼，是以天下乱焉（《尚同》中）。

由于在"一人一义"的自然状态下，个人本位的利益诉求不能自动生成全社会的整体利益，墨子不主张个人主义的功利主义，他的功利主义是社会本位的，它超出了个人利益而又容纳了每个人的利益，此为社会公共利益，是天下所有人利益的公约数，即"天下之义"。

值得指出的是，墨子极力推崇"天下之义"，实际上肯定了每个人的生存权，也就是肯定了在生存问题上人们之间的平等性。由于在等级社会，身份的不平等同时也意味着生存权的不平等，墨子的这种主张实属难能可贵，可以说，这是墨子思想中最具光彩的地方。

（二）从功利主义到专制主义的内在逻辑

要消除乱源，实现天下由乱向治的转变，就有必要对人们进行整合。社会整合意味着建立社会秩序，从自然状态进入政治生活。

1. 社会整合的原则

墨子政治哲学中社会整合的原则是"义"。在墨子思想中，"义"的内容具有层级性，它包括每个人的"义"，最基层的"家之义"，还有"里之义""乡之义""国之义"以至最高的"天下之义"。

"义"的范围由小到大，内容则由个人（百姓）到小团体（家、里、乡）、较大的团体（国）直到整个人类社会共同体（天下）。在范围逐步扩大的同时，"义"的内容则逐层向上归约，由个人到"家""国"再到"天下"，直到得出"义"的最大公约数。

> 今此何为人上而不能治其下，为人下而不能事其上，则是上下相贼也，何故以然？则义不同也。
>
> 然则欲同一天下之义，将奈何可？故子墨子言曰："然胡不赏使家君试用家君，发宪布令其家，曰：'若见爱利家者，必以告，若见恶贼家者，亦必以告。若见爱利家以告，亦犹爱利家者也，上得且赏之，众闻则誉之，若见恶贼家不以告，亦犹恶贼家者也，上得且罚之，众闻则非之。'是以遍若家之人，皆欲得其长上之赏誉，辟其毁罚。是以善言之，不善言之，家君得善人而赏之，得暴人而罚之。善人之赏，而暴人之罚，则家必治矣。然计若家之所以治者何也？唯以尚同一义为政故也。"
>
> 家既已治，国之道尽此已邪？则未也。国之为家数也甚多，此皆是其家，而非人之家，是以厚者有乱，而薄者有争，故又使家君总其家之义，以尚同于国君。
>
> 国既已治矣，天下之道尽此已邪？则未也。天下之为国数也甚多，此皆是其国，而非人之国，是以厚者有战，而薄者有争。故又使国君选其国之义，以尚同于天子。天下既已治，天子又总天下之义，以尚同于天（《尚同》下）。

由上可见，之所以要层层上推，是因为较小团体的"义"仍然有排他性（家与家之间、国与国之间），因此必须推出一个最大的、只有包容性而没有排他性的"义"才能防止社会共同体之间的"争"和"战"，维持正常的社会秩序，这个最大的"义"就是"天下之义"。

这样，社会整合以"义"为原则，而最大的"义"则由"天"掌握，此即是"义自天出"。

2. 社会整合的程序

社会整合程序即社会秩序建立的过程，在墨子这里也即是"政长"产生的顺序。墨子的"政长"系统是由上而下逐级产生，即先产生天子，然后是三公、诸侯、国君、乡长、里长。

> 夫明呼天下之所以乱者，生于无政长。是故选天下之贤可者，立以为天子。天子立，以其力为未足，又选择天下之贤可者，置立之以为三公。天子三公既以立，以天下为博大，远国异土之民，是非利害之辩，不可一二而明知，故画分万国，立诸侯国君，诸侯国君既已立，以其力为未足，又选择其国之贤可者，置立之以为正长（《尚同》上）。

从后文来看，作为"正长"的"国之贤可者"还包括"里长"和"乡长"。这样，经过逐层选择"贤可者"，在全社会建立起政治统治秩序。

在这些环节中，最先产生也是最重要的一环就是"天子"的产生，"天子"以下的政长是由"天子"直接或间接选拔的，那么"天子"由谁选拔？从"是故选天下之贤可者，立以为天子"这句话来看，它没有主语，看不出"天子"是由谁"立"的。不过，由于社会整合的原则是"义"，"天子"是因为能"一同天下之义"而为"天子"，而最高的"天下之义"又出自"天"，故推而论之，"天子"当由"天"选拔。这样就可以解释为什么天子是政长系统之首，却不是最高和最后的权威，因为墨子不厌其烦地强调"天下之百姓皆上同于天子，而不上同于天，则灾犹未去也"（《尚同》上）。又有"夫既尚同乎天子，而未上同乎天者，则天灾将犹未止也"（《尚同》中）。可见，在墨子的政治设计中最高和最后的权威是"天"，而不是"天子"。

3. 社会整合的结果

（1）对家长权的侵夺。在墨子的社会整合中，仍承认"家"是最基本的社会单位，但在层层上同的整合方式下，家长权被侵夺了，政治权力层层向下，及于每个人，而不是及于每个家，这是墨子与孔子儒家政治哲学的重要区别。这里涉及对宗法制的态度。

宗法制在西周初年随着嫡长子继承制和余子分封制的配套而完善起来，它在处理家庭成员关系时的两个原则是"尊尊"和"亲亲"，由于"家"与"国"之间存在同构关系，家庭中的父家长权成为"国"与"天下"治理原则的来源。家长权与政治权力的重要区别在于后者是具有公共性质的权力，前者除了有公共性质，还有私人性质。谢维扬（2004）以现代社会为参照分析宗法制度下的家长权后，认为："宗法制度的本质可以说是一种'私法'制度。就是国家（同时也表现为法律）承认血缘团体的领袖对其成员有代替法律（亦称'公法'）来实施的管理和处置权，承认这种血缘团体是国家行政及司法的基本单位。"这意味着在宗法制下，"公法"不能及于每个人，个人直属于家而不是国与天下。因此，这三级政权的管辖范围就是：天下以国为单位而不及于每家，国以家为单位而不及于每个人，家以身为单位而可及于每个人。正因如此，家庭一方面是国家统治的基层力量；另一方面由于它分走了"公法"对个人的处置权和支配权，从而与国家权力具有发生冲突的可能。

孔子并不从根本上反对宗法制，仍承认家长权的存在及其对个人的处置权力。相比之下，墨子的态度更激烈，国家权力穿透"家"而及于每个人。将基于自然血缘关系的社会组织"家"进行政治化改造，是墨子思想中最有批判性的地方。

（2）对个人选择权的侵夺。据前所论，天选天子，天子代表着"天下之义"，那么为什么不是由天下所有人来选拔天子呢？从墨子的表述来看，主要原因在于人们普遍"知小不知大"，所见不能超出自身利益所及的范围，只能看到自身、眼前的一点小利，看不到更重要、更长远的利益，因此需要由一个全智全能者来代表他们选拔最高政长，这个全智全能者就是"天"。可见，在墨子看来正是由于人们不知道自己的真正利益所在，不能做出正确的选择，因此需要通过指导，必要时甚至需要代替和强制来实现他们的利益。

这种主张与近代西方个人主义的功利主义完全不同。边沁认为人们完全知道自己的利益所在，它类似一种天生的本能而无须外部指导，因为"自然把人类置于两位主公——快乐和痛苦——的主宰之下。只有它们才指示我们应当干什么，决定我们将要干什么。是非标准，因果联系，俱由其定夺。凡我们所行、所言、所思，无不由其支配：我们所能做的力图挣脱被支配地位的每次努力，都只会昭示和肯定这一点"。因此，个人主义的功利主义相信人们可凭其理性做出最有利于自己的选择，每个人的利益的满足可造成社会整体利益的最大化。

而在墨子的社会整合程序下，由"天"（实际操作中应当是由"人"）来代表每个人来做出选择，在这样的程序下，个人的意志、自由选择权被忽略乃至被剥夺了，他们被认为不知道自己的利益所在而被天"代表"了。这样一来，这种看起来最有利于人们利益最大化的社会秩序，由于其在实际操作中存在着代替乃至强制，而必然导向政治生活中的专制主义倾向。

余 论

正如许多学者已经观察到的，墨子思想中矛盾性的一面特别突出，如李泽厚所说："一方面要求举贤任能，另一方面强调尚同服从；一方面追求兼爱平均，另一方面主张专制统治；一方面强调'强力''非命'，另一方面尊尚鬼神、'天志'。"赵峰（2001）则指出："墨子思想的一个显著特征，就是其理论上的矛盾特别突出，如'兼爱'的平等精神与'尚同'的森严等级严重冲突，'尊天事鬼'的神秘主义与'非命''尚力'的理性精神尖锐对立，等等。"

对于墨子思想中矛盾性的解释，李泽厚从其理论产生的阶级背景来分析，认为它"相当典型地表现了作为分散、脆弱的小生产劳动者的双重性格"。赵峰则从其理论内部来梳理，他认为："墨子的天鬼信仰根本背离了其功利主义的理性原则，尽管它使坚持功利主义理性原则必然会遇到的根源性危机化解于无形。在传统宗教备受理性的怀疑和批判之际，墨子一方面将理性原则引向狭隘的功利主义的理智计算；另一方面又为了彻底消除意义的虚无感，全盘照搬古老的信仰模式，将信仰对象完全推给远离人心的外在的神秘力量，从而使理性与信仰的矛盾空前激化。"

前面两种解释一个是从理论发生的角度来分析，一个是从理论内部发展的逻辑来诠释，各有其解释力。从理论内部发展逻辑所做的解释，若进一步深入探究，则墨子政治哲学中的矛盾，其更深刻的原因也许在于墨子对于人本质的片面理解，即仅从自然生命的层面、物质生活的层面来理解人、规定人，而缺乏对于人精神层面、超越层面的理解，从而无法在功利之外安置价值根源，当他需要为其政治哲学寻找正当性依据时，找到的是功利性的"天""鬼"，而后者不过是墨子功利主义思想对象化的结果。

参考文献

〔英〕边沁：《道德与立法原理导论》，时殷弘译，商务印书馆，2000。

李泽厚：《中国古代思想史论》，人民出版社，1985。

刘泽华、葛荃：《中国古代政治思想史》（修订本），南开大学出版社，2001。

谢维扬：《周代家庭形态》，黑龙江人民出版社，2004。

赵峰：《由功利到信仰——墨子思想重估》，载于袁行霈：《国学研究》（第八卷），北京大学出版社，2001。

墨子"尚贤"思想主旨浅析

袁永飞 *

摘要： 综述前人分析墨子尚贤思想的身份立场、文化动因、历史内涵和现实价值，对其主要内涵和基本论点做文本梳理和精神概括，并结合墨子前后的先秦诸子思想比对，说明其"尚贤"思想的核心原则是任人唯贤不唯亲。此原则对于中国当代社会人才开发、建设和利用具有重要启示。

关键词： 墨子　尚贤思想　任人唯贤不唯亲

迄今为止，国内外对墨子尚贤思想的研究成果颇丰。代表性的作品有徐希燕的《墨学研究：墨子学说的现代诠释》提出"贤人治国论"，认为"墨子尚贤思想是直接针对当时贵族、世袭、专权政治而提出"。[①] 陈克守、桑哲合著的《墨学与当代社会》，认为墨子尚贤的主张反映平民阶级"要求提高社会政治地位与平等参政的强烈愿望"，打破春秋战国前"宗法制任人唯亲的原则"而"扩大选任范围，不分亲疏贵贱，任人唯贤"，在人才选拔任用和管理上重视激励机制并强调"职、权、利三者统一"。[②] 这两部著作对墨子尚贤思想的主要论述思路略有区别，前者注重"贤才"意蕴的现代发挥和社会理想而抨击儒家"任人唯亲"的贵族世袭制，后者着重从"尚贤"内涵的多个层面回应当代用人制度和理念而否定春秋战国以来宗法制的任人唯亲原则。任继愈主编的《中国哲学史简编》和肖萐父、李锦全主编的《中国哲学史》对墨子尚贤思想的看法基本一致，都是从社会进步观肯定尚贤的合理要求而批判"亲亲"的用人做法，不过前者强调对

　＊　袁永飞，河南省社会科学院哲学与宗教研究所助理研究员。
　①　徐希燕：《墨学研究：墨子学说的现代诠释》，商务印书馆，2001，第119~127页。
　②　陈克守、桑哲：《墨学与当代社会》，中国社会科学出版社，2007，第87~102页。

奴隶制世卿世禄制度的革新意义,后者突出传统宗法制度下小生产者参政求变意识。①

上述研究多是根据有限的文献资料做了选择性的理论陈述,即都是在墨子思想的理论大框架中对其"尚贤"的阶级立场、文化动因、历史内涵和现实价值进行讨论,而本文是以《墨子》经典文本《尚贤》篇全部内容与先秦诸子文化语境的"贤"观念,对其尚贤思想的主旨与意义做出的分析。

一 尚贤思想的基本内涵与主旨诉求

通过上述概括,我们可能会继续追问:墨子尚贤思想的基本内涵是什么?它的核心观点又有哪些?它的主旨诉求是不是任人唯贤不唯亲?其中贤和亲又指什么?任人唯贤或任人唯亲是先秦儒墨两家尤其是孔子和墨子在政治理念上的根本分歧吗?若不是,后来又是如何形成这个分歧呢?这种核心观念的主要内容对我们当代社会的人才开发和利用有哪些实际启示呢?这一系列有关墨子尚贤思想的问题需要更详细、充分地说明,不能简单地从墨子的诸多思想中泛泛解读而归结在儒墨"是非"问题上。

《墨子》一书有关"贤"的内容比较丰富,如《亲士第一》中"见贤而不急""非贤无急""缓贤忘士""尚摄中国之贤君"等;《尚同中第十二》说"国君,固国之贤者""是以赏当贤";《非儒下第三十九》讲齐景公和晏子讨论"贤人之行";《公孟第四十八》有公孟子和子墨子问答"知有贤于人";《鲁问第四十九》认为"国家昏乱,则语之尚贤、尚同";"今子处高爵禄而不以让贤,一不祥也",集中体现在《尚贤上第八》《尚贤中第九》《尚贤下第十》三篇中,这三篇可了解墨子尚贤思想的基本内涵和核心观点,确定其主要旨趣和"贤、亲"的具体所指。

《尚贤》上篇重点讨论为政、尚贤的要务、方术、典范和宗旨,从正面立论阐述尚贤的基本思想。《尚贤》中篇接上篇"为政""尚贤"主旨

---

① 任继愈:《中国哲学史简编》,人民出版社,1973,第 87~89 页;肖萐父、李锦全:《中国哲学史》(上卷),人民出版社,1982,第 100 页。

来说，批判当政者不明要务，不学典范，不懂方术，要其效法前贤，尊重人才，借鉴圣德，从反面推证当政者应效法前贤圣王行事。《尚贤》下篇进一步指出当政者的不当表现，顾小失大，亲财远贤，违背圣王做法，败坏政治风气，有必要明达"为政"根本，从现实政治作为的恶劣表现阐明其根本解决之道在"尚贤"。

《尚贤》上、中、下三篇的主旨分析，可知墨子尚贤思想的基本内容：在当时的政治社会，作为执政官长的王公大人们和追求富贵的士君子们，不可无缘无故地按骨肉亲情和形貌美丑来决定大众的生活富贵、贫贱、利益、荣誉和价值，应仿效古代圣王进贤、事能、使能的做法与要义，把握为政根本而使民众丰衣足食、劳逸适当、友爱互助、生活安定，否则将和古代暴虐之王那样搞得自己身死刑戮、妻离子散、家国败亡、天下动乱、民不聊生。由此推断，墨子尚贤思想的主旨是任人唯贤不唯亲，唯贤是举，唯才是用。这意味着其用人的最高标准是"贤"而非"亲"，是政治社会的客观尺度，不以个人的意志、情感、愿望等非理性因素为转移。

墨子没有讨论"贤"和"亲"的关系内涵定位，只强调"贤"的优先原则。他的"贤"偏向于以"能"评"德"的经验主义做法。如前述一些学者所言，这并非专门针对儒家孔子从周礼"尊尊""亲亲""贤贤"中提炼的仁德理念而大肆发挥，主要是根据当时的政治社会制度和生活状况而倡导传统政治所推行的尚贤做法，以及由他的平民身份而产生的平等参政愿望。这从当时诸子对"贤"的看法与认识中可得到进一步印证。墨子继承和发扬了尚贤的优良传统，从制度层面的根本观察提升到思想层面的系统考察，对它的有关说法、做法进行了适当梳理、充分检讨、全面归纳和精神提炼，这对后世社会的求贤、举贤、进贤、事贤、用贤、尊贤、贵贤、富贤等做法产生了十分深远的影响。

二 先秦诸子对"贤"的看法及其相互影响

先秦诸子以老子、孔子、孟子、庄子和荀子及其弟子们为代表，主要依据的文献资料是《老子》《论语》《孟子》《庄子》和《荀子》。下面择取其全部或部分有关"贤"的代表性话语，具体考察诸子对"贤"的基本说法它们之间的相互联系和变化发展。

（一）老子批判"贤能"做法和庄子否定"贤德"想法

《老子》一书文本较多，注释不一，这里用通行本王弼注《老子》和楼宇烈校释，对其"贤"的认识作一说明。

> 不尚贤，使民不争（《老子第三章》）。
> 夫唯无以生为者，是贤于贵生（《老子第七十五章》）。
> 是以圣人为而不恃，功成而不处，其不欲见贤（《老子第七十七章》）。

老子说"不尚贤"，过去有人凭这一句就认为《老子》其人其书必定在《墨子》其人其书之后。理由是"尚贤"作为墨子思想中比较成熟的政治观点，应先有它的正面肯定而后才有它的反面说明，这是人类认识事物和概念发展的基本规律。但如果"尚贤"只是一种由来已久的优良政治传统，周代"敬德"的政治主体已自觉突显，那么春秋时从这一传统结合现实社会并导致不同的观察和看法，也属正常认识范围，而不用惊奇其多种内涵存在。如老子从中看到民众争夺逞能的混乱局面，墨子却肯定它对政治社会的功德建设。这意味着，要判定二者谁先谁后、是否同时出现，不能用"尚贤"概念本身作为认识标准，当对其时代语境和思想体系进行辨识。《老子》这三句，第一句指明"尚贤"的做法带来"民争"的社会事实或现象，当用"圣治"矫正；第二句指出"贤"的内核，以"贵生"为主导，应该特别珍惜生命；第三句表达的一个基本观点，即圣人不"见贤"是"为而不恃，功成而不处"，即不因自己的作为和成功去争名夺利，应坚持圣人之善德，也即坚守贤圣之德而不逞贤人之能。因为圣贤之德是众利而不贪图富贵、引起争乱，贤人之能是自利而贪求富贵甚至不择手段地争夺，这就隐含了用贤德的"上善"来批判贤能的"众恶"。它和墨子用贤德的"圣道"肯定贤能的"自德"，不在同一认识层面。笔者以为，墨子对尚贤理论的正面深入思考应比老子对不尚贤的表面现象批判更深一层。假如老子是在对周的政治弊端直观反省和直接批判的基础上反对其破坏力，那么墨子就是站在对其政治社会本身的高度认同和广泛审视的立场上肯定其建设之功。这一破一立，都具有非凡的政治智慧，但墨子的"立"比老子的"破"更有利于实际的政治行动，更难能可贵。从某种意义上说，老子重在批判贤能的不正当、不适当的做法产生的社会恶果，他对人类生命的贤德追求仍寄予厚望；墨子高度赞同贤能的适当、正当的做法所释放的政治善意，它对人们生活的理想社会有塑造功德。

庄子对"贤"的认识和老子略有区别，更异于墨子和儒家孔、孟、荀的"贤"观念。

> 颜回曰："堕肢体，黜聪明，离形去知，同于大通，此谓坐忘。"仲尼曰："同则无好也，化则无常也，而果其贤乎！丘也请从而后也。"（《庄子·内篇·大宗师第六》）

> 昔者龙逢斩，比干剖，苌弘胣，子胥靡，故四子之贤，而身不免乎戮（《庄子·外篇·胠箧第十》）。

> 仲尼曰："君子不为盗，贤人不为窃，吾若取之何哉？"（《庄子·外篇·山木第二十》）

> （管仲）对（桓公）曰："以德分人谓之圣，以财分人谓之贤。以贤临人，未有得人者也；以贤下人，未有不得人者也。"（《庄子·杂篇·徐无鬼第二四》）

> （许由）曰："夫尧知贤人之利天下也，而不知其贼天下也。夫唯外乎贤者知之矣！"（《庄子·杂篇·徐无鬼第二四》）

> 天下大乱，贤圣不明，道德不一（《庄子·杂篇·天下第三三》）。

多数庄学研究者认为，《庄子》内篇是庄子本人的纯正思想，其外、杂篇糅合有老子的思想元素，多为其后学所作。实际上，《庄子》内、外、杂三篇很可能是集合了儒、道两家开创人的基本观点，并补充了墨、名等诸家学者的认识而有所成。其内篇的"贤"，明的好像是赞颂孔子与颜回两人会通于"坐忘"的生命境界，暗地否认儒家所谓的贤明、贤德或贤圣，赋予其自然生命的新内涵即真人形象。虽然老子思想里也有这种自然生命的精神元素，但尚在矛盾、摇摆的认识状态中，只有在庄子思想里，才更加明确地提出要超越儒、墨的是非，进而求真。外篇保留这种认识痕迹，如贤者关龙逢、比干、苌弘、伍子胥的不幸遭遇，反映了圣贤的生命困境，透露了对圣贤德行价值的根本怀疑。总的来说，庄子不仅继承老子批判贤能的做法，更重要的是对传统社会的贤德说法持否定、怀疑态度，发挥了老子思想中观悟生命的自然精神，从根本上区别于儒、墨两家对人类社会的道德追求和贤能要求。

（二）孔孟要求"贤德"和"尊亲"的内在一致

在孔孟思想中"圣"和"贤"有明确界分，注重用"仁德"融通二者，与墨子尚贤思想有相似功效；不同在于孔孟以贤德追溯尊亲的生命根源，墨子却以贤德示范贤能的文化作为。在此选取《论语》和《孟子》中涉及"贤"的部分代表性言论加以说明。

> 子夏曰："贤贤易色。"（《论语·学而》）
>
> 子曰："见贤思齐焉，见不贤而内自省也。"（《论语·里仁》）
>
> 子曰："贤哉，回也！一箪食，一瓢饮，在陋巷，人不堪其忧，回也不改其乐。贤哉，回也。"（《论语·雍也》）
>
> （子贡）入曰："伯夷、叔齐何人也？"（孔子）曰："古之贤人也。"（《论语·述而》）
>
> 子贡问："师与商也孰贤？"子曰："师也过，商也不及。"（《论语·先进》）
>
> 仲弓为季氏宰，问政。子曰："先有司，赦小过，举贤才。"曰："焉知贤才而举之？"曰："举尔所知。尔所不知，人其舍诸？"（《论语·子路》）

从孔子对"贤"的言论看，还不能直接说明它与尊亲的基本关系，只能推测它们之间存在某种意义上的关联。孔子既"见贤""思齐"，即向贤者看齐而以贤者为标准；又"见不贤""内自省"，即通过自我内在反省而发现一条"贤"的进路。《学而》中弟子有若说"孝悌"为"仁之本"；孔子把"贤友"和"节礼乐""道人之善"看成人生收益，用"仁"的尺度公开评价其弟子的贤与不贤，从颜回和子贡的评语中可见端倪，这说明孔子"举贤"与"尊亲"有一定的内在联系。当仲弓"问政"时，孔子的回答是"先有司"而再"举贤才"，他的"司"应包含"贤"的客观标准与内在尺度，"尔所知"表达了自己和贤能的某种生活的亲近关系，但对贤的客观标准和贤能的实际表现没作深入探讨，这区别于墨子尚贤思想。他应该结合贤德和贤能，说明应当如何用人的观点。他这种"举贤""仁亲"的内在关联和重点关注，从子张的"大贤"与"不贤"所导致人们不同的对待态度，到子贡辨识"贤"与"不贤"的"大、小"，都有这种意义追求的印痕。然而，孔、墨在"识贤"根据和"举贤"方式上有较大分歧，孔子倾向于人类内在的主观依据（即"仁"），而墨子更注重社会的客观标准（即"义"）；在选贤方式上前者接近汉代察举制，后者类似隋唐科举制。关于"贤"的看法，从一定范围看，有对立的意向却无对立的事实，因为他们关注的核心论域不同而产生相异的认识结果，这不妨碍彼此在一定程度上相容相通。即使墨子"非儒"，在从"节用、节葬、非命"方面有异议，但在"尚贤、尚同"的政治建设上无实质性分歧，这说明墨子"任人唯贤不唯亲"观点吸取了孔子的举贤理念、扬弃其"举尔所知"的保守内容，这也间接涉及其"尊亲"带来的政治弊害。

孟子从正面继承孔子和颜回谈论的"贤乐"，发挥其"尊亲"或"仁亲"的意旨，进而扩展到王道的"贤乐"如梁惠王和齐宣王，不同于同时期庄子对孔颜之贤的反讥和"坐忘"。

> 孟子见梁惠王曰："贤者亦乐此乎？"孟子对曰："贤者而后乐此，不贤者虽有此，不乐也。"
>
> （齐宣）王曰："贤者亦有乐此乎？"孟子对曰："有。"
>
> （孟子答齐宣王）曰："国君进贤，如不得已，将使卑逾尊，疏逾戚，可不慎与？左右皆曰贤，未可也；诸大夫皆曰贤，未可也；国人皆曰贤，然后察之；见贤焉，然后用之。"（《孟子·梁惠王上》）
>
> 孟子曰："贤者在位，能者在职，国家闲暇，及是时，明其刑政，虽大国，必畏之矣。"（《孟子·公孙丑上》）
>
> 孟子曰："天下有道，小德役大德，小贤役大贤。"（《孟子·离娄上》）
>
> 禹、稷当平世，三过其门而不入，孔子贤之。颜子当乱世，居于陋巷，一箪食，一瓢饮；人不堪其忧，颜子不改其乐，孔子贤之。孟子曰："禹、稷、颜回同道。"（《孟子·离娄下》）

孟子除了用孔子评说的禹、稷、颜回的贤乐是"同道"，训导"国君进贤"外，他也考虑到"不得已"的情况，如"卑逾尊，疏逾戚"时应慎重对待"见贤"和用贤，划分了贤者的"位"和能者的"职"对国家治理和刑政施令的重要性，直接提出"贵贵尊贤"一义和仁爱"亲贤"为务，面临"德衰"时出现"禹传子不传贤"的窘境而交给天意判决。他认为，古代"贤王""贤士"都一样，"好善、忘势"才能尊亲、尊贤，才可以施王道和仁道或人道治理天下。他不仅突出和深化孔子的贤德与尊亲的内在关系，而且衔接墨子贤德之位和贤能之职的政治功能以求王公大人士君子同道。不过他对墨子"兼以易别"的兼爱思想，极端地指责其"无父"是不尊亲的认识行为，从而在仁爱层面为儒、墨两家思想的根本分歧塑造典型的人格形象，给墨子其他思想如尚贤也赋予消极的社会意义。我们读《墨子》文本得知，"兼爱、非攻"和"尚贤、尚同"等理念是针对不同国家政治情况的策略考量，并无某种理念优越于其他理念的逻辑设定，基本上是经验总结。但孟子这一批判，刚好凸显出墨子思想的内核特质，即将其"兼爱"文化理念的内在冲突绝对化。由于孟子陷入人类仁德的义理思考太深，求索善性的本心使他对德和能相统一的尊贤举措太空，以致无法落实，反而内陷在宋明道学所谓的"天理、良知"中，去"格物致知"以"正心诚意"。直到荀子对其思想的批判和吸取，才对先秦儒家文化的社会发展面向有所改进。

（三）荀子推崇"贤德""贤能""尊亲"高度统一

沿承孔孟的仁义理路，处理尚贤的德能矛盾，成为荀子思想的一个基本任务。他采用墨子的经验主义立场抨击其绝对功利主义作为；结合法家取得的社会成就确立自己独特的理解视角，推进贤的认识，实现先秦儒家对人们尊亲、敬德和尚贤的高度统一。《荀子》一书对"贤"的描述较多，只选取其主要观点进行分析。

> 以此度之，五帝之外无传人，非无贤人也，久故也（《非相篇第五》）。
> 请问为政？曰：贤能不待次而举，罢不能不待须而废，元恶不待教而诛，中庸民不待教而化。
> 选贤良，举笃敬，兴孝弟，收孤寡，补贫穷，如是，则庶人安政矣。庶人安政，然后君子安位。
> 尚贤使能而等位不遗，析愿禁悍而刑罚不过（《王制篇第五》）。
> 故尊圣者王，贵贤者霸，敬贤者存，慢贤者亡，古今一也。故尚贤使能，等贵贱，分亲疏，序长幼，此先王之道也。故尚贤使能，则主尊下安；贵贱有等，则令行而不流；亲疏有分，则施行而不悖；长

幼有序，则事业捷成而有所休。故仁者，仁此者也；义者，分此者也；节者，死生此者也；忠者，惇慎此者也（《君子篇第二十四》）。

荀子对"贤"的说法几乎囊括了孔、墨、孟和先秦前期法家的主要内涵，形成自己对"贤"的独特认识体系。他从"贤"的主体即贤人，考察过去五帝时期传贤不传亲，现在的明主做法是在朝廷上贵贤、官职上治能、近臣中信悫，不合适的做法是"外贤而偏举、争职而妒贤"，或德与位、能与官不相称而使赏与功、罚与罪不相当；他专门区分了上、次、下三贤所体现的爵禄即三公、诸侯、士大夫，得出天下通义是"少事长，贱事贵，不肖事贤"，他把孔孟的尊亲、贵贵和墨子的尚贤、使能融为一体。在贤德问题上，他既考虑到使"庶人安政"和"君子安位"的儒家贤良、笃敬、孝悌，又兼顾了墨子"圣君贤相之事"是兼覆、兼爱、兼制，以体恤百姓饥寒冷暖。他认识到古今不变的政治规律即"尊圣者王，贵贤者霸，敬贤者存，慢贤者亡"，这与墨子尚贤思想有相似处，但他深切体会到尚贤使能的理论意义，应是仁义节忠实践内涵的高度统一。荀子在《天论》中说"墨子有见于齐，无见于畸"，这说明他尊亲和明分的儒家立场，不同于墨子的"兼以易别"的尚贤尚同观点。因此，荀子认为，尊亲、仁德和贤能应在"先王之道"中高度融合，明辨长幼、亲疏、贵贱的个人名分而体现在原则、规范、言行和事业中，如此才能实现社会安定和谐。他吸取墨子尚贤思想在处理政治问题的恰当做法和说法，但又从他坚守的儒家学派根本立场上批评墨子思想，彰显"尊亲、仁德、贤能"的三位一体。

通过上述诸子对"贤"的认识和比较，可见尚贤是古代政治社会一种优良的用人传统。在老庄的自然精神世界里看到它纷乱的恶果而反对其贤能与贤德，在孔孟荀的社会道德世界中发现它的血亲根源和政治功效及亲、仁、贤的三者统一。相对来说，老子反对贤人之能的妄用，却不反对圣人之德的作为；孔子要求仁德和尊亲对举贤的引导和制约，但不要求任用小人和不肖者；庄子认为贤德和贤能，导致人间是非得失的忧患，主张废弃而保持天然本真；孟子认为尊亲、仁德和贤能，三者内在统一而强调亲贤、贤乐；荀子不仅肯定亲、德、能的内在统一，还确认三者在社会实践中高度一致。由此知，老、孔与墨子推崇的古代圣王德能并无根本性对立，只有措施上的区别。孟、荀和墨子的尚贤思想虽在表现上相近，却存在实质性差异，即孟、荀敢于从文化思想的基本立场，对现实的政治社会作"以正视听"的说明或解释。其人伦建设优先于政治建设，它区别于墨子尚贤思想的政治关怀。庄子却是更彻底否定了人类文化德能的社会正面价值，注重自然世界的精神自由意义，不仅和儒墨两家保持必要的认识距离，也与当时的名、法两家存在认识上的本质差异。

墨子认为，贤的判断标准来自社会公义而具有客观性、公正性和平等性，不能出自个人的仁义而无故充斥主观性、偏私性、等级性，政治制度实践中社会公义和个人仁义无法兼容，首要原则是"唯贤不唯亲"才可"进贤、事能"，这意味着贤的最高价值尺度在贤的评定标准而不是主体自觉。他认可天志、言行、事务，作为尚贤的外在原则；忽视了人的心动、行动、主动，影响贤能的内在认可。墨子从政治功能上高度肯定"贤"的客观标准体系建设的必要性和普遍性，这为政治社会生活中"任贤"的规范程序运作提供了有效说明和理论支撑。

总之，墨子尚贤思想对当代中国社会人才开发、建设和利用的良性运作有着重要的启示。尽管墨子未建立公正、实效、完善、系统的贤能评判体系，但其尚贤思想涉及政治社会的人才提拔、任用、监督、评定等丰富内涵和具体问题。如何界定贤德、贤能而充分考虑其客观依据和主观情感的相互作用，在现实社会中充分展现其认识特征、生命精神、文化内涵、制度规范和操作方式，有效协调处理"贤"和亲疏、尊卑、贵贱、贫富、强弱、多少、大小、智愚等多种关系冲突，确立一个社会安定、国家富强、民众满意、天下和谐的良性互动格局，这不仅是古代政治社会建设的基本要求，也是当代中国需要关注的问题。

从"宗教性"视角谈宗教文化

王思远[*]

摘要：格奥尔格·西美尔从生命哲学的视角来理解宗教，确立了"宗教性"的概念，并将之与"成熟宗教"区别开来。西美尔的"宗教性"把一切精神追求及其文化表现都归之于宗教。在中国传统文化中可以找到一些与西美尔"宗教性"相关的因子。然而，中国传统文化是以儒家思想为核心的，其中贯穿的历史意识对"宗教性"有一定的替代作用。借鉴西美尔关于"宗教性"与"成熟宗教"的区分，对于宗教文化与当代中国社会相适应将起到积极作用。

关键词："宗教性"　儒家思想　宗教文化

一　西美尔的"宗教性"

德国社会学大师格奥尔格·西美尔被誉为"第一位现代性思想家"，在宗教社会学研究方面，他最先确立了"宗教性"的概念，并将之与宗教区别开来。

（一）宗教起源与本质的迷雾

谈起"宗教性"，我们不得不又进入宗教的起源与本质这个历久弥新的话题。宗教的起源是早期宗教学研究的重点，那时学术界普遍认为，如果能找到某种事物的起源，就能够确定它的本质，并通过起源和现状的比较来找出它的发展规律。在经过了一代学者的不懈努力之后，泰勒的《原始文化——关于神话、哲学、宗教、语言、艺术和风俗的发展之研究》（1871）、缪勒的《宗教的起源与发展》（1878）和《人类的宗教》

---

* 王思远，河南省社会科学院哲学与宗教研究所研究人员。

（1882）、弗雷泽的《金枝》（1890）等作品相继问世，对宗教甚至人的起源问题研究做出了杰出的贡献。但是，对于宗教的起源大家莫衷一是，仍然没有哪一个人能够准确地说清楚"宗教"究竟什么。其主要问题在于："一是历史的不可逆转和考古证据的短缺使各家宗教起源说难以验证；二是线性的进化模式难以'收编'复杂的宗教现象，'黑天鹅'的出现令那些全称肯定判断捉襟见肘；三是不同的宗教起源说形成一种'内讧'，圈外人莫衷一是的感觉降低了这种探讨的可信度和'美誉度'。"（金泽，2001）

在西美尔（2006）看来，有助于澄清宗教的起源和本质的方法在于立足哲学层面，从"此岸的各种关系和旨趣中寻找到某些宗教契机"。他通过体悟和反思已有的宗教论述，从生命哲学的视角着重阐发了"宗教性"这一概念。西美尔认为当时关于宗教起源的种种说法，包括宗教源自怕和爱、源自需要和自负的自我意识、源自依附感等，都忽略了最关键的一点：这些经验情感为什么突然就跨进了宗教境界？

（二）西美尔"宗教性"概述

西美尔从生命哲学的视角强调"宗教性"与"宗教"的对应。"宗教性"即纯粹的宗教天性，它越来越纯粹，最终发展成为客观存在的"成熟宗教"。

1. 西美尔对"宗教"与"宗教性"的划分

西美尔通过基督教中"位格"的概念来解释生命，并从生命哲学的视角来理解宗教。他认为，上帝具备完满的位格，而人的生命存在只是整体的一个部分，这一点妨碍着人作为"真正的位格存在"。然而，上帝的位格作为目的和目标则是人的位格存在的"形式"，由此构成了人的生命朝向上帝位格的生成过程，在上帝之绝对形式的引导和规整下，生命呈现为一种精神化的过程。

生命与形式对应的是宗教情绪与宗教形式，即西美尔强调的"宗教性"与"宗教"。在西美尔的理解中，宗教是一种外在的、客观的教义和机构；宗教性则既非外在的事物，也非思辨的超验产物，而是一种内在的灵魂天性。他指出，宗教性"就是我们灵魂中的一种存在或事件，是我们天赋的一部分。宗教天性在本质上和情欲天性是一样的"。宗教天性虽然会指向某种崇拜对象，但即使它不跟任何神性言语和概念相联系，也依然会保持自身的特有性质。"纯粹的宗教天性意味着，其存在是一种宗教性的，它发挥的是宗教功能，就像我们的肉体施展有机功能一样。""宗教"是由"宗教性"逐步提升，不断完善而形成的，"宗教性"越来越纯粹，最终发展成为独立的客观存在"成熟宗教"。宗教性作为宗教的孕育者，是人类体验的内在形式，属于灵性领域范畴，并不具有外在客观的建制形式。简言之，宗教性是宗教的内核与本质，是宗教需求的单纯冲动；宗教不过是宗教性外化的结果。

2. "宗教性"的个人化

对于西美尔来说，宗教性先天地蕴含在个体生命之中，也称之为生命的内在本质的先验性基本形式。宗教社会学家弗朗哥·费拉罗迪这样评价西美尔的"宗教性"概念的理论意义：之前没有在宗教与宗教性之间做出区别，是宗教社会学家的一个错误，因为，"宗教性是一种深层的、没有被官僚化的个人体验"（高师宁，2011）。

作为一个社会学家，西美尔同其他很多社会学家一样，将宗教视为社会学领域里非常重要的层面。他认为宗教情感和宗教冲动并非仅仅表现在宗教里，而是存在于人与人之间的各种关系中。西美尔指出："我们可以断定，在人与人之间各种各样的关系中都包含着一种宗教因素……一切宗教性都包含着无私的奉献与执着的追求、屈从与反抗、感官的直接性与精神的抽象性等的某种独特的混合，这样便形成了一定的情感张力，一种特别真诚和稳固的内在关系，一种面向更高秩序的主体立场——主体同时也把秩序当作是自身内的东西。"

宗教性在人际关系的互动中形成，它拥有某种情感或态度，每个人都能切身地感受到。社会、集体是宗教本质的蕴含之所。个人对集体的"依附感"在宗教性的形成中起着关键作用。在集体中，个体感到被某种更高的东西所制约，以之为依托，当个人与某种社会集体的关系具有融神圣、献身、忠诚等于一体的特征时，就会呈现出一定程度的宗教性。西美尔说："个体与集体之间的这种内在的道德联系暴露出它们跟个体与上帝之间关系鲜明的类似性，以至于后者看上去只是前者的升华和转型。"

宗教作为社会关系的超越形式，此时个体之间的相互作用所形成的特殊情感内容转化到个体与某种超验观念之间的关系中。宗教通过自身的不断抽象化和客观化，最后脱离了社会世俗领域，创造出超验领域以及外在的宗教客体。而对于维系个体宗教性与宗教形式起到至关重要作用的无疑是个体的信仰。西美尔认为，信仰最初是作为个体之间的一种关系而出现的，它是在未受"成熟宗教"影响的情况下产生的，只不过后来在宗教领域变得更为纯粹和抽象。宗教信仰意味着个体对超验存在的体悟认同和情感皈依。传统思想只把信仰对象（超验内容）视为形而上学的价值存在，在西美尔看来，信仰主体的宗教性本身就是形而上学的价值存在。他认为，成为"宗教人"意味着个体生命灵魂开始活动的"一刹那"。

二 中国传统文化与"宗教性"

西美尔的"宗教性"表现出个体在精神上对超验存在的关切。在中国传统文化中也能找到一些与"宗教性"相关的因子。不过，当我们从中国传统文化的整体来考察时，会发现"宗教"这个非本土的概念无法囊括民族性极强的传统文化，在我国传统文化中居于核心地位的是儒家伦理思想。

（一）中国传统文化中儒家伦理思想的核心地位

我国现代意义上的"宗教"一词的含义应该属于古词新用。近代，学术界将英文"religion"译为"宗教"，但在汉语中，"宗教"一词的内涵、外延与英文"religion"的含义并不对等，"religion"来源于古罗马的拉丁文，指人对神圣的敬仰、义务和尊崇，以及神人之间的结合。后来，"宗教"一词被扩展为所有宗教信仰（religious believes）。

中国刚进入文明社会时，生产工具主要以石器、木器为主，个体家庭生产能力低下，不能离开宗族独立生存，政治组织也必须以宗法宗族为基础。所以，宗法血缘关系在中国文化中保留了下来。西周以前的整个中国文化可以说是以宗法性传统宗教为核心的文化，各种世俗性、人文性文化都附属于宗教文化之中；东周国势衰颓后，出现了以孔、老为代表的诸子文化，而诸子文化是以人文为本质的反传统宗教性质的一种世俗文化，此时的百家争鸣，实质上是争相成为统治阶级主流意识形态的一种思想斗争；两汉时期"独尊儒术"之后，国家统治者按照儒家的伦理道德思想对宗法性传统宗教进行了相应的调整，使儒家与宗法性宗教处在一种十分微妙的关系之中。在此后中国两千余年的历史中，"历代王朝始终奉儒家为经世治国之大纲、判断是非的原理，开科取士、官吏升迁的准则，在一切意识形态之中居于至高无上的地位。以'崇天祭祖'为内容的国家宗教，本质上是把儒学'忠君孝亲'之义用宗教仪式的方式把它神圣化。在这个意义上，不妨认为儒学是核心内容，宗教为表现形式，两者是内容与形式、里与表的关系。"所以说，中国两千余年的文化主体和核心是儒家伦理思想，而其在本质上是世俗的、非宗教的。

关于为什么是儒家伦理思想，而不是宗教在中国传统文化中确立了统治地位。陈独秀认识到，东西方宗教、学说的差异源于东西方社会条件和文化基础的不同，他指出："孔子的学说思想所以发生在中国也绝非偶然之事……这完全是有中国的社会才产生孔子的学说，绝不是有孔子的学说才产生中国的社会。"这一文化上的特点也是由中国传统的政治制度来保证的。在中国历史上，作为治国者的"士人"所读的是孔孟之书，统治者选拔人才的科举制度所采用的是圣贤之道，所以即使政权更替、王朝改变，但治国的官吏系统永远操纵在"士人"手中，僧道之类宗教信仰者不可能凌驾于官吏之上。中国历史上曾有所谓儒释道"三教合流"之说，其实是各家从自己的价值立场出发，对固有的权力共同体所进行的深度认可。近代以来，基督教的传入虽然也与中国传统宗教发生过碰撞，甚至发展为激烈的斗争，但始终没有进入文化之争的舞台中心，更无法撼动儒家伦理思想在中国文化中的核心地位。

（二）儒学本身的"宗教性"因素

我国传统文化虽然是以儒家思想为其核心，但由于儒家思想与宗法性宗教的密切关系，其中也有一些"宗教性"的思想因素。黄俊杰对于儒家的"宗教性"有过相关的论述，他说："儒学有强烈的'宗教性'，但不是西方传统定义下的'宗教'。儒学的宗教性见于儒者对世俗事务（如修、齐、治、平）所抱持的绝对严肃的态度，这种虔诚之态度就是田立克所谓的'终极关怀'。"（王定安，2008）儒学的"宗教性"主要表现在"天命观""天人合一"等思想中。

儒家"天命观"指上天的意志命令。天命观中最重要的命题是君权神授，即帝王的政治权力是上天的旨意，后世儒家更是将天命下移至个人，关注现实人生，强调尽人事而知天命，体现了独具中华民族特征的"宗教性"。后来，董仲舒对天命观作了神学目的论的发展，认为在天人关系上，天完全按自身的特征创造了万物，如天有四季，人有四肢；天之一年分十二月，人全身有十二大骨节等，强调天人相类、天人感应。不过，董仲舒对儒家宗教化的努力对中国文化并没产生多大影响。到了宋代，张载、二程等扬弃董仲舒学说的简单形式，明确提出"天人合一"的观点。

作为儒家伦理思想核心价值体系的三纲五常，也包含一定的宗教意义上的情感依归和价值抉择。就"三纲"而言，君臣关系是人的社会性存在的集中体现和最高表达，是人类社会"明分使群"的根本依据；父子关系是人类社会生息繁衍、代代相传、永不断灭的象征，具有昭示生命之恒常性的意义；夫妇关系解释了生命的本原问题，所谓"君子之道，造端乎夫妇"，"人伦之道，莫大乎夫妇"。（景海峰，2007）这些关系即表现在每一个个体身上，又有高度的抽象性，具有超越个别的意义。

（三）历史情怀对"宗教性"的替代作用

中华民族是具有深厚历史意识的民族。儒家传统思想中的历史意识，含有超越个人、超越时代的意义，可以通过时间的延续世代传递。因此，受实用理性影响下的国人把身后的名声同样作为人生在世应当关切的事情。

于是，历史就起到了一定的超越功能，对"宗教性"有一定的替代作用，其主要表现在两个方面。

一方面，对自身有限性的超越方面，中国传统文化以历史的路径代替了宗教上的解脱。如《左传·襄公二十四年》所记载，春秋时鲁国大夫叔孙豹对"死而不朽"的解释乃"三不朽"，即太上有立德，其次有立功，再次有立言。文天祥也有"人生自古谁无死，留取丹心照汗青"的说法。只要能在历史中留下千秋万代的美名，就能成就所谓的"不朽"。历史是关于人的记载，它是以人为中心的。历史文化可以说是活着的与死去的人之间的联系，个人在一生中的立德、立功、立言，并非完全是个人的，而是通过文化的遗传作用起到超越个体生命、关切终极意义的作用。

另一方面，中国儒家强烈的家庭伦理、祭祀祖先的传统对中国人的宗教意识起到很大的替代作用。大部分中国人对祖先的崇拜不是为了超越性的精神追求，而是为了世俗的实用意义。既然祖先可以与后代通过祭祀实现沟通，人们对死亡的恐惧感就大为减弱了，因为可以将寻求"永生"的希望放在自己家族历史性的延续上，更多地放在如何延续自己的后嗣并且使之多多益善上，而不必一定要到宗教中去寻求解脱。费孝通先生（2003）说过："中国文化的注重历史性，要从亲属制度说起。中国是一个有祖宗和子孙的社会，个人是上下、前后联系的一环。我在写《生育制度》时，已强调了这个特点，我曾有意指出，中国文化的特点之一正在于这种将个人纳入祖先与后代的历史连续体之中的做法……他们用祖宗和子孙的世代相传、香火不断那种独特的人生观为信仰，代替了宗教。"

三　宗教文化视域下"宗教性"理论的启示

宗教作为人类创造出来的一种文化现象，其产生和发展经历了非常复杂的过程。当前我国一些民众仍然具有宗教需求，我们要在尊重每一个人的宗教信仰自由的基础上，真正从文化的视角去理解宗教问题，以期恢复宗教文化丰富多彩、绚丽多姿的本来面貌。

（一）从文化学角度对"宗教性"的正确理解

从 20 世纪 80 年代至今，中国学界倾向于用文化来解释宗教。许多人认为，宗教现象不仅是一个宗教信仰、精神现象，也是一个文化现象，是文化的一种形态。文化体系的内容是非常复杂、丰富多彩的，有些文化形态与宗教文化的关系比较密切，另一些文化形态却可能是世俗性的、非宗教的，甚至还有一些文化是反宗教的。

宗教体系中最基本、最核心的因素是超自然的神灵观念。尽管神学家们总是把这种宗教观念神圣化，但究其实际不过是人性的异化过程而已。由于宗教异化是一种绝对性的异化，被异化的神圣物之超越性永远不能复归于人之自身。所以，宗教信仰者被其神秘性所迷惑，更是驰骋其丰富的想象力，把神放置在高踞于世俗世界的顶端。这种异化的宗教观念使信仰者在神的面前情不自禁地产生对其尊敬、爱慕、畏惧、战栗之类的情感，即宗教感情。尤其重要的是，宗教观念最终形成了"成熟宗教"，宗教中的仪式和制度等规范了信仰者的信仰和行为，甚至规定了他们的价值观念和价值取向。事实上，人类是不断进化的，社会也是不断发展的，宗教实际上是人类进化和社会发展到一定阶段的产物。是人创造了神，而不是神创造了人；是社会创造出宗教，而不是宗教创造出社会。宗教就是人类创造出来的社会文化现象。

西美尔说人与人之间各种各样的关系中都包含着 "宗教性"，无异于把一切精神追求及其文化表现都归之于宗教。显而易见，在西美尔的 "宗教性" 与宗教信奉的 "上帝" 或 "神" 之间并无逻辑上的必然性联系。我们今天的任务就是要按照马克思主义的方法，把西美尔用 "宗教性" 论宗教化了的世俗问题恢复其本来面貌，还原为世俗问题本身。如果我们认识到这一层，真正从文化的视角去理解宗教问题，就可以恢复宗教文化丰富多彩、绚丽多姿的本来面貌。不可否认的是，在不同历史阶段都曾存在过宗教对其他文化形式起到决定作用的情况。在那些时代，宗教迫使各种社会文化成为宗教神学的附庸，但这绝非放之四海而皆准的普遍真理，特别是在以儒家伦理思想为主流文化的中国，宗教只是中国正统文化的表现形式。并且，其主要表现为一种以自我为中心的私人文化，在正统的意识形态之下，这种私人信仰只能被建构为一种社会亚文化，而社会的主流文化绝非 "宗教性" 的。

（二）发挥宗教文化的积极因素

中国的儒家传统文化长期以来面临着西方基督教文化的巨大挑战。在基督教日益世俗化和私人化的背景下，在传统文化中找不到精神支柱的人民群众很容易在宗教信仰中寻找自己的精神寄托。人们有各种关切和追求，其中有超乎自然和超越自我的，也就是有 "宗教性" 的。社会主义政党一贯秉承的原则是，宗教信仰自由，信仰宗教与否是私人的事情。按照恩格斯的说法，只有当谋事在人、成事也在人的时候，宗教才会自然消亡。因此，社会主义政党仍然需要研究各种各样的人生观和世界观，并用马克思主义世界观与宗教信仰进行斗争。

宗教文化有与社会主义社会不相适应的一面，也有与社会主义社会相适应的一面，如何发挥宗教文化内在的积极因素，正是坚持马克思主义宗教观，以历史唯物主义眼光认识宗教的必然要求。首先，我们要发挥中国各大宗教伦理道德抑恶扬善的核心思想，发挥宗教在当代社会中对民众的精神慰藉、心理支持功能和伦理道德价值，以更大的努力，发挥传统宗教所包含的那些正面有益的因素，使之有助于社会主义现代化的建设，增强全社会各方面的凝聚力；其次，要加强对宗教界人士进行以爱国主义为核心的社会主义核心价值体系教育。

总之，社会主义现代化国家的构建有赖于中华民族素质的提高，有赖于科学的支撑、文化的支撑、精神的支撑。我们要致力于彻底地摆脱任何贫穷、愚昧和精神空虚的状态，只有这样，宗教才会自行消亡，传统文化中的"宗教性"因素才会自行消失。

参考文献

陈独秀：《陈独秀文章选编》（中），生活、读书、新知三联书店，1984。

费孝通：《费孝通文集》（第十六卷），群言出版社，2003。

高师宁：《格奥尔格·西美尔：宗教性创造出宗教》，《中国民族报》2011年8月16日。

金泽：《宗教人类学导论》，宗教文化出版社，2001。

景海峰：《从"三纲五常"看儒家的宗教性》，《孔子研究》2007年第1期。

吕大吉：《中国传统文化的特质：以儒家伦理而不是宗教为准则——关于宗教与文化之关系的若干思考（之五）》，《浙江社会科学》2002年第6期。

王定安：《儒家的"宗教性"：儒教问题争论的新路径》，《历史教学问题》2008年第4期。

〔德〕西美尔：《现代人与宗教》，曹卫东译，中国人民大学出版社，2006。

关于王戎其人评价的几个问题

卫绍生*

摘要： 古往今来有关王戎的评价以负面居多，主要集中在贪财好货和热衷功名。结合《晋书》和《世说新语》及笔记野史等对王戎的记载会发现，贪财好货、热衷名利的评价背后实际上有身处乱世、明哲保身的意图。王戎是一个有着复杂性格和多样表现的人物，所谓贪财好货与热衷名利之评，不能成为王戎的盖棺之论。一些论者对他存有偏见，且多有诟病，有些批评见木不见林，距事实甚远，有必要加以澄清和正名。

关键词： 竹林七贤　王戎　评价

古往今来有关王戎的评价与事实相去甚远，而且是以负面评价居多，如贪财好货、热衷名利之评，这些都让人们很难对他产生多少好感。再加上王戎在竹林七贤中比较特别，甚至比较另类，所以，评论者对王戎多有微词。但是，把《晋书》和《世说新语》及笔记野史等有关王戎的记载结合起来不难看出，出身琅琊王氏家族的王戎，实际上是一个比较复杂的人物，是一个有着复杂性格和多样表现的人物。诸如贪财好货、热衷名利之评，只是片面之论，不能成为王戎的盖棺之论。这里仅对王戎评价中分歧最大的几个问题略陈管见，以就教于方家。

一　王戎是否贪财好货

贪财好货似乎是对王戎的定评。看一看王戎一生的所作所为，人们也很容易得出这样的结论。有四件事颇能说明问题：一是侄子结婚，王戎送了一件单衣作为礼物。可是等婚礼过后，王戎却把送出去的礼物要了回

---

* 卫绍生，河南省社会科学院中原文化研究所所长，研究员。

来。二是王戎家有一棵李子树，果实味道非常美。王戎舍不得吃，就拿到集市上卖。但他担心别人用李子核种出同样的李子树，就把李子核钻烂。三是女儿嫁给了当时名士裴頠，日子过得艰难，向父亲借了几万钱。因此，每当女儿回娘家的时候，王戎就不给女儿好脸色。女儿见状，赶忙把钱还了，才换得父亲大人的好脸色。四是王戎官居司徒，官高位显，有花不尽的钱财，洛阳还有很多田产。他每天公干之后，最乐意做的事情，就是夜里点燃蜡烛和老婆一起拿着象牙签算计家里有多少钱财。这四件事情都记在《世说新语》里，批评王戎贪财好货者，常常拿这几件事作例子。

如果仅从上述几件事来看，王戎确实难逃贪财好货之评。但是，看一个人要全面地看，对王戎也应这样。对于王戎，既要看到《世说新语》中贪财好货的那些例子，也要注意到他对钱财的另一种态度。纵观王戎的一生，他也有视钱财如粪土的时候。这里仅举两个例子。一是王戎的父亲王浑官至凉州刺史，后来死在任上。王浑去世后，他曾经任职州郡的那些老部下感念他的恩德，送来很多钱财作为丧葬之礼，数额达数百万之巨。面对如此之巨的财富，王戎却是不为所动，一概却之不受，并因此而名扬天下，受到世人的称赞。二是王戎任侍中时，南郡太守刘肇把五十匹花布藏在竹筒里，送给曾经的顶头上司王戎。王戎把刘肇送来的布匹退了回去，并写了一封信表示感谢，这件事很快被人告发。司隶校尉刘毅上书弹劾王戎，请求监车征讨，交付廷尉治罪，其他朝臣对王戎也多有批评。但晋武帝对王戎很宽容，说："以戎之为士义，岂怀私？"（《世说新语·雅量第六》刘孝标注引）由于晋武帝的宽容，而且由于王戎已经把礼物退了回去，他给刘肇的回信还没有送达，所以这件事就不了了之了。王戎知道是晋武帝保护了他，却也不道谢，就当没有发生这回事儿，表现出独特的处世风格。这两件事情见载于《世说新语》，也见载于《晋书》本传，可信度很高。如果说五十匹布是行贿之物，不能接受的话，那么，面对百万馈赠之钱财，得之理所当然，但王戎却不为所动，悉数不受。对于这样一个王戎，怎么能够说他贪财好货呢？

如果王戎贪财好货，部下暗中送来的礼物，理应笑纳；如果说王戎贪财好货，父亲故旧馈赠的办理丧事的钱财，更应来者不拒。但是，王戎都很有礼貌地回绝了。君子爱财，取之有道。不贪不骗，不偷不抢，钱财来路清清楚楚，理应坦然受之。对于这样来路明白的钱财，王戎尚且不肯接受，其他不明不白、来路不正的钱财，王戎岂会贪恋？所以，说王戎贪财好货，与事实相去甚远，可以说是对王戎的一种曲解和误解。

王戎爱财是实情，但从有关记载来看，王戎爱的是属于自己的钱财，对自己的钱财看得甚重，而对不当之财并无贪恋之意。上述有关王戎爱财的四件事情，只能说明王戎对自己的钱财看得很紧，不愿意随便花出去，更不愿意轻易送给别人。只不过他对钱财的喜爱程度有些过分，有些做法大违常理，以至于为了钱财而不顾亲情。比如说把送给侄子的彩礼要回来，女儿借钱不还就给脸色看，都有违传统的纲常伦理。再比如，王戎和老婆一起，夜里拿象牙签挑灯算计家财，也颇受非议。东晋史学家王隐以为，王戎"性至俭，不能自奉养，财不出外，天下人谓之膏肓之疾"。① 但是，王戎爱财并不是为了挥霍，更不是像石崇等那样为了炫富斗富，而是他生活方式和生存方式的自然表现，也是他本真性格的自然表现，或者说是性格使然。

王戎的生活方式可用"俭啬"二字概括。他家财万贯、产业甚丰，但依然克勤克俭、自遇甚薄、财不外出。尽管这样的生活方式招来许多非议，但他依然我行我素，不因别人的议论而改变。王戎爱财，是爱惜自己的钱财。世之财物，天之所赐，倘若挥霍浪费，则无疑是暴殄天物。珍爱有加，何罪之有？此外，王戎示人以"爱财"，还有以此为"自晦"之道的意图在。东晋戴逵认为，爱财是王戎明哲保身的一种方法。

> （王）戎多殖财贿，常若不足。或谓戎故以此自晦也。戴逵论之曰："王戎晦默于危乱之际，获免忧祸，既明且哲，于是在矣。"或曰："大臣用心，岂其然乎？"逵曰："运有险易，时有昏明。如子之言，则蘧瑗、季札之徒，皆负责矣。自古而观，岂一王戎也哉？"（《世说新语·俭啬第二十九》刘孝标注引）

生当危乱之际，倘若梗概多气、锋芒毕露，则已有嵇康等人为前车之鉴。所以，王戎在乱局之中，选择了低调，选择了明哲保身，而爱财和俭啬正是他以求自保的一种生存方式。戴逵说他"晦默于危乱之际，获免忧

---

① 《世说新语·俭啬第二十九》"王戎俭啬"条刘孝标注引王隐《晋书》曰："戎性至俭，不能自奉养，财不出外，天下人谓为膏肓之疾。"

祸，既明且哲，于是在矣"，可谓洞悉王戎之意，深得王戎之心。

尽管有人认为，王戎身居高位，应该在其位而谋其政，而不应属意钱财，更不应乐此不疲，给人留下守财奴的印象。这种评价既不明王戎之意，又不解王戎之心。既然运有险易、时有昏明，那么，身处"八王之乱"的危险之境，出于明哲保身的目的而选择"晦默"、示人"俭啬"，有何不可呢？何况这样的选择既没有干涉别人，也没有对他人造成伤害。所以，说王戎贪恋钱财，与事实不符，很有些见木不见林的味道。

二 王戎是否热衷功名

王戎是否热衷功名，这似乎不应该成为一个问题。中国古代文士，只要是稍稍有点社会责任感的人，不论服膺儒家还是皈依道家，都不大可能摆脱"功名"二字。即使是看破红尘，不愿寄身浊世，抱出世之态度，走独善之道路，但让其彻底摈弃功名，似乎也不大可能。学成文武艺，货与帝王家。饱读诗书，身负奇才，而甘愿老死畎亩、栖身山林者，毕竟只是少数能够耐得住寂寞、吃得起苦的所谓"高隐"。很多人还是希望得到一个施展自己才干的机会，且一旦得到机会就不会轻易放过，总是要牢牢地抓住它。这是一种责任，也是一种态度。如果说这就是热衷功名，那么可以说，中国古代文士接受的教育就是这样。这是一切有社会责任感的中国古代文士的共同选择，也是王戎对待功名的基本态度。

据史书记载，王戎跻身仕途，不是因为他出身琅琊王氏这样的名门望族，而是由于钟会的鼎力举荐。西晋傅畅《晋诸公赞》云：

> 戎，字濬冲，琅琊人，太保祥宗族也。文皇帝辅政，钟会荐之曰："裴楷清通，王戎简要。"即俱辟为掾。晋践祚，累迁荆州刺史，以平吴功，封安丰侯。（《世说新语·德行第一》刘孝标注引）

司马师秉政时，称赞钟会"真王佐材也"（《三国志·魏志·钟会传》裴松之注引）。司马昭秉政，钟会颇受倚重，尤其是平定诸葛诞之乱的寿春之役，钟会贡献良多。陈寿评价说："寿春之破，会谋居多。亲待日隆，时人谓之子房。"（《三国志·魏志·钟会传》）所以，当钟会向司马昭举荐王戎的时候，司马昭即命王戎为大将军掾。尽管钟会举荐王戎的理由仅

"简要"二字，但出于对钟会的信任，司马昭还是很爽快地录用了王戎。王戎一进仕途就在司马昭手下供职，为其日后的发展奠定了基础。

关于钟会举荐王戎进入仕途的问题，《世说新语》的记载与此不同："钟士季目王安丰：'阿戎了了解人意。'谓：'裴公之谈，经日不竭。'吏部郎阙，文帝问其人于钟会，会曰：'裴楷清通，王戎简要，皆其选也。'于是用裴。"（《世说新语·赏誉第八》）钟会对王戎和裴楷十分赏识，早在两人年幼之时，钟会就很看好他们。《世说新语》载："王浚冲、裴叔则二人总角诣钟士季，须臾去。后客问钟曰：'向二童何如？'钟曰：'裴楷清通，王戎简要。后二十年，此二贤当为吏部尚书。冀尔时天下无滞才。'"所以，当吏部郎一职暂缺，司马昭向钟会询问合适人选时，钟会则同时举荐了王戎和裴楷，认为两人皆一时之选。但是，司马昭却选择了裴楷，任命裴楷为吏部郎。对于这件事，刘孝标认为《世说新语》的记载有误，指出："按，诸书皆云，钟会荐裴楷、王戎于晋文王，文王辟以为掾，不闻为吏部郎。"（《世说新语·赏誉第八》刘孝标注引）

诚如刘孝标所言，则王戎和裴楷皆是因钟会的举荐而同时步入仕途，且最初皆是出任司马昭大将军掾属，后来两人皆成为晋武帝和晋惠帝朝的名臣。不仅如此，两人后来还成了儿女亲家。王戎的女儿嫁给了裴楷之侄裴頠，所以王戎与裴楷实际上有亲家之谊。琅琊王氏和河东裴氏，是魏晋南北朝时期著名的望族，而世家大族之间相互联姻，则是当时的时代风气。王戎不仅把女儿嫁给了裴頠，而且还想为儿子王绥娶裴遁的女儿为妻，不幸的是王绥早亡，王戎伤心过度，不让别的人家娶裴遁之女，以至于裴遁的女儿从黄花闺女成了老姑娘，还不能出嫁。① 王戎这样做不仅有些过分，而且有些霸道，但爱子心切，舐犊情深，亦情有可原。王戎看重亲情和友情，远甚于功名，因为他并不把功名放在眼里，为人处事也十分低调。

王戎不太看重功名。王戎在荆州刺史任上时，遭丧母之忧。同时，和峤亦遭大丧，两人俱以孝称。王戎哀毁过度，形销骨立；和峤哭泣备礼，礼法自持。晋武帝爱惜臣子，派刘毅多次看望，对刘毅说："卿数省王、

---

① 事见《世说新语·伤逝第十七》刘孝标注引王隐《晋书》："戎子绥，欲取裴遁女。绥既早亡，戎过伤痛，不许人求之，遂至老无敢取者。"

和，不闻和哀苦过礼，使人忧之。"仲雄曰："和峤虽备礼，神气不损；王戎虽不备礼，而哀毁骨立。臣以和峤生孝，王戎死孝。陛下不应忧峤，而应忧戎。"（《世说新语·德行第一》）晋武帝因此而更加看重王戎，所以，在王戎因刘肇行贿之事而遭司隶校尉刘毅弹劾难以过关的时候，晋武帝发口诏说："以戎之为士义，岂怀私？"这才让王戎的事有个了结。如果是一个热衷功名的人，会很好地利用这一机会，向晋武帝献忠心、表决心、拉关系、套近乎。但王戎对这件事却淡然处之，明知是晋武帝把这件事情压了下来，使他得以安然无恙，他却全当作没有这回事儿，也没有一丁点儿领情的意思。既然不看重功名，有官无官，又当如何？

王戎行事非常低调。自得钟会举荐进入仕途之后，王戎在仕途上还算是比较顺利，尽管这一时期诸王争斗，纷乱四起，大臣多遭杀戮，但王戎却能得以自保，得以在危局中全身而退。除了王戎善于应付各种复杂的政治局面之外，其低调为人、不以官高位重自居亦是非常重要的原因。王戎后来官拜司徒，居三公之高位，其表现却让人大出意外。《晋书·王戎传》载：

> 寻拜司徒，虽位总鼎司，而委事寮案。间乘小马，从便门而出游，见者不知其三公也。故吏多至大官，道路相遇，辄避之。

王戎位居三公，路遇僚属却要主动避让，皆因为其处事低调。

王戎不太看重功名，行事非常低调，既是时代使然，也是个性使然。王戎生活的西晋，除晋武帝时有过短暂承平景象之外，长时间处于内忧外患之中，尤其是"八王之乱"，使西晋元气大伤，以至立国不久的汉刘渊、刘聪父子率军来犯时，西晋君臣竟然穷于应付，少有还手之力。当此之时，王戎不太看重功名，行事低调，良有以也。此外，王戎深受道家思想影响，故其为官能够"不争"，能够"守雌"，以此求得在乱世中自保。老子说："夫唯不争，故天下莫与之争。"其王戎之谓乎？王戎低调行事，示人以弱，皆是老庄思想使然。

虽然如此，王戎作为西晋大臣，还是深明为臣之道的。在平吴之役中建立了殊勋，他因功晋爵安丰县侯，增邑六千户，赐绢六千匹。之后亲自渡江，"绥慰新附，宣扬威惠"，为晋室树立恩威。当西晋处于危难之时，尤其是当晋惠帝面临危险的时候，他确实做到了临危莫爱身，不顾环境险恶，勇敢地站出来为西晋君主排忧解难。在荡阴之役中，王戎为官的本色得到了充分展现。《晋书·惠帝纪》这样记载：

> 己未，六军败绩于荡阴，矢及乘舆，百官分散，侍中嵇绍死之。帝伤颊，中三矢，亡六玺。帝遂幸超军，馁甚，超进水，左右奉秋桃。超遣弟熙奉帝之邺。颖帅群官迎谒道左，帝下舆涕泣。其夕，幸于颖军，颖府有九锡之仪。陈留王送貂蝉、文衣、鹖尾，明日乃备法驾，幸于邺，唯豫章王炽、司徒王戎、仆射荀藩从。

晋惠帝兴兵北伐，意在问罪，结果兵败于前，狼狈于后，还差点送了命，让太弟司马颖看够了笑话。在这次北伐之役中，王戎始终跟随在晋惠帝身边，成为深入司马颖虎穴的少数几个大臣之一。对于此役，《晋书·王戎传》有这样的记载：

> 王师败绩于荡阴，戎复诣邺，随帝还洛阳。车驾之西迁也，戎出奔于郏。在危难之间，亲接锋刃，谈笑自若，未尝有惧容。时召亲宾，欢娱永日。

荡阴之役，王戎表现出大臣对国家和君主应有的气节和风度。这样的气节和风度，在西晋永康之后的一个特殊时期，不是那些热衷功名的人所能具备的。

三　对王戎典选的评价问题

王戎鉴识明远，善于识人，故少年时期即和裴楷一同受到钟会的赏识。钟会曾预言"后二十年，此二贤当为吏部尚书，冀尔时天下无滞才"。后来，王戎果如钟会所言执掌吏部。晋武帝太康十年，王戎以光禄勋领吏部尚书，此后以侍中、中书令、光禄大夫等职领吏部尚书，前后长达十余年。由于其前有山涛长期执掌吏部，且有"前后选举，周遍内外，而并得其才"之美誉（《晋书·山涛传》）。故而论及西晋铨选之事，人们的关注点多在山涛身上，而对于王戎典选之事，则少有关注。其实，王戎执掌吏部的时间和山涛差不多一样长，只是后人的评价各有不同而已。

晋惠帝即位，十分倚重王戎。元熙元年，颁布《王戎为尚书令诏》，以王戎为尚书令："夫总百揆之得失，管王政之开塞者，端右之职也。是以自汉代以来，每选此官，必慎其人。议郎王戎可为尚书令。"（《太平御览·职官卷八》）元康元年颁布《王戎开府诏》："尚书仆射、光禄大夫戎，清虚履道，谋猷冲远，仍历外任，宣力四方，入掌机衡，官才允叙，将澄清风俗，显一群望。宜崇其职，乃可赞成王化。其以光禄大夫开府仪同三司。"（《北堂书钞·设官部·开封仪同三司》）同年颁布的《王戎领吏部诏》，称赞王戎"鉴识明远"："夫兴治成务，要在官人。铨管之为任，不可假人。授侍中、中书令、光禄大夫王戎，经德秉正，鉴诚明远，其以戎为领吏部。"（《北堂书钞·设官部·吏部尚书》）从上述三份诏书来看，晋惠帝不仅十分赏识王戎之才，而且非常看重王戎的德行人品。让王戎领吏部，是因为王戎"经德秉正，鉴诚明远"，具有鉴别、甄选和拔擢人才之能力。

王戎善于清谈，对清谈之士多所赏识，在出任吏部尚书时，他多取清谈之士。其拔擢乐广，在当时成为佳话，所谓"广为右仆射，领吏部，代王戎为尚书令。始戎荐广，而终践其位，时人美之"（《晋书·乐广传》）。但是，史家对王戎典选之事，却给予负面评价："戎以晋室方乱，慕蘧伯玉之为人，与时舒卷，无蹇谔之节。自经典选，未尝进寒素，退虚名，但与时浮沉、户调门选而已。"（《晋书·王戎传》）蘧伯玉即蘧瑗，春秋末年卫国大夫，前后侍奉卫献公、殇公、灵公三代国君。他认为执政者应该以自己的模范行为去感化、教育、影响人民，实施不治之治，与道家的无为而治不谋而合。王戎生当西晋乱象始生之时，自觉有责任拯危救乱，于是就效法蘧瑗，试图通过不治之治，努力使社会和政局回归正常状态。在选拔官吏方面，他恪守九品中正之法，重视世家大族，注重选拔有家族背景、善于清谈的名士，希望依靠他们来支撑危如累卵的西晋政局，史家称之为"濬冲居鼎，谈优务劣"（《晋书·王戎传》）。但王戎在不治之治方面做得太过，而在自律自为方面则远不及蘧瑗，结果则不免画虎不成反类犬，以至于遭到时人和后人的讥讽，真可谓是过犹不及。

王戎选拔官吏虽然遭人诟病，但他有人伦鉴识，具知人之明，这一点却是难能可贵。对于道德之士、清议之士和有社会清望的人，王戎则予以拔擢。对那些社会评价不高甚至是负面评价的人，不论他的名声多么大，王戎都不愿与之交往，更不愿给予提拔。王戎的堂弟王敦，当时大名鼎鼎，但王戎很讨厌他。王敦多次想见一见王戎这位本家堂兄，候在王戎家门口，王戎假装有病，不予接见。到了东晋明帝时，王敦果然背叛朝廷，公然兴兵与晋室抗衡，最后病死武昌。人们因此而佩服王戎有先见之明。王戎对孙秀的态度，也颇能说明问题，《晋书·王戎传》载：

> 初孙秀为琅琊郡吏，求品于乡议。戎从弟衍将不许。戎劝品之。及秀得志，朝士有宿怨者皆被诛，而戎、衍获济焉。

由于王戎特殊的家族背景和社会地位，很多人都想和王戎扯上点关系，请王戎美言几句，以便在社会上和仕途上有更大发展。但王戎往往是"金口"难开，不随便品评人物。即便是对孙秀这样不便得罪的人，王戎也是想了个变通的办法，让堂弟王衍去品评，自己却不置一词。

四　王戎与魏晋玄学之关系

说起魏晋玄学，人们的关注点往往集中在何晏、王弼、夏侯玄、向秀、裴頠、郭象、张湛等人，范围再扩大一点，可以把阮籍、嵇康、钟会、傅嘏、荀粲、王衍、殷浩等也算进去。王戎在魏晋玄学中的作用和影响，人们很少论及。这与王戎在魏晋玄学中的地位是不相称的。

其实，王戎也是魏晋时期玄学的代表人物。他青少年时期就深受老庄思想影响，善于清谈，以至于喜好老庄的阮籍与他一见如故，遂为忘年之交。《晋书·王戎传》载："戎少籍二十岁，而籍与之交。籍每适浑，俄顷辄去。过视戎，良久然后出。谓浑曰：'濬冲清赏，非卿伦也。共卿言，不如共阿戎谈。'"所谓"清赏"，乃清雅有见识之意，与当时文士间的清谈很相似。及其年龄稍长，王戎与阮籍、嵇康等为竹林之游，谈玄清议，饮酒唱和，不弱于他人。即使是彼此之间偶尔的调侃，王戎也是不遑相让。一次，林下诸贤欢聚，王戎后至，阮籍调侃说："俗物已复来败人意？"王戎很机敏地回敬道："卿辈意，亦复可败邪？"（《世说新语·排调第二十五》）阮籍此语是说林下诸贤皆是超凡脱俗之人，王戎未能免俗，来此则会让人败兴。王戎也是话里有话，言外之意是，如果说我王戎是俗物，参与竹林之游能够让诸贤扫兴，那么，所谓的林下高士不过也是俗物而已。王戎的回答既幽默，又暗喻玄理，富有思辨色彩。

王戎精于老庄之学，故而分析事理和品评人物，往往以玄理言之。钟会奉司马昭之命领兵伐蜀，行前与王戎道别，向王戎求计。王戎说："道家有言，为而不恃。非成功难，保之难也。"（《晋书·王戎传》）王戎的回答出自《老子》第二章："万物作焉而不辞，生而不有，为而不恃，成功不居。夫唯不居，是以不去。"有所施为，却又不依赖于它；取得成功，却不居功自傲，这是老子的思想，也是王戎在钟会临行前给予的忠告。遗憾的是钟会并没有听取王戎的忠告，自恃伐蜀有功，拥兵造反，结果自取其咎。《世说新语·伤逝第十七》所载王戎对山简语，也很能说明问题：

> 王戎丧儿万子，山简往省之。王悲不自胜。简曰："孩抱中物，何至于此？"王曰："圣人忘情，最下不及情。情之所钟，正在我辈。"简服其言，更为之恸。

王戎只有一个儿子，名王绥，字万子。字为万子，显然寄托着王戎光大家业的殷殷之望。不幸的是，王绥19岁那年就去世了，王戎的满腔希望因此而化为泡影，悲痛万分。山涛之子山简来看望，见王戎悲不自胜，劝他不要太悲痛。王戎作了上述回答。从其回答可见，老庄思想演化而成的玄理，已经成为王戎的自觉意识和思维习惯。在他看来，圣人忘情世外，不为情所累；处于最底层的人，则不会为情所牵挂。而只有像他这样的人，才特别看重情感，特别在意亲情、友情和爱情。这和道家的"任情"是一致的。正是因此，当夫人以"卿"来称呼王戎时，王戎一开始还有点不好意思，在夫人"亲卿爱卿，是以卿卿。我不卿卿，谁当卿卿"的坚持下，王戎"遂恒听之"（《世说新语·惑溺第三十五》），给后人留下了"卿卿我我"的佳话。

王戎对当时人物的品评，往往着眼于谈玄清议。他评价王祥："太保居在正始中，不在能言之流。及与之言，理中清远，将无以德掩其言。"（《世说新语·德行第一》）王戎认为，在何晏、王弼、夏侯玄等以清谈享名的正始年间，王祥在谈玄清议方面还算不上入流。但后来，通过与之交谈，王戎发现，王祥善于言理，发言玄远，且其为众人所仰望的德行已经无法掩饰其谈玄之论的锋芒。王戎长于品评人物，其着眼点往往在风度器识。《晋书·王戎传》说他"常目山涛如璞玉浑金，人皆钦其宝，莫知名其器；王衍神姿高彻，如瑶林琼树，自然是风尘表物；谓裴颜拙于用长，荀勖工于用短，陈道宁缓缓如束长竿"。这些评价着眼于人物的风度仪容，与人们所说的魏晋风度相契合，自然也包含了玄言的成分。王戎不仅自己热衷玄理，而且对于那些擅长玄理的人，自然是高看一眼。他出任荆州刺史的时候，听说乐广八岁时得到夏侯玄的赏识，就举其为秀才。乐广后为太子舍人，尚书令卫瓘与正始诸名士谈论，见乐广而奇之，称赞说："自昔诸贤既没，常恐微言将绝，而今乃复闻斯言于君矣。"（《晋书·乐广传》）乐广后来果然成为西晋玄学的代表人物之一，故史家有"广与王衍俱宅心事外，名重于时。故天下言风流者，谓王、乐为称首焉"之说。需要指出的是，在乐广成长为西晋玄理名家的过程中，王戎发挥了重要作用。

王戎以善弹玄理、能言善辩见长，且往往能够发前人所未发，言前人所未言。《晋书·王戎传》称其"善发谈端"：

> （王戎）为人短小任率，不修威仪，善发谈端，赏其要会。朝贤尝上已禊洛，或问王济曰："昨游有何言谈？"济曰："张华善说史汉，裴颜论前言往行，衮衮可听。王戎谈子房、季札之间，超然玄著。"

在王济所说的三人之中，张华是西晋名臣、名士，裴颜是西晋玄言派的代表人物，王戎为官不及张华，谈玄不及裴颜，但在王济的评价中，王戎是善于谈论玄理之人，他谈论张良和季札这样两个历史人物，却是"超然玄著"，既能超然物外，又以玄理著称。这样的评价显然是在张华和裴颜之上。史家对王戎"善发谈端"则有不同评价，唐房玄龄等人认为："汉相清静，见讥于旷务；周史清虚，不嫌于尸禄。岂台揆之任，有异于常班者欤？濬冲善发谈端，夷甫仰希方外，登槐庭之显列，顾漆园而高视，彼既凭虚，朝章已乱。戎则取容于世，旁委货财。"（《晋书·乐广传》）

在谈玄方面，王戎没有长篇大论，但从他的片言只语中可以看出，王戎在当时的玄言界并非泛泛之辈，而是有一定的地位。如《晋阳秋》所载他与阮籍语："胜公荣故与酒，不如公荣，不可不与酒，惟公荣者可不与酒。"这是王戎未满弱冠之年时，在洛阳与阮籍的谈话。关于这段话，文献有不同记载，《世说新语》记为阮籍对王戎语。唯檀道鸾《晋阳秋》将其归之于王戎名下。从时间先后来看，《晋阳秋》的记载似乎更为可信。

这段话仅寥寥数语，所言仅是饮酒之事，却具有浓厚的玄言意味，暗寓的玄理颇值得玩味。王戎重访山阳，过黄公酒垆说的一番话，依稀可见竹林名士当时纵酒昏酣、放情山水、谈玄清议之景象："吾昔与嵇叔夜、阮嗣宗酣畅于此。竹林之游，亦预其末。自嵇、阮云亡，吾便为时之所羁绁。今日视之虽近，邈若山河。"（《晋书·王戎传》）由此可见，《晋书》所谓王戎"善发谈端"，绝非凿空之谈。

王戎是竹林七贤中年龄最小的一个，也是最遭人诟病的一个。在文学创作方面，王戎乏善可陈，但王戎是一个有大智慧的人，他既能与嵇康、阮籍等酣饮于竹林，又能与张华、裴颁等论政于朝堂，在谈玄和为政方面都有不俗表现。尤其是在西晋末年四维不立、内忧外患的特殊时代背景下，王戎以其独特的处世方式周旋于朝野，表现出独特的智慧，贡献了应有的力量，虽经历万千磨难，却能始终免遭祸患。从这个意义上说，王戎是一个成功者。只不过他的成功相对于西晋那样一个特殊的时代来说太渺小了，以至于一些论者忽略了他的成功，而放大了他诸如"贪财"之类的瑕疵，对他存有偏见，且多有诟病。纵观王戎一生所作所为，有些批评见木不见林，距事实甚远，属于明显的误读或误解，有必要加以澄清和正名。

《诗经》文章学成就新考[*]

郑志强^{**}

摘要：《诗经》所选录的上古诗歌虽然只有 305 首，使用单字仅有 2826 个，但却是现存最早的、蕴含汉语言文章学成就最为丰富的经典之一。这部诗歌选集在文章创作观念上彰显出以下几个标志性特点：一是出现了一批有别于史官和卜官两类文人的主体性诗人群体，他们以明确觉醒的文学创作意识，率先把作诗视为体现个人对社会产生影响的"名山事业"来进行精心创作。二是诗歌内容已经体现出鲜明的"言志"和"弘道"特色。三是整体表现出较高水平的人文情怀、理性精神和家国意识。四是明确树立了正视现实主义的创作观念。五是系统运用了"形象思维"方式，并在诗文创作中体现出多种鲜明的创作风格。六是在文章体裁上，通过多种题材类型的选取和成熟、丰富的修辞格的综合运用，为后世贡献了讽、赋、比、兴、雅、颂六种亚文体性质的诗体范式。《诗经》中所昭示出的上述文章学成就，经过 2000 多年的有效传承，已成为中华民族文学、文章乃至文化血脉的"基因密码"和"染色体"。

关键词：《诗经》 民族文学 文章学

《诗经》对中国文章学的贡献甚巨，这一点古代学者早已发现，但目前尚缺乏当代意义上的学术发掘与总结。对"文章学"的定义，目前国内外学界的归纳尚有歧义，本文采纳广义文章学的概念。"文章"的内涵即指连缀文字成篇的单篇作品及各类著作。同时采纳祝尚书（2013）的一个概括，他指出："文章学的创作论和体裁论，构成了文章学的内涵。"把《诗经》文章学的成就限定在"创作论"和"体裁论"两个领域进行考察

---

   * 本文是 2012 年度河南省哲学社会科学规划项目"'创造性诠释学'指导下的《诗经》文化成就及对中国文章学的贡献研究"（项目编号：2012BWX024）阶段性成果。

  ** 郑志强，河南省社会科学院中州学刊杂志社副社长，副研究员。

和研究，应能避免烦琐与枝蔓。当然，为了表述的精确性，本文不使用"创作论""体裁论"而以"创作观念"和"体裁成就"来论述。

一 《诗经》在文章创作观念方面取得的主要成就

自《诗经》被孔子学派编定之后，这部上古诗歌选集中的文章学成就，2500多年来基本处于"蕴蓄状态"。所谓"蕴蓄状态"，用周振甫（2006）的话说就是"文章里面，虽含有各种文章作法，……但还没有说明。这种写作方法，有待于后人的阐发"。当然，我们这里讲的是现代"文章学"语境中的"蕴蓄状态"；若从古代概念出发，那么自《左传》时代起，就对《诗经》中的"文章学"价值多有论述。而这些论述，主要存在于以孔子为代表的儒家学派的《诗》学论述中。这份遗产，本文将以扬弃的态度对待。

详考中国"文章"的产生与发展，有一个从"不自觉""朦胧自觉""被动自觉"到"主动自觉"乃至"野蛮自觉"和"文明自觉"的发展过程。关于诗歌创作从被动自觉到主动自觉的界限划分，东汉郑玄有一个著名的观点，他认为："诗之兴也，谅不于上皇之世。大庭，轩辕，逮于高辛，其时有亡载籍，亦蔑云焉。《虞书》曰：'诗言志，歌永言，声依永，律和声。'然则诗之道放于此乎！有夏承之，篇章泯弃，靡有孑遗。迄及商王，不'风'不'雅'。"[①] 郑玄讲得很清楚：虽然早在虞舜时，以"诗"为核心内容的"乐教"已形成了主动自觉和理论初步完备的形态，但夏、商两代却体现出"野蛮文明"作风，把许多前代文籍销毁了。目前出土文献中大多是一些断续的文字及残篇，极少有可称为"文章"的完整篇什即是明证。所以孔子明言："周监于二代，郁郁乎文哉，吾从周。"（《论语·八佾》）换句话说，周王朝继承和创造了以《诗》《书》《礼》《易》《乐》为代表的灿烂文化，堪称"文明自觉"的新时代。《诗经》中的作品，正是这一"文明自觉"时代的标志性成果之一。《诗经》全部作品中所体现出的"文明自觉"，主要表现在五个方面。

---

① （东汉）郑玄：《郑氏诗谱》，（清）马骕辑，王利器整理，中华书局，1998。

1. 主体性诗人明确出现与体现自我价值意识的确立

在现存《诗经》文本及上古解《诗》文献中，《诗经》中的许多篇章均能考明作者。譬如，由周公创作的在 15 篇以上，其他作者有周文王、周武王、周成王、周宣王、召康公、召穆公、郑庄公、秦襄公、秦康公、卫武公、苏公、南仲、尹吉甫、伯奇、芮良夫、仍叔、凡伯、张仲、申后、卫庄姜、许穆夫人、宋襄公母、家父、史克、寺人孟子，等等。有的作者干脆在诗中点出自己的名字，如"天子命我，城彼朔方。赫赫南仲，玁狁于襄"（《小雅·出车》）；"吉甫作诵，穆如清风。其诗孔硕"（《大雅·嵩高》）；"寺人孟子，作为此诗。凡百君子，敬而听之"（《小雅·巷伯》）；"家父作诵，以究王讻"（《小雅·节南山》）；等等。这当然不是一种无意识行为，它标志着作家意识的觉醒，"三不朽"中的"立言不朽"意识明确。这种现象表明，这个时代已有一批具有较高文化程度的作诗"文人"，这批文人已显现出与金石文制作者和史官、卜官几类文人截然不同的创作主体意识。史官要受君主言行的限制，金石文作者要受器主意志限制，卜官要受卜骨裂纹的限制。而发源于"乐官"和"司徒之官"的诗人们，除主要受乐曲、舞蹈节奏、旋律的限制外，主观上已能够以高韵律性、高文化含量的"创作"为己任，率先把"作诗"乃至"作乐"视为体现个人对社会产生影响的"名山事业"来进行精心创作。其作品已体现出鲜明的区别于"他者"的性格特征：有的喜欢在诗中强调社会责任，有的喜欢在社会群体中强调个人的价值评判；有的喜欢批评现实，有的喜爱赞美现实；有的沉醉在现实生活中其乐融融，有的在呼喊着本人的不平遭遇，也有的希望从现实生活中疏离出来等。从而与之前"前呼'邪乎'，后亦应之""饥者呼其食，劳者歌其事"的自发性民间歌谣群体创作并任其自生自灭的时代，判然区别开来。《诗经》整体上并非自生自灭的"里巷歌谣"性质，整部诗集当仁不让成为中国"有意体现个人主体价值"的"诗人"和"文人"正式诞生的标志；而《周礼》《国语》《左传》的相关记载，也为其提供了当时社会顶层通过政治制度设计来支持诗人和文人创作的佐证。

2. 《诗经》中的诗歌已成为主动的、有目的、有现实针对性的创作

录入诗歌的这一批杰出诗人，在诗歌内容和价值取向上，已经体现出鲜明的"言志"和"弘道"相结合的意识和目的。关于"志"，古今学者所解甚多。本文取"情志"的核心义，即以人的生理欲求为基础而升华出的道德规约性理想追求。"情"与"志"的辩证关系应为"寓理帅气"，而非有"志"无"情"或有"情"无"志"。当今有学者认为："《周礼·春官·大师》'教六诗''以六德为之本'就明确了'诗言志'的取向，德就将志中可能融进的情排除出去了。"（钟锦，2013）这种观点新则新，但不确切。就人类而言，完全排除了"情"和"道德取向"的"志"则就成为无"血液"的"意志"。《诗经》中的诗作通过"言志"而"弘道"，由此使诗作的精神境界之高远、从社会现实中提出的社会观念之深湛，达到了超越时代、历久弥新、不可磨灭的程度。关于这一方面，赵敏俐先生（1996）有明确论述，他认为，"从《诗经》来看，它的创作确已经超越了'辞达而已'的原始阶段"，《诗经》的作者群体已经开始"认识诗这种艺术形式所具有的'言志'和'载道'的实用功能"，"形成了以政治教化为核心的功利主义文学理论"。本文认为，相对于《周礼》《易经》《书经》的"载道"功能而言，《诗经》自有明显区别于上述三部经典之处，即通过每首诗的具体表层的"言志"，以达到内在的"弘道"功能。因此，与其说《诗经》"载道"，不如说它"弘道"；与其说诗集中体现出"功利主义"，不如说体现出了"经世主义"。关于古代"志"的含义，宗福邦等主编的《故训汇纂》共罗列123种之多。但从《舜典》中的"诗言志"语境辨析，《诗经》所言之"志"，当以《左传·昭公二十五年》"以制六志"孔颖达疏之"情动为志"和《孟子·万章上》"不以辞害志"之"诗人志所欲之事"两解的综合义，即"诗"是由诗人以特殊文字形式记录下的情绪化记事或诗人缘事而发的喜怒哀乐之情感和愿望。至于"道"，从《诗经》中看，明确指的是"周道"和"周礼"，而"周道"也就是以《尚书》《易经》《周礼》等经典文献中所记载的人间正道。对于这个"人间正道"，《易·说卦传》中的定义分为三种："昔者圣人之作《易》也，将以顺性命之理。是以立天之道，曰阴与阳；立地之道，曰柔与刚；立人之道，曰仁与义。"（南怀瑾、徐芹庭，1988）而孔子侧重讲人道。他在《礼记·礼运》中有一段"大道之行也，天下为公"的著名论述；荀子也将"道"追溯为百王之道："百王之道一是矣；故诗书礼乐之道归是矣。"（《荀子·儒效》）《左传·文公六年》中"君子"的著名论述，又进一步将这个"道"进行了申论："古之王者知命之不长，是以并建圣哲，树之风声，分之采物，著之话言，为之律度，陈之艺极，引之表仪，予之法制，告之训典，教之防利，委之常秩，道之礼则，使毋失其土宜，众隶赖之，而后即命。圣王同之。"可见，"周道""大道"即百代可通用的"人间正道"，应指的是由普遍的人性和大自然之性为基础所组成的人类社会达成和谐相处所必须遵守的法则。这些法则，就每一个人而言，只有主动认识、把握、传播并遵守的义务，而没有任意悖逆它们的权利；悖逆这些法则是会给关联人带来灾祸的。而《诗经》中的诗人群体，第一次用文学的形式而非政令的、法规的陈述形式，为我们全面展示了他们在诗歌中努力达到个人情感欲望与所体认的人间法则和谐统一的经典范式。

3. 明确树立正视现实主义的创作观念

"正视现实"是《诗经》整体表现出的一个原则。这种正视现实主义的原则，既不同于"救世主"式怜悯"俯视"，也不同于"旁观者"式的冷漠侧视，而是诗人置身其中以"弘道"自任式的"正视"。《诗经》中的全部作品，均是诗人对社会现实生活的记录、感悟、联想、评判或对现实事件的情感抒发；没有我们今天所理解的"浪漫主义"或"幻想式"作品，更没有"魔幻"或"梦幻"类彻底"飞天式"脱离现实生活的"精神遨游"。总之，《诗经》中表现出的千般情怀，来自真真实实的"人间世"，都与现实生活紧紧联系在一起，尚无屈原式的"意念飞天"；同时我们既看不到类似但丁《神曲》中的那种书写内容，也看不到类似泰戈尔《游思集》《飞鸟集》中的那种书写内容。对"正视现实"这一原则的核心要求，古今人总结甚多，以刘勰的概括最为精当："一则情深而不诡，二则风清而不杂，三则事信而不诞，四则义贞而不回，五则体约而不芜，六则文丽而不淫。"（《文公雕龙·宗经》）

4. 全部作品都体现出较高水平的人文情怀、理性精神和家国意识

所谓"人文情怀"，就是在诗中单纯表达人作为动物属性的情绪和情感者非常稀少，而诗中所抒发的情志主要升华为文明人在与社会群体的互动中所产生出的"天大、地大、道大、人亦大"及"与天地并列为三"的高尚情操与理想境界。所谓"理性精神"，就是全部诗作，无论写个人还是写群体，均充满了在社会和谐进步规则观照下的思考、认知、评判或期望。这些思考、认识、评判与期望，既与个人利害紧密联系，又不再囿于

一己之私利的得失，而是将之作为典型人物、典型事件进行典范社会意识的精神观照。所谓"家国意识"，即全部诗篇中已不刻意倡导个人与社会"离散"，而倡导个人与"家"和"国"融为一体，因此诗篇不是简单体现以谋求个人利益为取向的实用主义主观言说，而在把自己摆进去的同时，上升到对家国社会兴亡密切相关的群体利益之"功"与家国兴亡之"利"的关注。

5. 《诗经》中的全部作品，显示出诗人们的"创作个性"已经觉醒

《诗经》展现出多彩的创作风格。其中有赞美诗的朗练明快、叙事诗的质朴纯真、抒情诗的婉曲蕴藉、明志诗的豪迈情深、哲理诗的警锐峻切、批判诗的切直悲愤，等等，已跃然诗中。同时，这部诗集首次全面、系统地展示了中国文学创作运用"形象思维"方式的成功实践及这种思维方式的有机构成形态。关于这一方面，笔者已有专论，此不赘述。

二 《诗经》在中国文章体裁方面取得的主要成就

对文章"体裁"这一概念的界定，古今中外亦有极大差异。《现代汉语词典》对这一概念界定为："文学作品的表现形式。可以用各种标准来分类。"纵观我国文章体裁演变史，有一个从原初的"技法通用""文体互蕴"到"文体剖判"，逐渐细分的发展脉络。打一个形象的比喻，即原初的文章"始祖鸟"，繁衍出五彩缤纷的众多新鸟类。以《诗》《书》《礼》《易》《春秋》及"三传"为界，我们会发现出于这些著作范围之外的文体很少；而从这些经典向后看，细分文体则呈蓬勃衍生之势。到汉代的刘熙，已在其著作《释名》中将文章分为"书契"和"典艺"两大类，包含细分文体约40种，但主要偏重政治、经济和社会生活的实用文体。到晋代，陆机在《文赋》中，从文章形式学的视角已把文体从实用的视角分为10种；萧统编纂《文选》，列出的文体达36种之多，刘勰继承了这种方法，推而广之，在《文心雕龙》中涉的细分的标准化文体达70种。与他们同时代的挚虞，在《文章流别论》中已明确指出了这些细分文体与《诗经》的源流关系，堪称是一篇中国古代文章学杰作。最早提出《诗经》对上古中国文章学有巨大贡献者，当属刘勰，他在《文心雕龙·风骨》中明确提出："《诗》总六义，风冠其首，斯乃化感之本源，志气之符契也。

是以怊怅述情，必始乎风；沉吟铺辞，莫先于骨。""若风骨乏采，则鸷集翰林；采乏风骨，则雉窜文囿。唯藻耀而高翔，固文笔之鸣凤也。"很明显，在刘勰的意识里，《诗经》即是中国古代"文章之鸣凤"。但《诗经》中的诸多文章学成就，刘勰仍未能彻底阐明。明初吴讷著《文章辨体》堪称中国古代文章学又一个里程碑，然于《诗经》发现发明甚少。民国以来，"疑古"风行，诡言眩目，浮论迭出。《诗经》成为任人打扮的"村姑"，许多经典诗作硬被派为"民歌"，但《诗经》中的文章学资源却仍未被严肃认真地系统发掘。

就《诗经》而言，若以古代西方人或秦汉及以前中国文论诸多"大体裁"区分法，它就仅仅是"诗歌"而已。但本文认为，作为元典，《诗经》时代存留至今的文章，尚处于"文体互蕴"的发轫与孕长期。一方面作为"元文体"，《诗经》中所有的作品只是"诗"这一大的分行、韵语语言排列形式；另一方面从"亚文体"的细分化发展脉络看，如果说《易经》是以后预测学与哲学的书写母体，三《礼》是典章制度的书写母体，《书经》是以后政治家政令、演讲和政论的书写范式，那么在《诗经》中实际存在的"亚文体"形态，已为后来的多种新的文学书写样式，特别是赋体、比体、兴体、讽体、雅体、颂体诗歌、韵文及其他相关亚体裁文章，提供了书写范式。

《诗经》中的作品，除《商颂》和《豳风》中少数诗作外，大多数是西周王朝兴盛时代的制度性产物。在《周礼·春官宗伯》中有这样的明确记载："大司乐：掌成均之法，以治建国之学政，而合国之子弟焉。凡有道者、有德者，使教焉；死则以为乐祖，祭于瞽宗。以乐德教国子：中，和，祗，庸，孝，友。以乐语教国子：兴，道，讽，诵，言，语"；大师："教六诗，曰风，曰赋，曰比，曰兴，曰雅，曰颂；以六德为之本，以六律为之音。"从西周的文献记录和《诗经》文本内在结构看，《诗经》中的诗作有"六义"即六种体裁区别是明确的。但是，经过战国200余年"诸侯恶其害己也，而皆去其籍"（《孟子·万章下》）的长期人为灭裂和秦始皇"焚书坑儒"之后，的确给《诗经》传承带来了极大的灾难。从西汉大、小毛公和孔安国所传《诗经》解读文本的整体情况看，其断简残篇的性质一目了然。虽经东汉马融、郑玄等大儒进一步融会，但《诗经》中的诸多重要学术问题仍留着空白式疑团，致使刘勰非常感慨地说："炎汉虽盛，而辞人夸毗，诗刺道丧，故兴义销亡。于是赋颂先鸣，故比体云构，纷纭杂沓，倍旧章矣。"（《文公雕龙·比兴》）《诗经》诠释学史上的"兴义销亡"断层，是后代人野蛮对待先世文明成果的悲剧性内证。

由于这种传承的长期断裂，自唐代孔颖达主编《毛诗正义》首倡"风、雅、颂者，诗篇之异体；赋、比、兴者，诗文之异辞"之后，关于《诗经》中只有"风""雅""颂"三体诗，而没有"赋""比""兴"三体诗就成了主流见解，并在诗经学史上流行至今。但这种主流见解与《诗经》现存文本的实际情况显然并不相符。事实上，用现代文艺分析学和诠释学的方法重新审视《诗经》文本，就会发现，在《诗经》中是"六诗"俱存的；也就是说，风、雅、颂、赋、比、兴作为六种各具特色的亚诗歌体裁，存在于现存《诗经》的305篇之中。这六种不同体裁的诗歌不仅在题材类型上各有差异，而且在艺术特点上亦互相区别。经本文考析，现存《诗经》文本中保存有典型的"风体诗"70余首，"赋体诗"50余首，"比体诗"40余首，"兴体诗"40余首，"雅体诗"40余首，"颂体诗"近40首。

"风体诗"即为"讽体诗"。在诗经学史上，"风"是一个具有多重意义的复合词。一方面从音乐、舞蹈、歌唱"三位一体"的视角看，"国（邦）风"，即"国（邦）乐"，主要强调曲子、乐器和舞蹈风格；另一方面若单从现今存留的《诗经》诗词语言文本看，"风"又是"讽"的异体字。这种体裁的诗歌是一种以"讽刺"为主旨和主要特点的诗歌体裁。所谓"讽"，作"劝导"解，"刺"作"批评"解。据本文研究，《诗经》中的讽体诗总数约占305篇的四分之一。这种体裁的诗作，在题材类型上，主要针对被"讽"对象所出现的人事处置失误、家事处置失误和国事处置失误的程度，或进行正面引导，或直率反面劝阻，或予以强烈批判；在体现文体艺术个性的艺术表现手法上，主要采用夹叙夹议的方法，而在"议"这个层面，又突出运用"讽喻""谏诤""诘难"和"抨弹"这四种表达方式，从而使"讽体诗"体现出与《诗经》中"赋""比""兴""雅""颂"五体明显不同的思想艺术特色。

赋体诗是一种以"叙述"为主要特点的诗歌体裁，其显著特点是"赋陈其事而直言之"。在《诗经》中，这类诗多数较长，因为有"叙""述"，所以具有明显的"史诗"性质。1000多年来，诗经学界的主流观点是："赋"是《诗经》中的一种"艺术手法"或"表现手法"。但这种观点与《诗经》之"赋"的文本实际并不相符。《诗经》中的"赋"首先是作为一种独立的"诗歌体裁"存在的，它们在题材类型上可为分四大类，即赋古，赋今，赋事，赋物；在表现艺术上有六大特点，一是"记叙型"句子以"干细胞"的功能被"克隆"扩展在整篇诗作中；二是采用了"写实主义"的创作手法；三是运用了"全知型"的叙事视角和叙述笔法；四是人物塑造和情节叙述均采用勾勒、速写笔法；五是体现了以"表演时间"制导"故事"时空的原则；六是大量运用虚词、虚词联介、叠词，以作为寄托感情倾向的重要载体。

比体诗是一种通过"比喻"以暗示哲理为主要特点的诗歌体裁。其中有比、喻，又有明比与暗喻等多种艺术手法的丰富使用。这类诗在《诗经》中多数比较短小，且一般没有具体的历史人物和事件做背景。在题材类型上，这类诗歌主要表达有关个人、家庭和社会的种种哲理，包括人事哲理、家事哲理和国事哲理；在体现文体个性的艺术特色上，这种体裁的诗歌突出表现在四个方面，一是"比喻型"句子以"干细胞"的功能被"复制"扩展在整个诗篇的章节之中；二是四言诗句加三个段落的核心篇章结构与内容重章复叠、连缀成诗的表达方式交相辉映；三是普遍使用了婉转暗示的修辞格；四是使用了丰富多彩的比喻形态，开创了我国古典文学"形象思维"的先河。

兴体诗是一种以抒发愉快、忧伤或怨愤情绪为主要特色的诗歌体裁，其抒情特点十分突出。从题材类型上看，在这些抒情诗中，并没有表达"仇杀""溺爱""幻觉""意识的自由流动"乃至"疯癫""狂放"等属于极端情感的诗歌。这些诗歌所抒发的情感类型主要可包括三大类：一是喜乐愉悦情感的抒发；二是忧伤哀怨情感的抒发；三是思乡怀人情感的抒发。兴体诗分别抒发了诗人喜乐愉悦之情、忧愁感伤之情和思乡怀人之情，且这些关于个人际遇命运所产生的喜、怒、哀、乐，常常与家国兴衰纠缠在一起。在个性化艺术特点上，兴体诗惯于用第一人称直抒忧、乐、思、念之情怀，重点使用"意象"来彰显整首诗的情调，因此，破解"意象"的特殊意蕴，就成为正确把握诗义的关键。同时还普遍运用借代、借喻、象征以及反复、应和的修辞手法，并在内部章节和语言运用上呈"连珠"型结构特征，从而使它与《诗经》中另外五种体裁的诗歌形成了鲜明的区别和对照。

雅体诗是一种通过"赞美"表达欢快情绪为主旨和特色的诗歌体裁。这类诗作中没有郁愁、悲伤的情绪抒发，与其他体裁的诗歌形成鲜明区别。赞美对象是当时活着的人，诗中有赞美，也有祝福，但赞美和祝福的对象多是参与宴乐的当事人而不是死者。关于《诗经》之"雅"字，古今阐释甚多，本文确定将《诗经》"雅体诗"之"雅"训为"韵德音之声"，分训合释"雅体诗"之"雅"为"以赞美对方善行、成就、品行或恩惠为主调的诗歌"。这类诗作为"乐"时，当配夏朝遗曲演唱，其内容和形式均符合当时"正"的标准。现存《诗经》文本，由于孔子及其弟子在编订过程中仍将其视为"乐"。所以"风""雅""颂"的编排分类及顺序是按"乐歌"的曲调类型和习惯性应用场合划分的。旧诗经学还将"雅"分为"大雅""小雅"，为何如此，古今诠释可谓纷争歧出。但本文认为这不是从诗歌内容和体裁上划分的，仍是以"乐调"的旧有称谓分称的。《诗经》有许多同题目诗歌，如《邶风·谷风》《小雅·谷风》等；还有的诗第一个字以"大""小"区别，如《大明》《小明》等。这都内证了在《诗经》时代已经出现同一首名曲可以在不同时期填不同曲词的文艺现象。"雅体诗"之所以能"发和"、能"群"，除了歌曲、舞蹈能快人心目外，其诗词内容中下级赞美、祝福上级和上级欣赏与褒扬下级，自然会同乐舞一样，起到联络君臣之间的感情、凝聚上下人心、共和营造出一种"政通人和"的和谐欢乐气氛。从艺术特色上看，"雅体诗"中除了《诗经》各体通用的"重章易辞"章法结构，以及"意象"等手法的使用外，还突出使用了区别于其他体裁的个性化艺术手法。一是素描手法。这种手法在《诗经》其他体裁的诗作中罕有使用，但在"雅体诗"中却普遍存在。二是明喻手法。如果说，"讽体诗""兴体诗"中多用"隐喻"，则"雅体诗"中恰恰相反，极少"隐喻"而大量使用"明喻"手法。尤其是"如"字运用最多，将"人"与"美好之物"联类起来。三是直言欢乐。这种手法即使是在"兴体诗"中也不是普遍手法。但在"雅体诗"中，"直言欢乐"成为一种典型的修辞手法。四是直接赞美。多是针对被赞美的品德、事功和容貌等进行称赏。五是夸张。赞美对方，多夸大其词。六是祝福。主要祝愿对方在德、福、寿方面达于最佳境界。

颂体诗则是一种以歌颂"先祖"为主旨和主要特色的诗歌体裁，其中绝大多数诗是宗庙里的"祭歌",一般并不歌颂活着的人。《诗经》中的祭歌,虽然表面上也有祭山、祭河、祭田、祭马的诗句,但归其总是以祭祖先神为主要题材。其政治功能,是以祭祖的方式,通过一个民族对同一先祖一脉相传这一共性心理认同来凝聚整个民族的人心,并通过祭祀程式以训练全族人认同权威、认同规范,进而统一步调与行动。从整体上看,颂体诗绝大多数篇幅较短,因此它们个性化的共同艺术特色可归纳为三点:一是报告。报告的对象或为先祖,或为神祇,报告的内容主要包括主祭者的成绩,或报告祭器、祭品、祭乐的规格与目的,或报告主祭者此时的心情和心得。二是追思。通过回顾先祖伟业,表达对始祖功和德的思慕。三是赞美中附加祈祷(即提出自己的现实要求)。这是颂体诗"赞美"与雅体诗赞美的细微差异。《诗经》中的祭歌每篇形式各异、篇幅长短各异,祭祀名称也不同,但基本包含以上四个要素。

三 《诗经》对中国后世文章创作的影响

中华民族文章的发生、发展史,是本民族社会文明发生、发展史的标志性现象之一。人类由长期生产、生活习惯得出的有用知识,从口口相传、图形标志演进到以共同使用的信息符号——文字来记载、表达意志和信息,已然经过了漫长而艰辛的进化过程。由于各个原始民族部落居住于不同的自然区域,相互间形成的文字定然千差万别,一时难以通用通解。《圣经》中所载诺亚的后代组织众多部族共建"巴别塔"(《旧约全书·创世纪第十一章》),但最终成为人类第一个有记载的"烂尾工程"的故事,正是记录了这一漫长的信息交流困难的历史阶段。所以,将多民族文字统一到一种文字,又使用同一种文字按照可通解、通用的规则组成今人大体理解的"文章",现存的"五经"及"春秋三传"对中华民族而言,其"元经典"的价值不言而喻。孟子说孔子是"五经"的"集大成者",意味着孔子学派积极传承了以前数百代"圣人"对"五经"内容的"层累式"贡献。由于孔子学派编订《诗经》时统一使用了"雅言",从而统一了当时文学语言,使此前不同语言、不同语音的文章变成"都是一样的言语,如今既作起这事来,以后他们所要做的事就没有不成的了"(《旧约全书·创世纪第十一章》)。春秋之后,在文章方面,正是通过不同地域的文人学士群体对包括《诗经》在内的"五经"的认同、学习、传播、创新和发展，最终完成了使中华民族在文章乃至文化上"成为一样的人民"（《旧约全书·创世纪第十一章》）。

《诗经》虽经经过了自战国、秦统一中国和楚汉战争期间数百年战乱以及对古代经典的人为毁禁，但令人庆幸的是这部经典除乐曲、舞蹈方面的内容散佚外，诗歌文本却得了相对完整的传承。班固在《汉书》中首次明确地勾勒出《诗经》与后世特定文章体式的传承关系："春秋之后，周道浸坏，聘问歌咏不行于列国，学《诗》之士逸在布衣，而贤人失志之赋作矣。大儒孙卿及楚臣屈原离谗忧国，皆作赋以风，咸有恻隐古诗之意。其后宋玉、唐勒；汉兴，枚乘、司马相如，下及扬子云，竞为侈丽宏衍之词……自孝武立乐府而采歌谣，于是有代赵之讴、秦楚之风，皆感于哀乐，缘事而发，亦可以观风俗，知厚薄云。"（《汉书·艺文志》）班固的这段记载，其可喜之处，在于指出了以屈原《离骚》为代表的"楚辞"对《诗经》创作原则和艺术表现手法的传承与发展关系。而当代楚辞专家汤彰平先生（2013）亦从近几十年新出土的战国楚竹简文献中，较有说服力地指出了以屈原作品为代表的"楚辞"发端于对《诗经》深入学习研究后激发出的作品（汤彰平，2013），从而印证了《史记》中的"国风好色而不淫，小雅怨诽而不乱；若离骚者，可谓兼之矣"（《史记·屈原贾生列传》）的论述于史凿凿有据。不过，无论是《史记》，还是《汉书》，对当时继承发扬《诗经》而进行的诗歌创作成就，在记载中还是有缺漏的。其中一个最突出的缺漏，应当是对生活于西汉孟喜与京房之间，曾出任过小黄县令的梁人焦赣所著《焦氏易林》的阙载。焦延寿曾师事孟喜，并为京房的老师，但《汉书·艺文志》列出了孟喜、京房的著作，而忽略了《焦氏易林》。所幸《焦氏易林》长期流传民间并广泛为大众欢迎，故虽经1000多年官修史书的漏载，却由道家所刻《续道藏》流传下来。《焦氏易林》弥足珍贵之处，即是以《诗经》四言体式和艺术表现手法，用近4000首四言诗来阐述《易经》4096卦。这是一部将《诗经》与《易经》有机结合的作品，《诗经》其表，《易经》其里，充满着中国传统人生经验辩证法与《诗经》优秀艺术表现手法的集大成诗歌总集。认真研读这部约4000首四言诗（个别诗有三言句）洋洋巨著，结论很明确：明代学者王世贞评价其"延寿《易林》、伯阳《参同》，虽以数术为书，要之皆四言之懿，

《三百篇》遗法耳"的评价切中肯綮;当代学者钱钟书(1979)"盖《易林》与《三百篇》并为四言诗矩矱焉"的评价亦可谓精当恰切。仅就"四言诗"这一体式看,我们从宋人郭茂倩编纂的《乐府诗集》中,还可以看到大量明显脱胎于《诗经》的四言诗作。从纵向发展看,以《诗经》为典范的四言诗,到汉魏"三曹"和"建安七子"的创作中达到了高峰。后世文学史中所言"建安风骨",其"遗传基因"实来源于《诗经》。当然,从《诗经》的整体情况看,整齐划一的"四言四句成章"只是其主流而不是全部。因此,《诗经》对后世诗歌的影响当不仅限于"四言诗";按晋代挚虞的说法,自"三言"至"九言",皆源自对《诗经》句式的继承与推演。元代的杨载也在其文论《诗家法数》中明确指出:"诗体《三百篇》流为楚辞,为乐府,为古诗十九首,为苏、李五言,为建安、黄初,此诗之祖也。《文选》刘琨、阮籍、潘岳、陆机、左思、郭璞、鲍照、谢灵运诸诗,渊明全集,此诗之宗也。老杜全集,诗之大成者也。"遗憾的是,杨载并没有认识到《诗经》同时也是汉魏"乐府歌辞""隋唐燕乐"中的"清商三调"歌辞和"宋词"的始祖。在《诗经》中,已经多次出现一首曲名之下创作数首诗词作品的实践。如《王风·扬之水》《郑风·扬之水》《唐风·扬之水》,《唐风·无衣》《秦风·无衣》,《唐风·杕杜》《小雅·杕杜》,《秦风·黄鸟》《小雅·黄鸟》,《邶风·谷风》《小雅·谷风》以及《小雅》之《小旻》《小明》《大雅·召旻》;甚至有诗词题目不同但题材与曲子相同的诗作,如《小雅·采薇》与《出车》;等等。《诗经》中的这些"同题诗"虽与汉魏"乐府歌辞""隋唐燕乐"和"宋词"严格以"词牌"填词而同用一曲有时代差别,但究其实质,《诗经》与后三者有源流关系当是无可置疑的。就《诗经》对后世文章创作的全面影响,古代论者极多,其集大成者当属明代的黄佐,他在《六艺流别》中指出,"诗艺:谣、歌。谣之流其别有四:讴、诵、谚、语。歌之流其别有四:咏、吟、叹、怨。诗之流不杂于文者其别有五:四言、五言、六言、七言、杂言(附:离合、建除、六府、五杂组、数名、郡县名、八音)。诗之流其杂近于文者其别有五:骚、赋(附:律赋)、词、颂、赞(附:诗赞)。诗之声偶流为近体者其别有三:律诗、排律、绝句。"当然,在后世文学史上,也频繁出现一些"新文体"学者"屈尊"将创新文体自认为《诗经》"子孙"的现象。如孔尚任《桃花扇小引》:"传奇虽小道""其旨趣实本于《三百篇》。"盖小说者，所以济《诗》与《春秋》之穷者也。"（阿英，1960）这是传奇作家和小说学家疯癫之后的癔语么？不能这么看。"传奇"和"小说"本自成新文体。但学者和专家们是从"文化基因"和"遗传密码"的角度，来谈《诗经》与传奇、小说乃至戏曲的内在血脉关系，类似于我们当今海内外华人共祭"炎帝"和"黄帝"并均自认为"炎黄子孙"一样，这不是"祖宗"有求于后人，倒是后人离不开"祖宗"。

那么，从当代文章学的"遗传基因"和"密码"的角度审视，《诗经》究竟还有哪些主要成就以传统的力量昭示和规约着当代乃至未来？本文认为：第一，当今与《诗经》时代虽然在文章创作的语境和言说方式已经有了改变，但《诗经》中彰显的"大一统"国家观念，过去没有变，现在不会变，今后也不应当变。我们今天可以不说"普天之下，莫非王土；率土之滨，莫非王臣"，但我们还是要讲"全国各民族团结成一家人""全国各族人民都要服从中央人民政府"。第二，《诗经》中的社会是一个等级社会，但无论是王、是君，还是臣仆，都有对国家事务、君臣得失的评判权，因而"天下为公"的思想也以多种方式彰显出来。这一传统政治观念，过去、现在没有变，今后也不应当变。第三，目前已从《诗经》时代的早期封建主义发展到当今的社会主义社会，虽然社会制度发生了根本改变，但《诗经》中所弘扬的生生不息、创新不已的精神境界，过去、现在没有变，今后不会也不应当变。我们可以不再言"周虽旧邦，其命维新"，但我们必然会不断讲求传承、改革与创新。第四，我们当今的国家与《诗经》时代周王朝相比，疆域更辽阔、民族更众多，文化习俗更丰富多彩，与西方"现代化"潮流融合性更强，但《诗经》中所体现出的中华民族核心文化观念没有变。这些文化观念集中体现在至今仍然使用的从《诗经》中直接产生和派生的200多个成语中。这些成语蕴含着中华民族的世界观、人生观、价值观的"染色体"，既是《诗经》语境中的"周道""王道"的核心内容，也是中华民族思想灵魂中"大道"的核心内容。这个"大道"除包含了先圣对它的阐释外，还包含了我们今天所言的"以人为本"的诸多人道主义内容。因此，《诗经》所昭示的"以文弘道"的创作理念过去没有变，现在和未来也不应当变。第五，《诗经》中体现的主要创作原则，是正视现实主义的。这一传统带有鲜明的超时代性和世界性，当今不仅不应改变，而且应予以深入总结与发扬。第六，《诗经》首次提供了"创作风格"的作品范例，并首次为中国文学全面展现了"形象思维"的独特思维方式。"创作风格"是一篇优秀文章区别于"他者"的外在标志，而"形象思维"这种思维方式是从《诗经》诗歌文本中体现出来的。虽然当时的专家学者并未做出明确总结，但是刘勰将其明确描述为"窥意象而运斤"的"神思"，从而使这种思维方式成为我国千百年来文学创作的经典思维方式。用这种思维方式创作优秀作品的路径，过去没有变，今后也不应当变。第七，《诗经》在修辞艺术手法上，成功实践了"圣人之情见乎辞""修辞立其诚"的古训，为后世树立了一篇诗文既能诵读、又能歌唱，还能与舞蹈表演相融合的混合艺术范式；《诗经》中的语言文学修辞格多达 40 种。这些修辞格为我国修辞学提供了一个现存最早的百科全书式的实用范本，开创了中国修辞学的先河，不仅现在依旧沿用，而且将来仍会继续使用。第八，《诗经》作为有内在节奏和外在韵律相结合的诗歌选集，首次向后世昭示了节奏和韵律结构对诗歌、散文和其他相关体裁文章的审美价值和传播功能。因此，从《诗经》的传播看，节奏和韵律结构的优与劣，直接决定了诗歌、散文和相关类型文章在大众传播中是否被优先选择。"节奏韵律结构优化"决定作品优先选择的传播原则，过去、现在没有变，将来也不会变。蕴藏于《诗经》中的上述 8 个方面的文章学成就，过去 2000 年来，是我国文章创作的"金科玉律"；当今乃至未来，它们仍将作为"金科玉律"，来衡量所有生产出来的各类"美文"。一篇文章究竟是"时尚快餐"还是"不朽之作"，以上 8 个方面仍将是中国社会阅读群体自然筛选的依据标准，无视或拒绝对它们的体认，无论什么人创作的文章，都将难以长期跻身于中华文苑的仙葩之林。

参考文献

《周礼》，陈戍国点校，岳麓书社，1989。

《左传》，蒋冀骋标点，岳麓书社，1988。

阿英：《晚清文学丛钞·小说戏曲研究卷》卷 1，中华书局，1960。

（汉）班固（原著）：《汉书·艺文志》，陈焕良、曾宪礼标点，岳麓书社，1993。

（明）黄佐：《六艺流别》，《四库全书存目丛书》，齐鲁书社，1995。

（清）孔尚任：《桃花扇》，王季思等注，人民文学出版社，1999。

（梁）刘勰（原著）：《白话文心雕龙·宗经》，郭晋稀译注，岳麓书社，1997。

（梁）刘勰（原著）：《文心雕龙解说》，祖保泉解说，安徽教育出版社，2009。

南怀瑾、徐芹庭：《白话易经》，岳麓书社，1988。

钱钟书：《钱钟书集》，生活·读书·新知三联书店，2007。

汤彰平：《从出土文献看〈诗〉〈骚〉之承传》，《中州学刊》2013年第2期。

（元）杨载：《诗家法数》，郑奠、谭全基：《古汉语修辞学资料汇编》，商务印书馆，1980。

赵敏俐：《论〈诗经〉在中国文学史上的创作论意义》，《东方论坛》1996年第2期。

周振甫：《中国文章学史》，江苏教育出版社，2006。

（东汉）郑玄：《郑氏诗谱》，（清）马骕辑，王利器整理，中华书局，1998。

郑志强：《〈诗经〉中“形象思维”的形态与构成》，《中国文化研究》2013年第3期。

中国社会科学院语言研究所词典编辑室：《现代汉语词典》（第6版），商务印书馆，1996。

钟锦：《〈尚书〉“诗言志”本意之探索》，《西北大学学报》（哲学社会科学版）2013年第3期。

祝尚书：《关于文章学研究的几点思考》，《社会科学战线》2013年第1期。

唐代古文运动的文化阐释[*]

郭树伟[**]

摘要： 北周的宇文泰在政治和文化方面"皆依仿三代而为之"的变革措施，显示了北周社会政治和文化向"古代"中原学习的转型路径，与之相适应的是北方古文作家的文体变革也显示出向"古代"中原文化学习的路径，这与北周的政治和文化变革一致。由于政治变革、文化变革与文学变革的不平衡发展，直到盛唐时期，元结和独孤及的散文创作才逐渐显示出文化"中原化"转型在文学领域所取得的成就，而唐代古文运动则是这一文化转型的文学成就。

关键词： 宇文泰　北周　唐代　古文运动　中原化

古文运动的成因既是文学史研究的热点，也是文化史研究的热点，这是因为中唐是中国古代封建社会重要的历史时期，而古文运动是这一时期的重要文化事件。关于古文运动的缘起有多种说法，有文体因革之说，有时代形势之说，不一而足。北周统治者宇文泰在政治和文化方面"皆依仿三代而为之"的变革措施，显示了北周社会政治和文化向"古代"中原学习的转型路径，与之相适应的是北方古文作家群体的文体变革路径也显示出与政治和文化变革的一致性，即摹写中原"古代"——三代汉魏文章。由于政治和文化方面的变革与文学变革发展的不平衡性，直到盛唐时期，元结和独孤及的古文创作才逐渐显示出这一文化转型在文学领域所取得的成就。

---

[*] 本文是河南省社会科学院规划项目"杜佑《通典》与中原文化"（课题编号2014BLS001）和河南省社会科学院一般课题"从《通典》考察唐代以中原文化系统为架构的国家认同和文化认同"（课题编号2013C17）阶段性成果。

[**] 郭树伟，历史学博士，河南省社会科学院中原文化研究所副研究员。

一 北周、北齐统治者关于文化转型的不同思考

自魏晋南北朝以来，长期的军事割据局面重新分割了汉代大一统的文化格局。不同文化区域之间长时间的封闭和对峙，不同区域统治者关于文化思考的重新估量等因素造成新的区域文化形成。东晋义熙年间，晋将领刘裕北伐取得了巨大的成功，似乎要迎来统一的局面，然而，事实却并非如此。北魏崔浩对刘裕不能完成统一局面的原因做出了准确的分析："裕克秦而归，必篡其主。关中华、戎杂错，风俗劲悍；裕欲以荆、扬之化施之函、秦，此无异解衣包火，张罗捕虎；虽留兵守之，人情未洽，趋尚不同，适足为寇敌人资耳。愿陛下按兵息民以观其变，秦地终为国家之有，可坐而守也。"（《资治通鉴·晋纪四十》）在这里，崔浩指出中原地区风俗由于北方少数民族的侵入形成了新情况，刘裕虽然暂时取得军事成功，并不能迅速造成此地区的文化融合，其后必然南返篡晋。刘裕本人估计对此问题也有一定的认识，故而基本放弃了北伐的成果，只能面向西北慷慨流涕，这大概是其中真实的文化因素。由此可见，刘裕之后，国家真正意义的统一必须等待新的历史机遇，国家的文化统一也需要寻找新的历史契机。其后，北周、北齐和南方的王朝事实上形成一种新三国的历史局面，三个国家之间除了进行军事力量的征伐外，同时也很注重文化竞争。史载北齐的一件事情："行台郎中杜弼以文武在位多贪污，言于丞相欢，请治之。欢曰：'弼来，我语尔！天下贪污，习俗已久。今督将家属多在关西，宇文黑獭常相招诱，人情去留未定；江东复有吴翁萧衍，专事衣冠礼乐，中原士大夫望之以为正朔所在。我若急正纲纪，不相假借，恐督将尽归黑獭，士子悉奔萧衍，人物流散，何以为国！尔宜少待，吾不忘之。'"（《资治通鉴·梁纪十三》）由此言知，对一个北方军阀皇帝看说，南方梁朝的文化影响力对他的统治构成了实际威胁，他必须采取措施。文化的竞争及文化政策调整不仅存在于国与国之间，而且还存在于国家内部，即如何调适民族间的文化对立。以北齐为例，神武帝高欢告诫鲜卑要懂得怎样使用汉人时说："汉民是汝奴，夫为汝耕，妇为汝织，输汝粟帛，令汝温饱，汝何为凌之？"对饱受鲜卑贵族欺负的汉人，他又换了一副腔调，说："鲜卑是汝作客，得汝一斛粟、一匹绢，为汝击贼，令汝安宁，汝

何为疾之?"(《资治通鉴·梁纪十三》)高欢这种两面取巧的调和方法并不能促进民族关系的融洽,但由此可见其为解决当时颇为尖锐的民族矛盾的焦虑之情。又如,"齐主颇好文学。丙午,祖珽奏置文林馆,多引文学之士以充之,谓之待诏;以中书侍郎博陵李德林,黄门侍郎琅邪颜之推同判馆事,又命共撰《修文殿御览》。"(《资治通鉴·陈纪五》)这表明北齐的文化统一工作正在悄悄地进行。北齐西侧的北周统治者宇文泰也面临着文化整合的社会问题。史书记载:"晋氏以来,文章竞为浮华,魏丞相泰欲革其弊。六月,丁巳,魏主飨太庙。泰命大行台度支尚书、领著作苏绰作《大诰》,宣示群臣,戒以政事;仍命'自今文章皆依此体。'"(《资治通鉴·梁纪十五》)"是岁,魏宇文泰讽淮安王育上表请如古制降爵为公,于是宗室诸王皆降为公……初,魏太师泰以汉、魏官繁,命苏绰及尚书令卢辩依《周礼》更定六官……春,正月,丁丑,魏初建六官,以宇文泰为太师、大冢宰,柱国李弼为太傅、大司徒,赵贵为太保、大宗伯,独孤信为大司马,于谨为大司寇,侯莫陈崇为大司空。自余百官,皆仿《周礼》。"(《资治通鉴·梁纪二十二》)由此言知,北周的文化政策调整也处于一个多方位、多层次、不间断的探索过程。宇文泰一方面恢复本民族的文化,另一方面向遥远的古代学习,以期取得一种调和众鼎的文化治理效果。关于这一点,陈寅恪(1963)有过一段著名的论述:"宇文泰凭借六镇一小部分之武力,割据关陇,与山东、江左鼎足而三,然以物质论,其人力财富远不及高欢所辖之境域,固不待言。以文化言,则魏孝文以来之洛阳至继承者邺都之典章制度,亦岂荒残僻陋之关陇所可相比,故宇文苟欲抗衡高氏及萧梁,除整军务农、力图富强等充实物质之政策外,必应别有精神上独立有自成一系统之文化政策,其作用既能文饰辅助其物质即整军务农政策之进行,更可以维系其关陇辖境以内之胡汉诸族之人心,使其融合成为一家,以关陇地域为本位之坚强团体。此种关陇文化本位之政策,范围颇广,包括甚众,要言之,即阳傅周礼经典制度之文,阴适关陇胡汉现状之实而已。"宇文泰能"驾驭英豪,得其力用,性好质素,不尚虚饰,明达政事,崇儒好古,凡所施设,皆依仿三代而为之"(《资治通鉴·梁纪二十二》)。宇文泰的真正目的在于追认古代中原文化,倡导学习古代中原文化,即学习三代汉魏中原文化，而非"近代和当代"的宋、齐、梁、陈中原文化，给人一种正统之感和高古之感，这是完全采取一种更为巧妙的文化融合方法。

二 唐初国家文化认同建设是北周文化变革转型的后续和纵深

魏晋南北朝的分裂局面形成了鲜明的文化地理区域，丰富了中华文化的内涵。当时士人阶层关于文化有南北分区的认识已为学界所熟知，更形成了时人对于南北文化五区域的认识。《新唐书·柳冲传》附柳芳论氏族云："（晋）过江则为侨姓，王、谢、袁、萧为大。东南则为吴姓，朱、张、顾、陆为大。山东则为郡姓，王、崔、卢、李、郑为大。关中亦号郡姓，韦、裴、柳、薛、杨、杜首之。代北则为虏姓，元、长孙、宇文、于、陆、源、窦首之。""山东之人质，故尚婚娅。江左之人文，故尚人物。关中之人雄，故尚冠冕。代北之人武，故尚贵戚。及其弊，则尚婚娅者先外族、后本宗。尚人物者进庶孽、退嫡长。尚冠冕者略伉俪、慕荣华。尚贵戚者徇势力，亡礼教。"这表明了当时世人对国家长期分裂而造成的文化区域化的一种清醒认识。因此，伴随着隋唐帝国的统一，协调各区域文化间的摩擦与冲突，强化国家认同和文化认同成为重要的时代课题。

唐王朝是建立在一个辽阔的土地上的帝国，国家的政治认同需要文化认同，因此文化认同是迫切的时代要求。假若说秦汉帝国的文化统一是建立在秦始皇的文化专制和汉武帝的"独尊儒术"的基础上的话，那么唐王朝则是以文化"中原化"的转型完成了文化统一。隋唐之初，统治者的文化认同建设体现出类似北周宇文泰追认三代汉魏以降的"古代"中原主流文化"中原化"的取向，他们继承关陇贵族的政治和文化衣钵，在"仪周法汉"的文化思路之下，有意识地开始了大规模的文化建设：在经学方面，《五经正义》得以完成；在史学方面，8部纪传体正史得以编撰；在文学方面，诸如《北堂书钞》《艺文类聚》的类书得以编纂；其他如修订《氏族志》，编纂《括地志》等都是这一时期重建文化潮流下的产物。文化建设措施的实施顺应了国家统一之后的文化认同的社会思潮，为唐王朝的长治久安奠定了文化认同的理论基础。不难看出，这一时期的国家文化统一就是以"中原化"为准的文化统一，无疑是北周政治、文化转型思路的后续和纵深。当然，新文化的述者——北方民族的军事征服者自觉不自觉地把自己的文化因素也摹写在新的文化体系之中了。台湾学者逯耀东（2006）的《从平城到洛阳——拓跋魏文化的转变的历程》一书认为："那些进入长城的边疆民族，最后放弃自己原来享有的文化传统，完全融合于汉文化之中，其历程也往往是非常曲折与艰辛的，一旦遭遇挫折与阻碍，必须经过不断地再学习、再适应、再调整之后才能完成。而且不论融合或被融合的双方，都必须付出很高的代价，甚至被融合的民族完全放弃自身的文化传统，但仍然有某些文化的因子，无法完全被融合而残留下来。这些残留下的文化因子往往在被吸取后，经过转变成为一种新的文化成分。这不仅丰富了汉文化的内容，也增强了汉文化的活动力量。"在文化融合潮流裹挟之下，那些曾经刀兵相向的部族开始了互相学习，北周诸如元氏、独孤氏、窦氏等北朝胡姓士族、家族，也逐渐开始从军功士族向文学世家的转变。以河南元氏为例，是由鲜卑族拓跋氏发展而来，历经魏晋北朝的汉化，业已完成了由少数民族的部落制向汉民族习见的家族制转变。从文化形态而论，元氏最终完成了由武学世家向适应唐代科举制并崇尚儒家文化的文学士族的演变，成为历史上一个以文学著称的家族。此外，北朝的胡姓大族中独孤氏、窦氏、长孙氏等也存在着家族文化转型的现象，这些家族中均出现了唐代文学文化成就较高的代表人物，甚至成为文坛的领袖人物，如元结、元稹、独孤及等。其中，元结作为盛、中唐时期的著名作家，诗文兼擅，散文成就尤其突。关于其散文创作，前人颇多称道，韩愈在《送孟东野序》中把他和陈子昂、苏源明、李白、杜甫等并列，称之为唐代"以其所能鸣"（张清华，1991）者。这些材料均肯定了元结在古文运动中的突出地位与独特贡献。同样代北世族独孤家族也出现了文学文化方面的领军人物——独孤及。清人赵怀玉在《独孤宪公毗陵集序》中说："退之起衰，卓越八代，泰山北斗，学者仰之，不知昌黎固出安定（梁肃）之门，安定实受洛阳（独孤及）之业，公则悬然天得，蔚为文宗。大江千里，始滥觞于巴岷；黄河九曲，肇发源于星宿。"独孤及的声誉在中唐为时所重，时人称其"作为文章，律度当世"。元结和独孤及在盛唐时期的古文创作是北周宇文泰文化转型的迟开之花，此二人在文学上的复古和宇文泰的文化转型具有相同的审美思路。

三　唐代古文运动的文化阐释

北周的宇文泰以"古代"中原主流文化为目标的文化转型思路体现在隋唐之际文化建设的各个方面，实际上，唐初的文化建设措施是北周文化变革转型的后续和纵深。从变革者的主体和变革思路言之，古文运动与宇文泰政治文化变革具有高度的类似性，或者说古文运动是北周和隋唐文化变革的文学支流。古文运动不仅是中唐的一个文学高潮，更是南北文化融合的顶峰期；不仅是中唐的文学运动，更是南北文化融合纵深化发展的结果。因此，古文运动是文化"中原化"在文学方面的完成。由于政治和文学发展的不平衡，文化转型思路在文学创作方面的成就直到盛唐时期元结和独孤及的散文创作才得以显现出来，而这两个作家都是北周政治群体的后裔，当然这具有一定的巧合性，但也显示出古文运动缘起的必然性。从时代形势、社会思潮、文体变革等方面来解释古文运动的兴起都有一定的真理性，而如何找到古文运动的主要成因才是解决这个问题的关键。此前文学史关于古文作家的时间排序出现不小的疑问。譬如，元结和独孤及都生活在盛唐与中唐转折之际，而实际上他们的主要代表著述都完成于盛唐。大多数文学史把元结放在中唐（766~859年）来写，实际上元结处于盛唐时期（一般的文学史都把盛唐的时间界定为713~765年）。他的多数作品都是在765年之前完成的，766年之后只有不到五分之一的作品。即便按罗宗强先生的说法——710~762年为盛唐，元结的作品也有一半以上是在盛唐完成的，实际上算是盛唐作家。独孤及也面临同样的问题，其代表作《吴季札论》《仙掌铭》《古函谷关铭》都作于盛唐时期，而在766年之后的创作多为优游唱和之作。今人文学史多把元结归到中唐，主要是由于他的创作内容与中唐文风相近，这造成了作家所处的年代与作品发生错位。邹文荣（2005）在《元结的诗文创作研究》一文中解释这个问题时说："处于由盛唐到中唐的过渡阶段，他既经历了唐的盛世，更感受到其中的道德衰败、伦理沦丧，察觉到其中的不稳定因素，他亲历了安史之乱，感受过民生疾苦，亲身体验了颠沛流离的生活，还亲自领兵去平定叛乱，这些亲身经历，再加上它独特的个性与敏锐地观察力，才是他的作品流露出中唐的文风，却不是因为他生活在中唐这个时代。"然而用这种解释来解读古文运动的发展脉动，总有方凿圆枘之感。如果把古文运动看作北周文化政治转型的后续和延伸，元结和独孤及的散文创作出现的历史时机则是恰当的。当我们从宇文泰文化变革的思路考察元结和独孤及的文学创作时，这个问题就变得比较容易理解了，即这两位"异族"的士人立志要当一名秦汉士人，元结为官"行古人之政"，独孤及在文学、思想、政事方面师法汉人。元结和独孤及有共同的文学创作思路，用秦汉的散文去抵制南北朝的骈文，他们摆脱了学习"宋齐梁陈中原化"的思路，形成了"秦汉中原化"的思路。简而言之，古文运动是北方士人用先秦两汉的文章去取代六朝的文章，用"古代"的"古文的南朝"抵制"近代"的"骈体文的南朝"，这和宇文泰的"皆依仿三代而为之"完全是一个思路，终究摆脱不了"中原化"的窠臼。元结、独孤及在众人为盛唐大唱赞歌之时，以秦汉士人的眼光洞悉繁华外表之下的满目疮痍、歌舞升平之下的乱世隐忧。而当安史之乱之后，社会灾难一旦真的来临，秦汉士人的社会忧患意识使他们的文章具有了先知先觉的意义。这就解释了为什么元结和独孤及的古文代表作在盛唐出现的原因。当然，文学创作有其独特的演变路径，同时也需要那些天才作家对时代脉络的领悟。社会个体的生命是短暂的，而文化的演化则需要相当长的时间。宇文泰没有机会看到他所实施的政治文化变革思路所取得社会成效，也没有机会看到偏据一隅的北周宇文氏统治群体在后来新三国的政治格局中胜出的历史局面，他更不会知道唐代的文体变革也与他的政治变革走了相似的路径。

论者认为，古文运动打着复古的旗帜，进行儒学的创新，这是一个不必争论的问题。谁能说宇文泰"皆依仿三代而为之"的政治变革措施是复古而不是一种文化的创新呢？唐代古文作家群体学习三代秦汉之文，而其内容却着重在讨论"新道"、塑造"新人"、制作"新文"，这表明古文运动重在创新而非救弊。独孤及的作品塑造了数位具有审美意蕴的新人形象，并具体提出了"美不自美，因人而彰"的美学命题，刘禹锡的"山不在高，有仙则名"的论断基本上是独孤及论断的和声，这是中唐士人对自己人生价值的定位。他们不仅在作品中塑造新人，而且古文家本身就是时代新人的代表，这种新人形象陆续出现在宋代古文家的篇章中，这就是古文运动在重要历史时期所表现出的文化内涵。《四库全书总目提要》认为："考唐自贞观以后，文士皆沿六朝之体，经开元天宝，诗格大变，而文格犹袭旧规，元结与独孤及始奋起湔除，萧颖士、李华左右之。其后韩柳继起，唐之古文遂蔚然极盛，斩雕为朴，数子实居首功。"元结和独孤及不仅是学习者，更是超越前人的创新者。清人卓有见地地评价了独孤及和元结的作品对古文运动的贡献："斩雕为朴，数子实居首功。"此后，韩愈古文创作取得了巨大的成功，代表了古文运动制作"新文"的成功，代表了古文运动创作的最高峰。柳宗元辨析诸子的文章和李翱的思想成就则是古文运动家讨论"新道"的结果，是对百家争鸣人学思想的历史呼应，这些讨论丰富了唐代中原文化的内涵。

当然，需要补充说明的是，安史之乱为古文作家群体崛起提供了机遇，国家的动荡使得古文作家无暇雕词琢句，文字具有迫切的载道功用。古文作家群体对安史之乱和藩镇割据的政治乱象做出了明确的政治表态，坚定维护中央政府的权威，弘扬儒家思想，这使得古文作家群体获得了一次施展政治抱负的机会。代宗之时，独孤及江淮布道。权德舆和梁肃时期，许多古文作家作为政治家进入中唐的枢要机构，这为古文作家群体提供了政治上的便利，韩愈、柳宗元等的文学创作就是在这样的政治文化环境中开始的，由此形成了古文运动文学创作的一个高峰。故而元结和独孤及古文创作恰巧出现在安史之乱前夕，其所倡导的儒家思想表现出对时代的救弊之功，而他们的古文创作则被人们认为具有"先驱"意义。那种把安史之乱看作古文运动成因的说法，显然颠倒了时间顺序，"国家不幸诗人幸"，安史之乱促进了古文运动的发展则是不争的事实。关于唐代古文运动的成因，有人认为是北方民族的散文最终取代了六朝的骈俪文，但这似乎都有牵强之感。中唐以前的科举文章大多仍是骈俪文，却并未影响唐王朝的强大，正如独孤及本人也并未刻意区分骈散形式，反对骈文，而是反对那些浮华无根的文章。比如韩愈、柳宗元等古文作家的创作，显然吸收了骈俪文的形式美。故而质文互变之论不是古文运动的成因。

结　语

古文运动的成因有多种解释，隋唐整个统治集团都从关陇贵族演变而来，这也就预示了新的政权群体在政治文化层面取得的成功变革必然会运用在文学领域。至于从文作之变问题内部来探讨古文运动的成因，或者说从安史之乱来讨论古文运动的起源，都具有一定的合理性。然而要彻底解决整个古文运动的问题，必须从宇文泰的政治和文化转型的政策措施谈起。由此，我们可以得出结论：古文运动是关陇贵族文化转型的重要部分，由于政治和文学发展的不平衡性，直到盛唐之际才出现真正转型成功的作家，元结和独孤及就是其中的杰出代表，这也是许多重要典籍都把二人作为古文运动的先行者的原因。实际上，他们不是古文运动的先行者，而是文学发展迟缓于政治变革的结果。古文作家群体讨论"新道"、塑造"新人"、制作"新文"的典型事件表明古文运动重在创新而非救弊，至于把安史之乱说成是古文运动的成因，是前后时空错位的文化阐释。而从文作之变讨论古文运动的成因则是没有抓住问题的主要方面。

参考文献

陈寅恪：《隋唐制度渊源略论稿》，中华书局，1963。

逯耀东：《从平城到洛阳——拓跋魏文化的转变的历程》，中华书局，2006。

（宋）欧阳修、宋祁：《新唐书》，中华书局，1975。

（宋）司马光：《资治通鉴》，中华书局，1956。

（清）永瑢等：《四库全书总目》，中华书局，1965。

张清华：《韩愈诗文评注》，中州古籍出版社，1991。

（清）赵怀玉：《毗陵集》，商务印书馆，1919。

邹文荣：《元结的诗文创作研究》，武汉大学硕士学位论文，2005。

杜甫与长安京城文化[*]

杜甫与长安京城文化[*]

葛景春[**]

摘要：杜甫成长于盛世洛阳，少年时代受到洛阳文化的熏陶，是在京城文化的培养下成长起来的诗人。天宝五年，他离开洛阳，开始了在长安10多年的困顿仕途生涯。长安的生活境遇及大唐文化的熏染、影响，提高了杜甫的审美情趣和文化素养。在这里，杜甫经历了安史之乱、社稷安危的考验，彻底改变了他的思想和诗歌创作风格，使他从理想主义的人生幻梦中觉醒，一步步地走向了直面现实的人生道路。

关键词：杜甫　思想　诗歌创作　长安文化　影响

唐朝以前，长安作为都城的历史长达858年，若连同此后的唐朝与武周算在内，共有14个王朝先后在长安建都，时间长达1148年。[①] 其中长安作为西周、秦朝、西汉和唐朝的都城，都堪为世界都市之首，其久远的文化，远播四海。长安作为大唐的首都，政治、经济和文化等方面都处于核心地位，引领时代潮流。天宝五载，杜甫离开洛阳，来到都城长安，开始了长达10多年的困顿仕途生涯，长安文化对杜甫产生了深远的影响。在长安，杜甫经历了安史之乱、社稷安危的考验，思想和诗歌创作都发生了巨大的改变，一步步走向了直面现实的人生道路。

一　杜甫在长安的困顿生活及思想转变

盛唐初期东都洛阳的优裕生活，河洛地区深厚的文化底蕴，家世儒风

---

*　本文为国家社会科学基金项目"地域文化视域下的杜甫研究"（项目编号：10BZW039）阶段性成果。

**　葛景春，河南省社会科学院研究员。

①　张永禄：《唐都长安》，三秦出版社，2010，第13页。武周立朝15年，在洛阳建都，并改东都洛阳为神都，并不在长安。此时期长安实际上是陪都。

和诗学熏陶，培养了杜甫高远的社会理想、积极进取的心态以及报国济世的胸怀，但在长安底层社会的 10 年蹉跎岁月，则使杜甫逐渐认识到天宝中后期大唐表面繁华掩盖下的满目疮痍。杜甫通过与达官贵人的交往，进一步了解到上层统治集团的腐化堕落；同时，杜甫深刻感受到社会不公、贫富差距巨大，以及阶级对立尖锐等问题。

杜甫怀揣理想和梦想来到长安，希冀凭自己的才华和能力，"立登要路津"（《奉赠韦左丞丈二十二韵》），实现置身社稷的雄心大志。天宝五载杜甫奔赴长安，第二年就赶上了诏"天下通一艺者诣京师"就选的科举考试，但却遭遇李林甫所设的骗局，结果不但未能跃过龙门，反而落得"青冥却垂翅，蹭蹬无纵鳞"（《奉赠韦左丞丈二十二韵》）的悲惨结局。杜甫很快便花光了所有的积蓄，他虽经常拜谒权贵，却未能得到实质性的帮助，只好靠"卖药都市，寄食友朋"（《进三大礼赋表》）来生活。他经常到朋友家去喝酒蹭饭，如与广文馆博士郑虔一起到驸马郑潜耀家去喝酒，到何将军的山林中赴宴，凑顿酒饭。① 去的次数最多的是郑虔家："日籴太仓五升米，时赴郑老同襟期。得钱即相觅，沽酒不复疑。忘形到尔汝，痛饮真吾师。清夜沉沉动春酌，灯前细雨檐花落。但觉高歌有鬼神，焉知饿死填沟壑？"（《醉时歌》）俩人喝醉了，聚在一起发一发牢骚，"德尊一代常坎坷，名垂万古知何用""相如逸才亲涤器，子云识字终投阁""儒术于我何有哉，孔丘盗跖俱尘埃"，以泄胸中怨气。长安生活甚是艰辛，为了维持生计，杜甫不得不"日籴太仓五升米"，靠政府救济过活，甚至家中揭不开锅之时，杜甫到亲戚家蹭饭。大年三十，杜甫无处可去，便到侄子杜位家过年。有诗记载说："守岁阿戎家，椒盘已颂花。盍簪喧枥马，列炬散林鸦。四十明朝过，飞腾暮景斜。谁能更拘束，烂醉是生涯。"（《杜位宅守岁》）杜位是李林甫之婿，过年之际，宾客如云前来贺岁。此时的杜甫穷困潦倒，衣食不济，又眼见年届 40，却仍未混上一官半职，心中滋味可想而知，因此他也不去应酬，只顾埋头喝闷酒。李林甫死后，杜位被贬官到岭南，杜甫多次写诗加以安慰，其对亲族的关爱之情由此可见。杜甫接受富裕的朋友或亲戚的救济，次数多了就不好意思再去，

---

① 见杜甫《郑驸马宅宴洞中》《奉陪郑驸马韦曲二首》《陪郑广文游何将军山林十首》等诗。

于是便去穷亲戚家蹭饭。一次，杜甫骑毛驴走到了杜济家蹭饭："平明跨驴出，未知适谁门。权门多噂沓，且复寻诸孙。诸孙贫无事，宅舍如荒村。堂前自生竹，堂后自生萱。萱草秋已死，竹枝霜不蕃。淘米少汲水，汲多井水浑。刈葵莫放手，放手伤葵根。阿翁懒惰久，觉儿行步奔。所来为宗族，亦不为盘飧。小人利口实，薄俗难可论。勿受外嫌猜，同姓古所敦。"（《示从孙济》）诗歌中，杜甫提到由于多次到有钱的朋友家蹭饭，难免听到些难听的话，便不好意思再去讨扰，只好去孙子辈的亲戚家寻饭。但杜甫作为长辈，到小辈家去蹭饭，长辈架子又难以放下，只好说是为了敦睦宗族而来，同时对杜济说教一番。即便如此，杜甫内心却十分感激杜济。

天宝十三载，是杜甫最困难的时期。当时杜甫身居长安南郊的下杜城，生计艰难，又患疟疾："疟疠三秋孰可忍，寒热百日相交战。头白眼暗坐有胝，肉黄皮皱命如线。"（《病后过王倚饮赠歌》）病后杜甫走访一位朋友王倚，王倚见他面色蜡黄，病骨嶙峋，十分同情，力尽所能置办了一桌好饭："惟生哀我未平复，为我力致美肴膳。遣人向市赊香粳，唤妇出房亲自馔。长安冬菹酸且绿，金城土酥静如练。"（《病后过王倚饮赠歌》）这使杜甫十分感动，于是写下了这首七言长诗，表达对朋友的感激之情。总之，杜甫的10年长安生涯，穷困潦倒，过着"朝扣富儿门，暮随肥马尘。残杯与冷炙，到处潜悲辛"（《奉赠韦左丞丈二十二韵》）的艰难日子，挣扎在"有儒愁饿死"（《奉赠鲜于京兆二十韵》）的生死线上。然而，正是这段贫苦的生活经历使杜甫感受到亲朋好友的无限关爱，也使他真切地感受到下层百姓生活的艰辛和社会的不公。天宝十三载，连降60天秋雨，杜甫真实地记录了遭遇水灾的情形："阑风伏雨秋纷纷，四海八荒同一云。去马来牛不复辨，浊泾清渭何当分？禾头生耳黍穗黑，农夫田妇无消息。城中斗米换衾裯，相许宁论两相直。"（《秋雨叹三首》其二）这首诗不仅记录了受灾情况，而且揭示了灾情被隐瞒的事实，"禾头生耳黍穗黑，农夫田妇无消息"田地被淹，禾穗腐烂，颗粒无收，但灾情却被杨国忠等奸臣隐瞒。《资治通鉴》卷二一七记载："上（指玄宗）忧雨伤稼，国忠取禾之善者献之，曰：'雨虽多，不害稼也。'上以为然。扶风太守房，言所部水灾，国忠使御史推之。是岁，天下无敢言灾者。"奸臣当道，蒙蔽圣听，无视百姓死活。杜甫在自京赴奉先县探家之时，听闻小儿子不幸饿死，他深感自愧："所愧为人父，无食致夭折。"内心十分痛苦，但当想到更穷困、更艰难的无产无业的农民以及戍边士卒时，内心更无法平静："生常免租税，名不隶征伐。抚迹犹酸辛，平人固骚屑。默思失业徒，因念远戍卒。忧端齐终南，澒洞不可掇。"（《自京赴奉先县咏怀五百字》）杜甫忧国忧民之情在艰苦的生活中油然而生。

与此同时，杜甫通过闾巷之议及与达官贵人交往，认识到上层社会的奢侈腐化，以及统治集团不顾百姓死活，残酷鱼肉百姓以自肥的现象。正如杜甫在《丽人行》中所揭露："紫驼之峰出翠釜，水精之盘行素鳞。犀箸厌饫久未下，鸾刀缕切空纷纶。黄门飞鞚不动尘，御厨络绎送八珍。箫鼓哀吟感鬼神，宾从杂沓实要津。"当长安百姓啼饥号寒之时，皇亲国戚们却过着奢侈浪费的生活。不仅如此，统治集团不顾百姓死活，无休止的穷兵黩武，耗费国力民力，破坏农业生产："或从十五北防河，便至四十西营田。去时里正与裹头，归来头白还戍边。边庭流血成海水，武皇开边意未已。君不闻汉家山东二百州，千村万落生荆杞。纵有健妇把锄犁，禾生陇亩无东西。况复秦兵耐苦战，被驱不异犬与鸡。"（《兵车行》）按唐代的征兵制，18 岁为中男，23 岁为成丁，只有成丁的男子才用服兵役。唐玄宗不仅破坏唐代征兵制，滥征士卒，15 岁的未成年男孩，就被征兵服役，并且将大批青壮年，甚至老年男子都送去打仗，造成劳动力短缺，土地无人耕种，致使"禾生陇亩无东西"，粮食大幅度减产，生产遭到严重破坏，但租赋一点不减免："县官急索租，租税从何出？"战争造成大量士兵战死疆场，"边庭流血成海水""君不见青海头，古来白骨无人收"。由于连续不断的拓边战争，财力、物力、民力都消耗殆尽，国家元气大伤，国本动摇，哀鸿遍野，怨声载道。戍边将帅借拓边战争，拥兵自重，野心膨胀，形成外重内轻之势："主将位益崇，气骄凌上都。边人不敢议，议者死路衢。"（《后出塞五首》其四）这为安禄山的反叛奠定了基础，提供了机会。杜甫以敏锐的眼光观察唐朝社会，不仅看到了大唐社会"朱门酒肉臭，路有冻死骨"的贫富差距、阶级对立，而且洞察到这种差距和对立正是统治者残酷剥削和掠夺所造成的，并将矛头直指封建社会。杜甫看透了官场文化的污浊、吏治的腐败、政治的黑暗，打破了他对统治者的迷信和幻想。这增添了杜甫对国家命运的深切忧虑，激起了揭露、抨击社会丑恶现象和不良风气的勇气。

　　长安10年的苦难生活，使杜甫的立场渐渐地转向下层百姓的一边。杜甫处处以普通百姓的眼光来观察社会，体验民生疾苦，洞悉大唐浮华表面下隐藏的社会危机。杜甫的思想发生了巨大的变化，从衣食无忧、饱读诗书、贪图功名的官宦子弟，转变成关心国家命运、民族危亡的爱国诗人；从饱受饥寒、关心一己冷暖的普通寒士，转变成关心百姓、忧心民众疾苦的伟大仁者；从盲目乐观、充满浪漫幻想的理想主义者，转变成具有清醒忧患意识、直面社会人生的现实主义者。

　　安史之乱后，杜甫的爱国主义热忱发展到了极致。天宝十五载八月，杜甫在鄜州羌村听说肃宗在灵武即位，便辞家取道延州，经石门到延安七里铺，欲出芦子关转灵武，只身奔赴行在，不幸在途中被叛军所获，押赴长安。在沦陷的长安城中，杜甫目睹了被叛军烧杀破坏的长安，感慨大唐盛世不再，于是作了《春望》《哀江头》《哀王孙》等诗，表达了国破家亡的故国之思。当听说房琯亲率大军平叛，却遭大败，内心万分着急，写下了《悲陈陶》《悲青坂》等诗，既表达了对官兵抗战英勇牺牲的痛惜，也传达对朝廷不要轻易出兵的劝诫。第二年，杜甫终于逃出长安城，奔赴凤翔行在。杜甫"麻鞋见天子，衣袖露两肘"（《述怀》），肃宗见此，被杜甫的忠心打动，授予左拾遗的官职。杜甫刚任命不到一个月，房琯被革去丞相一职，杜甫为了阻止李辅国这类小人独揽大权，上书进言，肃宗大怒，将他交三司审问，最终在张镐的帮助下，得以解救，遣回鄜州探亲。在鄜州羌村，杜甫写了长达700字的《北征》，描写了安史之乱后关中地区的悲惨景象："靡靡逾阡陌，人烟眇萧瑟。所遇多被伤，呻吟更流血。""夜深经战场，寒月照白骨。潼关百万师，往者散何卒。遂令半秦民，残害为异物。"杜甫表达了对借兵回纥政策的忧虑，认为回纥兵虽然作战勇猛，但还是"此辈少为贵"为好。杜甫建议朝廷发兵直击安史老巢，坚信"胡命其能久，皇纲未宜绝"，胜利必将属于大唐。最后，杜甫希望唐肃宗能够继承唐太宗伟业，成为一位振兴大唐的有为明君："煌煌太宗业，树立甚宏达。"这首诗充分表达了诗人忧国忧民之思，时时关心国家安危，处处为普通士卒和黎民百姓担忧。

　　至德三载六月，房琯被贬为邠州刺史，杜甫被贬为华州司功参军。此事给杜甫带来巨大的打击，思想虽有所波动，但他仍十分关心国家安危。冬末，杜甫回老家东都洛阳，适逢郭子仪、李光弼、王思礼等九节度使以

60万大军围攻相州（今河南安阳）的安史叛军，形势一派大好。杜甫喜出望外，写下七言长诗《洗兵马》，对"中兴诸将收山东，捷书夜报清昼同。河广传闻一苇过，胡危命在破竹中"的大好形势十分欣喜。杜甫对郭子仪、李光弼、王思礼以及成王李俶给予高度的赞扬，赞美他们是应世而出的豪杰，同时忧虑李辅国、王玙等趁机攀龙附凤，将功劳攫为己有，封侯封王。杜甫将张镐比成汉代的张良，认为其有"扶颠筹策"之功，应以重用。杜甫劝勉皇上不要听信阿谀奉承之徒，而是要抓紧时间关心农业生产，并乐观地认为："安得壮士挽天河，净洗甲兵长不用。"然而事实并非如此，安史叛军卷土重来，而肃宗竟让太监鱼朝恩作监军上阵指挥，终使此次战争的胜利化为泡影。从杜甫的诗歌中，可以看出他时刻关注国家大事，并不因个人得失而消减忧国之情，处处为国家社稷的前途着想，"少陵无时不忧国"。尤可称道的是，杜甫从东都洛阳西归华州的路上，沿途见官府抓兵，生灵涂炭，写下了"三吏""三别"，其忧国忧民的思想达到了顶峰。杜甫徘徊于保国与爱民之间，内心无比纠结和痛苦，但却不能两全，他只能以大局为重。因此，在杜甫的诗歌中，不论是《石壕吏》中的老妪、《新婚别》中的新娘、《垂老别》中的老翁、《无家别》中的老兵，最终都以舍小家而保大家的情怀，或代夫服役，或勉夫从军，或辞家奔赴战场，充满了为国牺牲、舍家保国的凛然大义。这既是杜甫爱国主义思想的体现，更是大唐人民在国难当头之时为国赴难的真实再现。

二　杜甫思想和诗歌创作的成熟与长安文化的嬗变

（一）成熟的标志之一：思想上的成熟

杜甫早年在洛阳衣食无忧，浪迹于开元盛世的"丰草长林"（《进三大礼赋表》）之中。但到了天宝年间的长安，却跌进了"困于衣食"（《进封西岳赋表》）的困境之中。生活上的大起大落，使他的思想迅速成熟起来。杜甫目睹了天宝以来统治集团生活的堕落腐败，认识到统治者政治眼光短浅，洞察到表面繁盛而内里虚空的盛世假象。他敏锐地观察到大唐由盛转衰的国势变化，察觉到由此形成的贪图享乐、盲目乐观的社会情绪，并进行了深刻的反思。正当其他诗人还沉浸于盛世的幻想和迷梦中时，杜甫已经开始觉醒，并逐渐从早年的理想主义者转变为现实主义者。面对着严酷的现实，杜甫以诗歌为武器，揭露与批判大唐黑暗的社会现实和种种弊端。思想的日臻成熟使得杜甫看问题的眼光更加敏锐，能够清晰地洞察问题的本质。随着思想的日臻成熟，杜甫的立场也发生了转变。皇帝腐败、奸臣当道、长期的底层生活经验，使杜甫关注的焦点逐渐转向黎民百姓，忧国忧民之思日甚一日。杜甫逐渐从一个不知人间疾苦的官宦子弟，转变成一个关心民瘼的仁人志士。

天宝末年和安史之乱以后，有不少诗人和儒士开始探寻造成战乱的根本原因，反思社会现实。由于忽视儒家思想和文化道德教育，使得朝野官民的忠义之心淡薄、是非观念模糊、社会道德沦陷、思想意识混乱，才使安禄山钻了空子，起兵造反。正如贾至在《贡举议并序》中说，由于科举明经只试帖经，不明经义，不以儒学大义为重，致使"忠信之陵颓，耻尚之失所，末学之驰骋，儒道之不举，四者皆由取士之失也……近代趋仕，靡然同风，致使禄山一呼而四海震荡，思明再乱而十年不复。向使礼让之道宏，仁义之风著，则忠臣孝子，比屋可封，逆节不得而萌也，人心不得而摇也"（《全唐文》卷三百六十八）。此话切中玄宗天宝末年及唐肃宗时期不重儒家思想的弊病，欲救此弊，就必须强化儒家思想，传播儒家仁义忠孝之道。贾至对唐朝末期的文化反思逐渐成为社会共识，因此当时的文化思潮也由多元文化向 元文化（儒家思想）的方向发展。与此同时，以元结、孟云卿及《箧中集》一派的诗人为主力，形成了一股以反映社会人生和关心底层疾苦的现实主义力量，与杜甫一起掀起了写实的文学思潮。罗宗强（1986）先生说："可以说，安史之乱前夕，从《箧中集》作者，到元结，到杜甫，已逐步形成了一种以写民生疾苦为主要内容的、写实人生的创作倾向。这种创作倾向就其题材之广泛、感情基调之沉重与长于叙述、长于写实的特点来说，都是有别于盛唐的文学思想倾向的。"天宝末年，从杜甫起，盛唐的理想主义的浪漫诗风开始向现实主义的写实诗风转变。

（二）成熟标志之二：诗体的成熟

杜甫在长安时期，他的绝句、五古、七古、五律、七律和排律都日臻成熟。

　　杜甫在长安作的五古已经登上了唐代诗歌的高峰，其水平已经可与李白相颉颃。李白的五古，一向被视为唐诗的正宗，而杜甫的五古被称为大家。① 杜甫五古的著名诗篇除了《自京赴奉先县咏怀五百字》《北征》这样的长篇诗歌外，还有《奉赠韦左丞丈二十二韵》《述怀》《赠卫八处士》《同诸公登慈恩寺塔》《彭衙行》《羌村三首》《义鹘行》等，就连《前出塞九首》《后出塞五首》及"三吏""三别"这些乐府诗和新题乐府也是用五古写的。

　　杜甫的七古和七言乐府歌行也力追李白，达到了"大而化矣，能事毕矣"（《诗薮》内编卷三）的地步。沈德潜《唐诗别裁集》卷六云："少陵七言古，如建章之宫，千门万户；如巨鹿之战，诸侯皆从壁上观，膝行而前，不敢仰视。如大海之水，长风鼓浪，扬泥沙而舞怪物，灵蠢毕集，别于盛唐诸家，独称大宗。太白以高胜，少陵以大胜。执金吾而抗颜行，后人那能鼎足！"杜甫的七古，有齐言、有杂言、有柏梁体、有五句头、有"以律入古"等，形式丰富多彩。齐言七古如《饮中八仙歌》《哀江头》《洗兵马》《醉歌行》《送孔巢父谢病归游江东兼呈李白》《渼陂行》《乐游园歌》《高都护骢马行》等。这些诗句式整齐，节奏匀称，或浏漓顿挫，或婉丽动人，继承了南朝乐府和初唐歌行。杂言体如《兵车行》《丽人行》《奉先刘少府新画山水障歌》《戏题王宰画山水图歌》等。这些诗诗句长短错落、音韵铿锵、抒写自由，继承了汉魏乐府诗和鲍照的乐府歌行。如《饮中八仙歌》诗中写了八个人，有人两句，有人三句，有人四句，形式既严谨又活泼，句句用韵，为柏梁体。如《曲江三章章五句》："曲江萧条秋气高，菱荷枯折随风涛。游子空嗟垂二毛。白石素沙亦相荡，哀鸿独叫求其曹。即事非今又非古，长歌激越捎林莽。比屋豪华固难数。吾人甘作心似灰，弟侄何伤泪如雨。自断此生休问天，杜曲幸有桑麻田。故将移住南山边。短衣匹马随李广，看射猛虎终残年。"在四句诗中插一单句，是

----

　　① 高棅云："诗至开元天宝间，神秀声律，粲然大备。李翰林天才纵逸，轶荡人群，上薄曹、刘，下凌沈、鲍，其乐府古调能使储光羲、王昌龄失步，高适、岑参绝倒，况其下乎？朱子尝谓太白诗如无法度，乃从容于法度之中，盖圣于诗者。其古风两卷皆自陈子昂《感遇》中来。且太白去子昂未远，其高怀标尚也如此。今揭二公为正宗。"（《唐诗品汇·五言古诗叙目·正宗》）又云："严沧浪曰：'少陵诗宪章汉魏而取材于六朝，至其自得之妙，则先辈所谓集大成者也。'世称子美为大家。"（《唐诗品汇·五言古诗叙目·大家》）

新创的五句体诗。这种五句体是杜甫在诗体方面的创新，是从民歌中学习而来，具有较强的民歌风味，显现了诗歌的活泼与生机。同样，在诗中插入三句式的写法，便打破了言必双句的呆板，增添了诗的灵活性，丰富了诗的表现力。以律入七古，是唐诗的一个特点，其中以杜甫的《洗兵马》最为典型。在其二十四韵中，竟有十七对对偶句入诗，王嗣奭评此诗云："句兼排律，自成一体。"（《杜诗详注》）所评甚是。其他如《病后过王倚饮赠歌》《醉歌行》《醉时歌》《乐游园歌》等都有以律句入古风的现象。正如王力（1958）先生所指出的："至于杜甫，只在五言仿古，七言则不大避免入律。"

在排律方面，在未至长安之前，杜甫只作了三首五言排律。到长安之后，杜甫的五排创作多了起来，约有25首。这些排律诗多为投赠拜谒之作，如《赠韦左丞丈济》《投赠哥舒开府二十韵》《上韦左相二十韵》《奉赠太常张卿二十韵》《奉留赠集贤院崔于二学士》等。因排律既有严格的格律要求，又有很高的技巧要求和丰富的典故知识，故用此体拜谒，可显示出作者的诗学功底。排律对格律、韵脚和对仗有严格的要求，且篇幅较长，一般很难写好，故杜甫的排律诗并不被人看好，但仍有个别排律诗写得很好的。如《重经昭陵》："草昧英雄起，讴歌历数归。风尘三尺剑，社稷一戎衣。翼亮贞文德，丕承戢武威。圣图天广大，宗祀日光辉。陵寝盘空曲，熊罴守翠微。再窥松柏路，还见五云飞。"此诗前八句概括太宗一生的功业，表达了杜甫对一代英主的怀念之情。后四句讲重过昭陵的无限感慨，希望重振太宗伟业。"风尘三尺剑，社稷一戎衣""再窥松柏路，还见五云飞"两联，写出了太宗以戎马得天下的英雄形象和昭陵的雄伟气象，初步显示了杜甫五排的功力。

杜甫的新乐府诗是其在长安时期的新创造。这种"即事命题，复无依傍"的新乐府诗，其实是对旧体乐府诗的改造。因旧题乐府需用旧题，即使是用旧瓶装新酒，仍然受到限制。而新题乐府，完全反映的是当时的新问题、新人新事，故时事特点鲜明，记人记事的真实性强，及时反映现实，具有较强的新闻性。新乐府诗以其顽强的生命力，巨大的影响力，对中唐元白的新乐府运动起着导夫先路的示范作用。由此也表现出杜甫超前的创新眼光，以及较强的创新能力。因此，这个时期，杜甫无论是思想或是诗歌创作都日臻成熟。

（三）成熟标志之三：开辟了直面现实的诗歌风格

杜甫的诗歌在发展变化中，逐渐形成了独特的创作风格，开辟了新的诗歌流派。

在洛阳的青年时期，是杜甫诗歌的创作学习阶段。虽有一些优秀的诗作问世，但还未能形成其独特的风格。盛唐前期，整个诗坛笼罩在理想主义的浪漫诗风中，杜甫早年的作品也是如此，但相较于盛唐时期的大家，诗歌还不成熟。杜甫来到长安之后，眼界大开，思想日趋成熟，独树一帜地开辟了直面现实的写实道路。杜甫的诗歌内容真实、刻画细致、对比强烈、思想深刻、感情浓郁，显示出强盛的生命力。杜甫重视客观、着重写实的现实主义创作为中唐的现实主义诗歌流派和新乐府运动，提供了借鉴，引领一代诗歌潮流和文化潮流。

三 长安文化对杜甫的影响

（一）长安文化强烈的政治性培养了杜甫敏锐的政治嗅觉

长安作为政治、军事、经济和文化中心，接收来自全国各地的信息，统治者有序地将信息收集整理，形成新的决策传送到各地。因此长安既是军国大事的接收终端，又是发射源。居住在长安的人们，消息最灵通、最敏感。不管是军国大事，还是朝野要闻，任何风吹草动都能通过各种渠道很快知晓。杜甫虽较为贫寒，但通过拜谒达官贵人，还是可以很容易地接收到各种信息。杜甫尤其关心军国大事，这培养了他敏锐的政治眼光、敏感的政治嗅觉，并及时地反映到诗歌创作当中。比如，杜甫目睹扩边战争给底层人民带来的生离死别，但皇亲国戚、达官显贵却过着奢靡生活，于是创作了《兵车行》《丽人行》。长安被安史叛军占领后，杜甫目睹长安城内满目疮痍，听闻到前线的胜败消息，及时地写下了《哀江头》《哀王孙》《悲陈陶》《悲青坂》等新闻性极强的新题乐府诗。除此之外，《自京赴奉先县咏怀五百字》《北征》等长篇咏怀诗，也是杜甫经过长期的生活观察和对国家大事的慎重思考创作的。长安的生活经历，使杜甫深切地感受个人命运与到国家、民族的命运息息相关。因此，杜甫思想的日臻成熟，以及忧国忧国之心的形成，是与长安的生活和政治文化分不开的。

（二）长安社会阶级的对立促进了杜甫思想和立场的转变

杜甫怀着美好的理想来到长安，但是大唐盛世已一去不返。唐玄宗已由励精图治的明君，逐渐变成一个亲奸佞远贤臣的昏君。在这样的背景下，杜甫的政治理想逐渐破灭，穷困的底层生活经历为他提供了观察大唐黑暗、虚空的社会现实的机会。杜甫深刻地了解到巨大的贫富差距和尖锐的阶级对立。杜甫的实际体会使他的思想和立场发生了很大的变化，形成了其直面现实的理性思维模式。长安"朱门酒肉臭，路有冻死骨"的阶级贫富差异和统治集团的腐败等社会隐患，使得杜甫对国家前途命运更加关心，于是写下了诸如《兵车行》《丽人行》及"三吏""三别"等反映民间疾苦、批判现实的诗作。由此，杜甫一跃成为忧国忧民的伟大诗人。

（三）长安文化对杜甫的文化素养和诗歌创作产生多方面影响

长安作为大唐的文化中心，各种文化艺术如园林、建筑、绘画、书法、歌舞及外来文化对杜甫产生极大的影响，丰富了杜甫诗歌的内容和艺术手法。

长安的10年生涯，杜甫游历了众多风景名胜，如曲江、乐游园、慈恩寺、渼陂、玄都坛、大云寺、终南山、蓝田山等。出任左拾遗时，杜甫经常出入大明宫，上过大明宫的蓬莱殿，对曲江的宫殿和芙蓉苑非常熟悉。杜甫曾与薛据、高适、岑参、储光羲等登上大雁塔，一览长安城的雄伟景色。杜甫曾游郑驸马和何将军的园林，对园林艺术甚是欣赏。杜甫对绘画和书法具有较强的鉴赏力，写下《奉先刘少府新画山水障歌》《题李尊师松树障子歌》等题画诗。杜甫在《自京赴奉先县咏怀五百字》中写道："中堂舞神仙，烟雾散玉质。暖客貂鼠裘，悲管逐清瑟。"在城西陂泛舟时写过："青蛾皓齿在楼船，横笛短箫悲远天。春风自信牙樯动，迟日徐看锦缆牵。鱼吹细浪摇歌扇，燕蹴飞花落舞筵。"（《城西陂泛舟》）说明杜甫经常见到宫廷和权贵人家的歌舞表演，这丰富了他的诗歌内容。杜甫的一位好友郑虔，是诗画全才，杜甫常与其交游，提高了他对书画的鉴赏能力。杜甫对矫健的胡马非常感兴趣，曾以胡马为题作诗。由此观之，长安丰富多彩的文化陶冶了杜甫的文化情操，培养了他较高的审美情趣。

（四）对长安官场文化和皇帝的失望使杜甫弃官西走

当唐肃宗轻信张皇后和李辅国而贬谪房琯、张镐、贾至、严武等人之时，杜甫也因上奏皇帝救房琯而被疏远，并贬官华州，使他深知长安官场文化的黑暗和皇帝的昏庸。杜甫对唐肃宗失望透顶，于是决心远离长安，远走他乡。杜甫清醒地认识到他成不了稷、契这样的股肱之臣，唐肃宗也不可能成为尧、舜这样的开明之君。理想主义彻底被击碎，杜甫便以诗歌创作为武器，为国家民族的命运和黎民百姓的疾苦歌哭，决心成为为百姓请命的真正诗人，继承祖父的诗学家风，反映时代动荡，呼吁社会良知。杜甫在秦州、蜀中、夔州以及楚湘等地，以作诗为主业。杜甫除了五古和七古的创作，尤其在律诗和绝句上狠下功夫，将律诗（特别是七律）发展到唐诗的顶峰，为唐诗开辟了一片新天地，成为我国一位杰出的现实主义诗人。

参考文献

罗宗强：《隋唐五代文学思想史》，中华书局，1986。

王力：《汉语诗律学》，上海教育出版社，1958。

宋代菊谱的编纂与传播

摘要：在 60 多部中国古代菊谱中，目前有文献可考的宋代菊谱共有 8 部，大多属于园艺学的范畴。其中胡融、马揖、沈竞、文保雍 4 家菊谱没有单行本传世，散见于史铸所编《百菊集谱》和陆廷灿所编《艺菊志》之中；刘蒙菊谱、史正志菊谱、范成大菊谱是现存比较完整的菊谱，在当时传播较广；对后世影响较大的主要有百川学海本、百菊集谱本、四库说郛本、涵芬楼说郛本、四库本、香艳丛书本等。作为一部荟萃众谱的菊花总集，史铸《百菊集谱》在考证、辑佚、校勘等方面具有独一无二的文献学价值。考察宋代菊谱的存佚、编纂和传播情况，有助于梳理中国古代的农业技术、社会变迁、文化传播等方面的发展历程，从而为相关研究提供借鉴。

关键词：宋代 菊谱 编纂 版本 传播

中国古代社会是典型的农业社会，各类典籍中有很多关于植物的记载，唐宋以来的大型类书中关于菊花的专门记载更是屡见卷帙。在众多与菊花相关的著作或作品中，菊谱的出现不仅标志着古代园艺技术的进步，而且成为展示菊花丰富文化内涵的重要载体。中国古代菊谱共有 60 多部，内容涉及菊花品种、种植方法、地理分布、绘画技法等诸多方面，故而在编纂规模、编纂体例、编纂目的、内容形式等方面各有侧重，如宋代菊谱偏重于著录菊花的品类特点，而明清菊谱更偏重于记录菊花的种植方法。宋代菊谱最早出现，学术价值非同寻常，但亡佚情况也相当严重。考察和梳理宋代菊谱的存佚、编纂与传播，对于研究中国古代农业科技史、经济发展史、文化发展史等方面具有重要的文献学价值和学术史意义。

---

* 杨波，河南省社会科学院中原文化研究所副研究员。

一　宋代菊谱存佚考略

宋代花果编纂谱录之风非常兴盛，菊谱的编纂也适逢其时。史铸《百菊集谱》序称"万卉蕃庑于大地，惟菊杰立于风霜中，敷华吐芳，出乎其类，所以人皆贵之。至于名公佳士作为谱者凡数家，可谓讨论多矣"。宋人所编辑的专类菊谱有 8 种之多，大多属于园艺学的范畴，主要记载菊花的形态、品种、用途和栽培方法等。刘蒙、史正志、范成大 3 种菊谱是现存比较完整的菊谱，在当时传播较广，对后世影响较大，下文将专门论述；胡融、马揖、沈兢、文保雍 4 家菊谱没有单行本传世，主要散见于史铸所编《百菊集谱》和陆廷灿所编《艺菊志》；史铸《百菊集谱》则是一部辑录众谱的菊花总集，具有独一无二的文献学价值。下文首先对没有单行本传世的 4 家菊谱简要加以考述。

（一）胡融菊谱

胡融，字子化，又字少渝，号四朝老农，南宋宁海（今属浙江）人，著有《图形菊谱》《土风志》等。融终身隐居不仕，庆元年间曾与文士刘倓、王度、周仲卿、李揆等同登石台山诗酒唱和，所作长诗《石台联句》至今勒石于棋坪岩下。胡融所编菊谱原本不传，赖史铸《百菊集谱》卷五摘录其部分内容，后人方可窥其一斑。《百菊集谱》卷五史铸序云："淳祐丙午中夏，愚始饬工为此锓梓。越旬余，又得同志陆景昭特携赤城胡融尝于绍熙辛亥岁撰《图形菊谱》二卷以示。所恨得见之晚，不及置于其前。今姑摭其要并序，续为第五卷云。"淳祐丙午，即南宋理宗淳祐六年；绍熙辛亥，即南宋光宗绍熙二年。根据此序所载，则胡融菊谱成书时间较史铸菊谱早了半个世纪。《百菊集谱》卷五先后著录有史铸序、胡融菊谱序、菊名①、栽植（包括初种、浇灌、摘脑）、事实（征引《岭南异物志》、巴东县将军滩对岸菊花、东坡帖三条），附录南宋著名理学家张南轩的《菊赋》，并对"杜甫诗以甘菊名石决"之事加以考证，指出："甘菊一名石

---

① 史铸《百菊集谱》所载菊花品数 41 种，陆廷灿《艺菊志》所载品数 43 种，二者稍有出入。

决，为其明目去翳，与石决明同功，故吴越间呼为石决，子美所叹正此花耳！而杜、赵二公妄引本草以为决明子，疏矣哉！"① 清代最有影响的杜诗注本之一《钱注杜诗》，就曾征引此条笺注杜诗。清陆廷灿编纂的菊花总集《艺菊志》，不仅收录了胡融菊谱的两则序文，而且将史铸关于编纂《胡融菊谱》入《百菊集谱》的序文一并收入，题作《百菊集谱后序有引》。胡序极力称赞菊花的高洁品格，云："万物以节操为高，与春俱华、与秋偕瘁者盈山满谷。""吾之所爱者，独菊尔。""夫其天姿高洁，独受闲气，生不与草木同流，死不与草木偕逝，可谓物中之英、百卉之杰然者也。"（《艺菊志》卷二）从这段序文中可以窥见胡融对菊花品格的尊崇，但无法判断陆廷灿所见是胡融《菊谱》原本，还是从史铸《百菊集谱》中摘录而成的。胡融菊谱现存内容虽然简略，但其文献价值和学术价值不可小觑。

（二）马揖菊谱

马揖，字伯升，南宋建阳（今属福建）人，生卒年不详。史铸《百菊集谱补遗》目录录有邢良孽撰《黄华传》、马揖撰《蓻先生传》、杂识、辨疑、诗赋、《晚香堂题咏》、续集句诗、新词、正误9个条目。补遗部分首录马揖《晚香堂品类》，内列渊明菊、大夫菊、处士菊、墨菊等24种菊花；其次，收录题作"建阳马揖"的《蓻先生传》，用拟人化的手法讲述了菊花的发展源流、地缘特色、逸闻典故、象征意义等；再次，收录题为"马揖伯升"的《晚香堂题咏》，分别以"爱菊""对菊""赏菊""友菊""茹菊""渊明菊""大夫菊""处士菊""伴梅菊""金钱菊""黄金盏菊""小金铃菊""万铃菊""玉盘珠菊""茶菊""闹蛾儿菊""墨菊""对菊有感""白菊""紫菊"为题各赋诗一首，并对部分菊花的形态、大小、颜色、特点简加描述，语言凝练，形神兼备；《晚香堂题咏》后有史铸的一段跋语，称"开卷伏读，则知马君先辈酷爱此花，无日而不以为乐，亦尝作谱于淳祐壬寅之秋。愚味其诗，立意清新，造语骚雅，体题明白，世所未有也"（《百菊集谱补遗》），对马揖及其菊谱赞赏推崇之情溢于言表，

---

① 唐代大诗人杜甫《秋雨叹》诗（其一）云："雨中百草秋烂死，堦下决明颜色鲜。著叶满枝翠羽盖，开花无数黄金钱。"杜、赵二公：指杜诗研究学者杜定功和赵子栎，前者曾详注杜诗，后者编过《杜工部草堂诗年谱》。

堪称了解马揖菊谱的一把钥匙。著名词人刘克庄（字后村）曾为建阳县令，并为马揖菊谱作序，其《题建阳马君菊谱》称"建阳马君谱菊得百种，各为之咏"（《艺菊志》卷三），也是对马揖《晚香堂题咏》内容与形式的简略补充。

（三）沈兢菊谱

沈兢，字庄可，号菊山，南宋孝宗时进士。关于沈兢籍贯，历来有两种说法：一说是分宜（今属江西）人。《正德袁州府志》卷七"科第"载："沈庄可，号菊山，孝宗时进士，分宜人。"钱志熙教授（2012）主此说，其文并对沈庄可生平事迹考证颇详。另一说是吴中（今江苏苏州）人。史铸《百菊集谱序》主此说。史铸距沈兢生活年代不远，其《百菊集谱》中所录其他各谱作者生平事迹及菊谱内容与初刻本极为接近，故而其可信度更高。据《正德袁州府志》卷九"遗事"载："沈菊山性嗜菊，由进士知钱塘县，尝植菊数百本以自乐。晚操益坚，适以九月九日没。朱文公挽之诗：'爱菊平生不爱钱，此君原是菊花仙。正当地下修文日，恰值人间落帽天。生与唐诗同一脉，死随陶令葬千年。如今忍向西郊哭，东野无儿更可怜。'"沈兢为人颇有风骨，其诗亦有诗骨，与诗人戴复古、乐雷发、郭应祥等多有诗词唱和。《戴复古诗集》载有戴复古与其交往的两首诗，其一题作《寄沈庄可》："无山可种菊，强号菊山人。结得诸公好，吟成五字新。红尘时在路，白发未离贫。吾辈浑如此，天公似不仁。"《沈庄可号菊花山人，即其所言》："老貌非前日，清吟似旧时。已无藏酒妇，幸有读书儿。连岁修茅屋，三秋绕菊篱。寒儒有奇遇，太守为刊诗。"形象地描绘出沈庄可的日常生活状态。而嘉定年间进士郭应祥所作《虞美人（次沈庄可韵）》词称"沈郎诗骨元来瘦"，乐雷发《访菊花山人沈庄可》诗云"网尽珊瑚采尽珠，史餐秋菊养诗臞。永嘉同社声名在，乾道遗民行辈孤"，沈庄可《题分宜上松晚香堂》诗亦有"老圃秋色淡，自爱晚节香""愿坚岁寒操，有如傲霜黄"之句，从各个侧面反映出沈兢的好尚、诗风与影响，以及他安贫乐道、风骨奇高的诗人情怀。沈氏菊谱无单行本传世，散见于史铸《百菊集谱》卷中。史铸《百菊集谱序》云："近而嘉定癸酉吴中沈公（阙）乃摭取诸州之菊，及上至于禁苑所有者，总九十余品，以著于篇，亦一谱也。"《百菊集谱》卷二首列《诸州及禁苑品类》，题为"吴人沈兢撰谱"，下有史铸注云："元本列为六篇，愚今乃分入集谱诸门。"正文分别就潜山、舒州、潜江、临安、长沙、浙间、金陵等地的菊花逐加描述，并附列菊品近 60 种。《百菊集谱》卷三"种艺"条下亦录沈庄可菊谱内容五条，依次为"吴门菊""豫章菊""周濂溪""东平府"和"徐仲车"（《百菊集谱》卷二）。而清陆廷灿《艺菊志》收录沈兢菊谱中菊品 20 种，说明沈兢菊谱在明清时期仍有传播。

（四）文保雍菊谱

文保雍，生平事迹不详。考苏轼《外制集》中卷有《文保雍将作监丞》曰："敕。具官文保雍：朕仰成元老，如涉得舟，待以求济。苟有以燕安之，使乐从吾游，而忘其老，朕无爱焉。大匠之属，未足以尽汝才也。而从政之余，遂及尔私，并事君亲，岂不休哉！"（《苏东坡全集》）《百菊集谱》卷三"种艺"条下亦载："文保雍《菊谱》中有《小甘菊》诗：'茎细花黄叶又纤，清香浓烈味还甘。祛风偏重山泉渍，自古南阳有菊潭。'"愚斋云："此诗得于陈元靓《岁时广记》，今类于此。所谓保雍之谱，恨未之识也。"（《百菊集谱》卷三）据考，陈元靓《岁时广记》卷二二"采菊茎"条载："《食疗》云：'甘菊平，其叶，正月可采，可做羹；茎，五月五日采，花，九月九日采，并主头风、目眩、泪出、去烦热、利五脏。野生苦菊不可用。'又《提要录》云：'端午采艾叶，立冬日采菊花叶，烧灰，沸汤泡，澄清，洗眼妙。'"又《小甘菊》诗见于《岁时广记》卷三四"重九"上"致菊水"条，原文载："《豫章记》：'郡北龙沙九月九日所游宴处，其俗皆然也。'按《抱朴子》云：'南阳郦县有甘菊水，民居其侧者，悉食其水，寿并四百五十岁。汉王畅刘宽袁隗临此郡，郦县月致三十斛水，以为饮食，诸公多患风痹及眩冒，皆得愈。'《文保雍菊谱》中有《小甘菊》诗云：'茎细花黄叶又纤，清芬浓烈味还甘。祛风偏重山泉渍，自古南阳有菊潭。'"与《百菊集谱》相比，《岁时广记》中虽有阙文和异文，仍可作为佐证。

二　宋代专类菊谱的编纂情况

宋代专类菊谱现存 3 种，即刘蒙菊谱、范成大菊谱、史正志菊谱，均有单行本传世。以下试分别述之。

（一）刘蒙菊谱

《刘氏菊谱》一卷，北宋刘蒙撰。这是我国第一部菊花专著，成书于崇宁三年。陈振孙《直斋书录解题》是最早著录此谱的文献，将此谱录入"农家类"，云"《菊谱》一卷，彭城刘蒙撰，凡三十五品"。《四库全书总目》卷一一五《刘氏菊谱提要》称"刘蒙，仕履不详，彭城（今江苏徐州）人"，以"崇宁甲申为龙门之游，访刘元孙所居，相与订论为此谱，盖徽宗时人"，故宋王得臣《麈史》一书已引刘蒙之说。刘蒙菊谱首列谱叙，其次说疑，再次定品，最后列产于中州的菊名 35 条，分别叙述菊花的种类、形状、颜色，进而加以评点排名，与后来史正志、范成大专志吴中菊品的菊谱不同。《刘氏菊谱·谱叙》详述了作者为菊花作谱的原因，肯定了菊花"有异于物""得时者异"的独特审美内涵，并对菊花的来源、品类加以考证，指出"以品视之，可以见花之高下；以花视之，可以知品之得失"，并先后述举了 35 种菊花的花色、产地、花期、形貌等特征，加上"叙遗"中记载的麝香菊、锦菊、孩儿菊、金丝菊 4 种，"补意"中"花之形色变易如牡丹之类"，"拾遗"中的黄碧、单叶两种，等等，计有40 多种。书中还阐明菊花大朵、重瓣等变异情况，以及遗传与育种的基本原理，如"花大者为甘菊，花小而苦者为野菊。若种园蔬肥沃之处，复同一体，是小可以变而为甘也，如是则单叶变而为千叶，亦有之矣"等，客观地反映出我国古代对生物进化观念的新发展。《刘氏菊谱》现存版本有宋刻《百川学海》本（简称百川学海本）、上海商务印书馆涵芬楼据清顺治三年宛委山堂刻《说郛》排印百卷本（涵芬楼说郛本）、《四库全书》本 3 种、张廷华《香艳丛书》本等。以下就内容与作者张冠李戴的《香艳丛书》和《四库全书》影写《说郛》本简要加以说明。

文渊阁《四库全书》收录《刘氏菊谱》3 次：第一次见"子部"《谱录类》三，收入宋史铸《百菊集谱》卷一，内列刘蒙《刘氏菊谱》所载"虢地之菊"35 种。《百菊集谱》卷一《虢地品类》下题作《彭城刘蒙撰谱》，自注曰："愚斋云：因至伊水，旅寓见菊，作此。"卷前有"谱序"，后有"叙遗""补意"，缺"拾遗"。此本虽内容多有删节，但因其为较早收录诸家菊谱之文献，故仍有校勘之价值，简称百菊集谱本。第二次亦见

"子部"《谱录类》三，题作《刘氏菊谱》，作者与内容均无误，此本简称四库本。第三次见"子部"《杂家类》五，系《四库全书》据《说郛》的影印本，其中卷一百三上原题《刘蒙菊谱》，卷首序为《刘氏菊谱》内容，正文系《范成大菊谱》内容；而卷一百三下题作《范成大菊谱》，内容系《刘氏菊谱》"定品"以后内容（前缺"说疑"部分），似乎由于编辑者将两种菊谱的内容错简所致。为与上述第一种本子相区别，此本简称四库说郛本。

清张廷华的《香艳丛书》，是一套大型专题性丛书，卷首题作"虫天子辑"。全书以题材为主，搜罗了从隋代至晚清女性作者著作和有关女性的文言小说、诗词曲赋、野史笔记等，共 20 集 80 卷，收书 335 种，是研究中国古代文化的重要参考资料。该书分别于宣统元年至三年由上海国学扶轮社分 3 次排印出版，人民文学出版社 1990 年据此本影印，分 5 册出版。笔者所见为上海中国图书公司和记印行本。该丛书第 7 集分别收录《菊谱》两种，其中《菊谱一》的作者著录为"宋彭城刘蒙"，但除了卷首"菊谱序"系《刘氏菊谱》的内容外，正文均系宋范成大《范氏菊谱》内容；《菊谱二》的作者及内容均系"吴门史正志《菊谱》"内容，但卷首序未见著录。该丛书第 16 集亦收录《菊谱》1 种，作者著录为"宋范成大"，但除缺少卷首序及"说疑"外，正文均系《刘氏菊谱》"定品"以后内容。该书第 7 集收录的《刘氏菊谱序》与第 16 集收录的《刘氏菊谱》正文，才是一部完整的《刘氏菊谱》。由于此书张冠李戴的情况与四库说郛本毫无二致，则此本或与四库说郛本同出一源，或此本即源出四库说郛本，简称香艳丛书本。

（二）范村菊谱

《范村菊谱》一卷，南宋范成大撰。范成大，字致能，自号山中居士，又号石湖居士，吴郡（今江苏苏州）人。南宋高宗绍兴二十四年登进士第，曾假资政殿大学士身份出使金朝，不畏强暴，慷慨抗节，终于不辱使命，归宋后写成使金日记《揽辔录》。淳熙时官至参知政事，因与孝宗意见相左去职。晚年隐居故乡石湖，卒谥文穆。他工于诗文，初从学习江西诗派入手，后来则继承了白居易、王建、张籍等的现实主义诗歌传统，创作题材广泛，语言清新自然，风格温润委婉，与尤袤、陆游、杨万里并称

"南宋中兴四大诗人"。生平事迹见《宋史》卷三八六《范成大传》，有《石湖居士诗集》《石湖词》等传于世。其作品在南宋末年及后世影响很大，杨万里《石湖居士诗集序》称赞其诗曰："大篇决流，短章敛芒；缛而不酿，缩而不偎。清新妩媚，奄有鲍谢；奔逸隽伟，穷追太白。求其支字之陈陈，一唱之鸣鸣，不可得世。"清初更有"家剑南而户石湖"的说法，钱钟书《宋诗选注》中谓之"也算得中国古代田园诗的集大成"。

《范村菊谱》撰于淳熙十三年，专述范成大自己栽培的菊花凡 36 品。此谱宋代已多有著录：陈振孙《直斋书录解题》卷十"农家类"著录为"《范村梅菊谱》二卷，范成大至能撰。有园在居第之侧，号范村"，系《范村梅谱》《范村菊谱》的合刻本；《范石湖大全集》亦收入，惜此集已佚；谢维新《古今合璧事类备要》卷三九"别集类"录入此谱序、跋。《四库全书总目》卷一一五《范村菊谱提要》对此谱考证颇详，认为"盖其以资政殿学士领宫祠家居时作"，至于"成大自序称东阳人家菊圃多至七十种，将益访求他品为后谱也"，提出不同的观点，称"今以此谱与史正志谱相核，其异同已十之五六，则菊之不能以谱尽，大概可睹。但各据耳目所及以记一时之名品，正不必以挂漏为嫌矣"，可谓见仁见智。《范村菊谱》最有价值的内容在于"谱序"中记载吴中花农已掌握摘心促其分枝繁花的技术。这种艺花之法，为世界上最早的独家记载，文曰："爱者既多，种者日广。吴下老圃，伺春苗尺许时，掇去其颠，数日则歧出两枝；又掇之，每掇益歧。至秋，则一干所出，数百千朵，婆娑团栾，如车盖熏笼矣。人力勤，土又膏沃，花亦为之屡变。"因为范成大的如椽之笔，吴中培育名品菊花之法才得以传世。其序又称"见东阳人家菊图，多至七十种"，惜未能详载，可见图文本《菊谱》早于胡融即已有之。现存百川学海本、百菊集谱本、四库本、四库说郛本、涵芬楼说郛本、香艳丛书本、《群芳清玩》本、《丛书集成初编》本等。

（三）史正志菊谱

《菊谱》一卷，南宋史正志撰。史正志，字志道，号乐闲居士、柳溪钓翁、吴门老圃，原籍江都（今江苏扬州），后寓居丹阳（今属江苏），晚居姑苏。据《建炎以来系年要录》卷一八九、一九九载，史正志是高宗绍兴二十一年进士，历官高宗、孝宗两朝，年 60 卒于庐州府任所。著有

《清晖阁诗》《建康志》十卷，均佚；《嘉定镇江志》卷一九有传。

这部菊谱是史正志居平江府时所著，乃其幸存之书。陈振孙《直斋书录解题》卷十"农家类"著录为"《菊谱》一卷，史正志道撰，孝庙朝为发运使者也"。据《四库全书总目》卷一一五《史氏菊谱》载，史正志所集"诸书今俱失传，此本载入左圭《百川学海》中，《宋史·艺文志》亦著于录"。此谱列黄菊、白菊、杂色红紫等27种，前有"自序"称"自昔好事者为牡丹、芍药、海棠、竹笋作谱记者多矣，独菊花未有为之谱者，殆亦菊花之阙文也欤。余姑以所见为之，若夫耳目之未接、品类之未备，更俟雅雅君子与我同志者续之。今以所见具列于后"（《四库全书总目》卷一一五）云云，"后序"末尾有"淳熙岁次乙未闰九月望日吴门老圃叙"，基本交代了此谱编纂的原委、内容及时间。书中所载菊花种类，与范成大《菊谱》同属吴门菊品，却又互有异同，即使对同一种菊花描述的性状亦不一致，或许是各人欣赏角度不同的缘故吧。现存百川学海本、涵芬楼说郛本、百菊集谱本、四库本、四库说郛本、香艳丛书本等。

三 广录众谱的菊花总集——《百菊集谱》

宋代的专类菊谱不仅有单行本传世，而且还有一部在校勘正误、考证源流方面具有重要文献价值的菊花总集，即南宋史铸的《百菊集谱》。史铸，字颜甫，号愚斋，别号山阴菊隐，山阴（今浙江绍兴）人，生平不详。著有《百菊集谱》六卷、补遗一卷。《百菊集谱》卷首、卷中、卷尾数则序跋，清晰地描述出史铸编撰刊刻《百菊集谱》的曲折历程和执着情怀。

一是史铸《百菊集谱》卷首序，详述《百菊集谱》的编纂经过。序文首先交代了宋代菊谱编纂的总体概况："万卉蕃庑于大地，惟菊杰立于风霜中，敷华吐芬，出乎其类，所以人皆贵之。至于名公佳士作为谱者凡数家，可谓讨论多矣。"其次说明自己编纂《百菊集谱》的背景和材料来源："铸晚年亦爱此成癖，且欲多识其品目，未免周询博采，有如元丰中鄞江周公师厚所记洛阳之菊二十有六品，即《洛阳花木记》；崇宁中彭城刘公蒙所谱虢地之菊三十有五品；淳熙乙未省郎史公正志所谱吴门之菊二十有八品；淳熙丙午大参范公成大所谱石湖之菊三十有六品；近而嘉定癸酉吴中沈公（阙）乃摭取诸州之菊，及上至于禁苑所有者，总九十余品，以著于篇，亦一谱也。凡此一记四谱，俱行于世。铸自端平至于淳祐，凡七年间，始得诸本，且每得一本，快睹谛玩，窃有疑焉。"最后，虽然已有众家菊谱问世，嗜好菊花的史铸发现仍有遗漏，在感慨"岂群贤作谱采访有所未至邪？胡为品目之未备，吁可怪也"的同时，开始"就吾乡遍涉秋园，搜拾所有，悉市种而植之，俟其花盛开，乃备述诸形色而纪之，有疑而未辨，则问于好事而质之"，经过辛苦努力，最终于"淳祐壬寅夏五既望"完成编纂工作，使得"一记五谱，班班品列，名曰《百菊集谱》。今则特加种艺与夫故事、诗赋之类，毕萃于此，庶几可以并广所闻云"，为中国古代园艺文献再添一部力作。

二是史铸所撰《菊谱·越中品类序》，见《百菊集谱》卷二。序文曰："以下诸菊之次第，所排近似失序。此盖粗以形色之高下而为列，非徒狥名而已，比之前后二目不同。凡菊之开，其形色有三节不同，谓始、中、末也。今谱中所纪，多记其盛开之时。"此序反映出史铸编纂个人菊谱的大致情况，即"粗以形色之高下而为列，非徒狥名而已"，根据菊花的颜色和形态进行排名，且主要记录菊花盛开时的形态。序后按照黄色（22种）、白色（13种）、红色（3种）、滥号（5种）、列诸谱外之菊（10种）的次序列举各种菊花，与序文相互印证、相互补充。

三是卷五史铸序，述史铸补编胡融菊谱为《百菊集谱》卷五的经过。

四是《百菊集谱》卷六附录后序，系史铸自述收录平日所作关于菊花的体题诗和集句诗写入《百菊集谱》的原因。文曰："愚自丙申迄于甲辰，每得菊之一品一目，必稽于众，其言同者，然后笔而记之。今谱内有六品尚阙其说，缘愚囊尝一见，今畦丁罕种，未获再核，以取其的故也。凡九年间，于吾乡得正品与滥号假名者，总四十五种，以次诸谱之后。予昨当花时，每岁须苦吟体题诗与集句诗一二十篇，以揄扬众品之清致。积稔弥久，几至二百篇。今选百篇滥赘卷尾，至此兴尽而绝笔矣。尔后虽间有黄蔷薇、金万铃之类始出，然愚年将耋，景则缬眼，倦于辨视，未容苟简增入也。如有与我同志者，幸为续谱云。"

五是史铸《百菊集谱补遗序》，述史铸于淳祐十年校正并刊刻《百菊集谱补遗》的情况。序载："前编始成，愚乃标之为《百菊集谱》。因同里判簿兆伟伯见之，乃衷以假名，曰《菊史》。续又见古人江奎诗有'他年我若修花史'之句，高疏寮有《竹史》之作，但铸才疏识浅，所愧不足联芳于前贤，乃者物色府察，卢舜举录示《黄华传》，近又蒙同志陆景昭假及《蔺先生传》，今故并行校正，列于补遗卷端，戏表此编滥有称史之名耳！昔淳祐庚戌岁季春吉旦，愚斋史铸颜甫识。"

六是《百菊集谱补遗》中所载史铸《晚香堂题咏》跋语。这段跋语主要介绍了"马揖菊谱"的大致情况，堪称了解"马揖菊谱"的一把钥匙，其跋曰："铸淳祐壬寅之夏尝序菊谱刊梓，以便夫观览。越数年，忽得《晚香堂百咏》。开卷伏读，则知马君先辈酷爱此花，无日而不以为乐，亦尝作谱于淳祐壬寅之秋。愚昧其诗，立意清新，造语骚雅，体题明白，世所未有也。第愧铸毫拙非才，不足追攀英躅，又不识隐君燕逸何方，与吾乡限隔江山几许里，而获闻贤士君子志同道合如此，登堂拜面，其愿莫遂，实劳我心。今姑摭二十篇附于右，将以益衍其传云。"

通过梳理上述 6 段序跋可以看出，史铸编纂《百菊集谱》的过程相当曲折：自端平三年至淳祐二年的 7 年之间，史铸将周师厚《洛阳花木记》、刘蒙所谱虢地之菊、史正志所谱吴门之菊、范成大所谱石湖之菊、沈竞所谱诸州禁苑之菊和自己所谱越中之菊编纂成集，共"一记五谱，班班品列，名曰《百菊集谱》"；自端平三年至淳祐年间，史铸"每得菊之一品一目，必稽于众，其言同者，然后笔而记之""凡九年间于吾乡得正品与滥号假名者，总四十五种"，并将自己所做的菊花体题诗和集句诗编成一卷，收入《百菊集谱》；淳祐年中夏，史铸"始饬工为此镂梓"，正式刊刻《百菊集谱》之后，又从陆景昭那里得到胡融绍熙年撰成的《图形菊谱》二卷，遂"摭其要并序"，编为《百菊集谱》第五卷；淳祐年季春吉旦，史铸又校正并刊刻了《百菊集谱补遗》，其间又辑录马揖所编《晚香堂百咏》等菊谱，并一度将《百菊集谱》改名为《菊史》，最终仍以《百菊集谱》行于世。此外，《百菊集谱·提要》谓"其书作于淳祐壬寅，先成五卷；越四年丙午，续得赤城胡融谱，乃移原书第五卷为第六卷，而摭融谱为第五卷。又四年庚戌，更为《补遗》一卷。观其自题，作《补遗》之时，已改名为《菊史》矣。而此仍题《百菊集谱》，岂当时刊板已成，不能更易耶"，也是对此谱编撰情况的说明和补充。陆廷灿将史铸《百菊集谱》收录在其菊花总集《艺菊志》内，并列举出其他菊谱未著录的菊品 34

种，录入《百菊集谱序》《后序有引》《菊史补遗序》的做法，可以看出此谱在清代的传播情况，以及清人对此谱的高度认可。总之，无论是搜集前人之谱、自撰菊谱，还是编纂、刊刻菊花总集，史铸对《百菊集谱》整整倾注了 15 年的心血，深刻地诠释了什么叫真正的爱菊成癖，为中国古代农业科技史、经济发展史、文化发展史提供了珍贵的文献资料。

结　语

菊花专著既是当时文献的记录，也是文化传承和交流传播的体现。宋代有文献可考的菊谱有 8 部，能够流传下来 3 部专类菊谱和 1 部菊花总集，已经是不幸之中的大幸了。刘蒙、范成大和史正志所编的 3 部菊谱，现存百川学海本、百菊集谱本、四库说郛本、涵芬楼说郛本、四库本、香艳丛书本等版本，在 900 多年的时间里，几乎在每个朝代都有传刻，这对于研究中国古代的农业科技、社会变迁、文化发展等方面具有重要的学术史意义。而作为汇辑宋代名家菊花文献的集大成之作——《百菊集谱》的很多记载与宋百川学海本吻合度高达 4/5，具有珍贵的文献价值。令人遗憾的是，史铸编纂《百菊集谱》时对各家菊谱的序、跋和菊花品类记述颇细，但其他内容多有删节。然瑕不掩瑜，由于时代更迭、传刻多寡等主客观原因，宋代有些菊谱已经亡佚，有些现存菊谱也或多或少存在着讹脱衍倒的现象，终因史铸《百菊集谱》而得以保存，为后世提供了大量可资考证的文献资料。正如四库馆臣在《范村菊谱提要》中所云："今以此谱与史正志谱相核，其异同已十之五六，则菊之不能以谱尽，大概可睹。但各据耳目所及以记一时之名品，正不必以挂漏为嫌矣……又案谢采伯《密斋笔记》，称《菊谱》范石湖略，胡少瀹详。今考胡融谱尚载史铸《百菊集谱》中，其名目亦互有出入，盖各举所知，更毋庸以详略分优劣耳。"每个时代都有一定的审美风尚和取舍标准，客观公正地看待古籍的编纂与传播，正是学术研究的应有之义。

参考文献

（宋）陈元靓：《岁时广记》，台北新兴书局，1984。

（清）陆廷灿：《艺菊志》，载《四库全书存目丛书·子部》第 81 册，齐鲁书社，1997。

钱志熙：《说戴复古的两首诗——五律〈寄沈庄可〉、〈山行〉》，《文史知识》2012年第 1 期。

（宋）史铸：《百菊集谱》，载文渊阁《四库全书·子部》第 845 册，台湾商务印书馆，1986。

（宋）苏轼：《苏东坡全集》，中国书店，1986。

（清）永瑢等：《四库全书总目》，中华书局，1965。

台湾眷村文学的离散经验与文化特质*

李孟舜**

摘要：眷村是台湾政治体制下的特殊产物。眷村居民作为台湾社会一个较为特殊的社会群体，它的形成与发展，直至渐趋式微都有重要的政治经济环境。眷村文学是台湾文学发展过程中重要的文化现象和文学现象。眷村文学的离散经验表现出经验的复杂性、身份的游移性和乡土的双重性。而隐藏于离散经验之下的眷村文化特质却鲜明地表现出原乡文化的延续、强大的社区凝聚力和家国一体的文化想象。

关键词：眷村文学　离散经验　文化特质

　　眷村是台湾社会政治体制下的特殊产物，狭义上它是国民党政府为半个多世纪以前渡海来台的近 200 万大陆军民兴建的暂时居住的简易房舍。眷村不仅代表着台湾政治、经济、社会发展的过去，而且在文化意义上是外省移民第一代和在岛上出生的第二代对于内战和大陆故土、漂泊流离的身世、大陆与台湾之间的文化身份认同等的重要象征。第一代眷村居民从大陆渡海来台，心中并未把台湾当作久居之地，眷村只是一个过程，并不是目的。在许多眷村小说中，父辈的离散之痛是重点书写的对象。此外，由于眷村居民与大陆有着血肉相连的情感纽带，在习俗、语言上都强烈地表现出原乡文化的特点。

一　第一代眷村居民的离散经验

　　1945～1949 年的中国社会因为战局的波动处于极度动荡不安之中，无

---

　　* 本文为国家社会科学基金青年项目"东亚视野中的战后台湾文学研究"（项目编号为：13CZW079）阶段性成果。
　　** 李孟舜，文学博士，河南省社会科学院中原文化研究杂志社助理研究员。

数人抱着短暂分别的想法，跟着败退的国民党政府来到台湾。据粗略估计，有将近60万军队随行。这60万军人中陆军约占50万，海军5.4万人，空军4.5万人（齐邦媛、王德威，2004）。在最初的几年中，数十万大军仓皇渡海，惊魂未定，他们时刻都想着要回到大陆，但谁也没有料想到"台湾"这个小岛日后居然会成为久居之地。

在无数有关眷村的小说中，离散是挥之不去的刻骨记忆。太多偶然性因素造成了骨肉分离的必然之痛。《眷村物语》中杰克的父亲只是因为一时内急，便与妻儿骨肉分离（风信子，2000）。《今生缘》中，袁琼琼更以自己母亲的真实经历为蓝本，真实描述了第一代外省人如何历尽坎坷从大陆来到台湾的人生际遇。那些随着国民党政府撤退来台的老一代军人和家眷把自己在故乡的根，彻底地拔起，重新移植在另一块全然陌生的土地上。战乱"离散"所带来的痛苦是巨大的，犹如失根的浮萍，骤然间失去了生活的根基，父母亲人、人生挚爱就这样被迫从自己的生活中斩断了联系。

在被迫迁徙的情境下，第一代眷村居民出现普遍的"过客心态"，身在彼乡、欲归原乡是他们共同的心愿，眷村的兴建只是为了满足急切的、遮风避雨的需要，绝非是安居落户的"家"。许多眷村小说家都曾回忆儿时在眷村一切从简的居住条件，"算算在眷村也住了七八年了。当初公家给盖的房子，原没什么长远打算，墙还都是泥土和竹片稻草屑压结实砌出来的，外头刷了白粉，好看是好看了，不顶牢靠，钉个钉子都会钉出个大洞来"（袁琼琼，1988），而本省百姓更因其简陋，形象地称之为"竹篱笆"。虽然暂时栖身的地方有了，然而后面的故事更让人唏嘘不已，失根的痛巨大却短暂，生根的苦漫长而艰难。第一代眷村人来台数年之后，逐渐意识到返乡的渺茫无望，于是在台湾成家立业或者再婚，眷村就成为他们的第二故乡，在台湾落地而生的"根"。然而纷乱时代下，个人难以享受安定生活，眷村第一代来到台湾之后，又经历了第二次的离散，原因不一，或死亡，或离婚，或迁居。朱天心《未了》中的夏家夫妻心怀返乡之念，坚持多年不购置房产，最后却难挽时势定局，女儿们长大后，房舍空间不足，只得在台北另一头的郊区购置了新的公寓房子，离开眷村。虽然有了宽敞舒适的新家，心境却不得轻松，没想到暂居之所"从此便住下了"。二次的离散似乎是所有眷村人的宿命，庄家的儿子跑船挣了钱也购置新居搬走。眷村改建固然是第二代子女离开眷村的主要原因，但比之父母的被动迁徙，无法落地生根的局促感也使得第二代离去之念更加迫切，对于他们而言，"眷村"所代表的历史内涵、文化资源是丰厚的财产，也是难言的"负荷"。《今生缘》的二次离散多因为死亡或婚变，主角陆智兰退伍后开小吃店，却不想心脏病突发而亡，汪慧先为了五个孩子，只得再嫁。陆智兰的好友徐贯之死于车祸，留下妻子和两个孩子。在人生无常的轮回中，二次离散的故事少了时代背景浓墨重彩的渲染，多了平常生活琐碎的点缀，不再像第一次的战乱离散被叙述得如同潮起潮落一样的悲怆，这种离散更多地透露出人生的无奈感伤。

二 离散经验下身份的不确定性

战争导致的流亡无疑是人类历史最可怕的经历之一，诚如萨义德对流亡的看法，"流亡不是被完全切断的，不是孤立无望的与原乡之地分离"，那种若即若离的情感，不只是在肉体上增加了为求生存的劳苦，更是在精神上长久地牵挂着原乡而感伤。这批来自大陆的流亡者在肉体与精神遭受双重离散的同时，也会选择重新适应新的环境，尝试性地压抑思乡的情感。毕竟眷村族群不同于白先勇笔下高官贵妇们无可奈何的没落，也不同于一般老兵无所寄托而至一蹶不振的悲惨命运，"眷村具有下一代，而新的一代正是未来的希望所系……他们虽然不是生在这儿，但却是长在这儿……对未能扎根的土地的失根状态有所扭转，也是对社会的一种必要的调适"（朱双一，1999），在 20 世纪 50 年代的社会背景下，反攻之声高涨，国民党政府赋予整个台湾社会一个美丽"神话"，在强大的意识形态形塑之下，一方面"中国想象"被演绎成一个个具体的充满了政治象征意味的符号，"眷村""荣民""战士授田证"等；另一方面眷村居民中相当多的人也直接参与了国民党政府认同的构建，因此这种认同对于他们来说，并不需要经历一个转变的过程。国民党政府溃败迁台初期，政治、经济、军事和外交一片衰败景象，处于严重的内忧外困之中，面对岛内混乱的局面，蒋介石开始痛切反思国民党由大陆败退台湾的教训，并采取了一系列的改造措施，以图"挽救危局"，把台湾建成"反共复国"的基地。在台湾长达 38 年之久的戒严时期里，民族主义意识形态主导了国家机器的运作，在这种社会氛围里，中国民族主义世界观和身份认同影响了台湾社会。外省族群的利益需求、身份认同成为整个政治机器运作的一部分，尽管这群"外省人"在政治权力和经济利益的分配上具有明显的差异性，高级将领的奢侈生活与低层军士的微薄待遇自然毫无可比性，但是不可否认，外省人在政治和经济地位上确实要明显优于本省人，这也是大多数眷村人背负"既得利益者"污名的原因。如今台湾社会的政治情境发生转变，本土化浪潮愈演愈烈，对本土语言和文化的压制也消失，更出现了开始寻求台湾本土文化符号与意义的现象。台湾社会的许多政治、经济和文化问题，常常被片面曲解为"省籍压迫"和"外来统治"的问题。

20世纪80年代后期，台湾社会的意识形态逐渐分化，"民族主义"的论述出现了分野，对眷村族群而言，此时遭遇到的是多重的认同危机。就第一代眷村居民而言，他们大多是国民党的资深党员，军人的使命和外省人的身份使得他们习惯于效忠国家，却越发恐惧被现今的台湾社会排斥。在更重要的层面上，"他们对自我评价和这个社会对他们的评价也有极大的落差"（赵刚，1994），他们相信台湾的今天是他们半生戎马倥偬打拼来的，但是他们没有得到所期待的社会肯定，反而是一再对其身份的正当性提出质疑，屡屡地被质问："你是谁？你到底爱不爱台湾？"原本是与其他省籍的台湾民众一起筚路蓝缕为台湾经济腾飞打拼的伙伴，转眼便在政治情境的巨变中被形塑成为过去政治与经济权力的独占者、文化的压迫者。于是，离开之后又是"归来"，像苏伟贞的《离开同方》，虽言"离开"，却是借由奉磊带着母亲骨灰回到同方新村入葬，重新回顾了第一代眷村人透着神秘的人生传奇。葬在眷村之所以成为母亲生前的愿望，是因为在这里埋藏着太多第一代眷村人生命的情结，"有飘海渡台、堕毁、再生的情感记忆"，从方景心和余蓬的"死而复生"、袁妈妈与袁伯伯的相继惨死、全如意（李妈妈）成为剧团台柱子复又不知所踪……第一代眷村人的故事在苏伟贞笔下竟然如同原乡的传奇野史一般，弥漫着一种原始而诡异的真实。第一代眷村人经历了怀乡的凄苦，到如今自身也成了怀念追忆的"原乡"，作者打破真实经历与虚构故事的界限，再次铺陈眷村往事，其悲悼意味油然而生。更令人唏嘘的是，当年实实在在的金戈铁马历经时间的磨损也会成为无稽可考的虚妄"传说"，张启疆在《故事——一个无稽可考的大刀队传说》中描述的故事发生的场景是在抗日战争初期，黄河以南的第五战区，台儿庄大捷之后，大刀队……这个所谓的事迹确实有着太多传说的成分，仿佛是张保忠惶惑的梦境一样，让人心生怀疑。"大刀队或者老兵传奇只是作者熟悉乃至喜爱的一大题材，他近乎痴迷地营造种种神秘的气氛：记忆、追寻迷雾、劫风血肉、尘土……无一不是作者文学特技的展示。在此，他不但已舍弃了涕泪交零的眷村怀乡传统，而且无言地质疑了军人死忠的意义。"（齐邦媛，1997）

三　离散经验下乡土的双重性

需要我们格外关注的是，"解严"对于整个台湾社会是一个具有重要意义的时间点，在此之后，流寓台湾多年的外省人得以回到久别的故乡探亲。其实"回家"原本不是一个复杂的政治议题，它仅仅关乎人性。在台湾这样一个集体感情、历史记忆交错纠缠，价值对立的社会，"如果一个政治体制是压迫与排他的，那它就也必须去匡正别人特定的记忆与情感价值。压迫与悲情，因此是同时并存的"（姜思章，2006），在眷村第一代居民的生活中，回家是个永远的心结，即使在明知归乡无望的情形下，也在心底一直蕴藏着复杂的情感。"解严"之后的探亲文学，同样可视为眷村居民生命体验的余续。"解严"后的第二年，蒋经国去世，李登辉继任，国民党内部争斗不断，面对这样混乱的时局世局，"图腾"崩解，曾经在第一代眷村人心中神圣无比的"党国"，其威权统治的背后竟然也隐藏着一幕幕丑陋的政治斗争。外省人心中的悲凉更需故乡的慰藉，犹如朱天文《柴师父》中不断召唤着柴师父的四季如春的昆明，"故乡"是这一代外省人心灵沙漠中无法割舍的最后一块绿洲。现实却是"各路朋友许多又怎么去了又回来了"。在许多探亲题材的眷村小说中，都反映出第一代外省人对于分隔多年的家乡，在40多年后，可以再度重回时，却流露出近乡情怯的纠结！对于这一代饱经罹患的人，到底"乡关何处"。1988年以后，大多数第二代眷村小说作家都曾有过陪伴父执辈回乡探亲的经历，在作品中这些出身于"两岸家庭"的第二代，对大陆故乡的迟疑也隐约闪露，朱天文（1989）在《秭归》一文中曾经谈到父亲朱西宁在回到山东老家探亲时表示："日后如有统一的一天，到底是回去住吗？老家或是南京？或不论哪一个地方？好像都不成。从此今生，该就是住在台湾了罢，没想到自己就成了台湾人。"无论选择台湾也好，大陆也罢，心理上都要背上沉重的包袱，无常的命运竟使得这些老人要面对终生身心分离的痛苦。

另一篇小说《带我去吧，月光》更清晰地表现出两代外省人对于"归乡"的不同态度。程太太的归乡期望满载着甜蜜记忆，启程之前，恨不得能带走的都带，大到彩电，小到面霜，还有一对儿女浩浩荡荡随行，"像溯源之鱼依循本能带领，洄游过千万里来时的途程，重返生身之地"（朱天文，1992）。然而一趟现实的归乡之旅，却让她眼见的尽是索求无度和世态的炎凉，记忆中的生身之地早已人事全非，程太太就此昏睡不醒。昏睡是一种不愿面对梦想破碎的逃避，也正因为有太多的期望，才有了更深的失望，进而选择逃避。如学者张错（2006）所叹："60万大军弃甲归田，转眼间白头兵老，大树凋零，成为流散存在的另一个吊诡。每年的反攻呐喊，从高昂到低调，最后无声。当初被看成异乡无比陌生的台湾，久居后却是离散尽头的家乡。反而当初无比熟悉的大陆故乡……市镇不依旧，人面已全非。"而第二代的程佳玮显然不必面对如此多的情感负荷。同样是受创，母亲面对的是归乡梦的亲情破灭，女儿则遭遇的是出轨爱情的情感破灭，一个昏睡一个遗忘，两代人在变幻莫测的世界里，通过视角的转移，审视生活的本质，乡关何处此时已经不再是问题的核心，实质在于台湾也好，大陆也罢，彼岸亦是此岸。

第一代眷村族群的双重离散经历在眷村小说家的创作中具有重要的位置，是其身份认同的重要来源之一。虽然属于同一国家、承继着同一文化血脉，但由于政治上的不同选择造成了长时间的隔绝，使得第一代眷村居民本身所具有的大陆和台湾的双重生活经验客观上造成了他们相互交叉的人生视角，形成一个互有比较新的思考空间和书写空间。

20世纪60年代以前的台湾社会，由于国民党的强人政治，以及处于资本主义经济的起步阶段，省籍族群问题并未在政治意识形态层面被凸显出来。眷村居民与大陆有着血肉相连的情感纽带，在习俗、语言上都强烈地表现出原乡文化的特点。这种对中华民族的情感热爱，加之国民党政权的大中国教育，使得这种认同感被传递给眷村第二代，甚至是本省籍的眷村妈妈们也认同这种身份。眷村第二代最初对"原乡"的认知，就是从父执辈支离破碎的回忆中获得的。"他（她）们自小被哺育以父执辈的战争记忆与乡愁想象，在封闭无私的眷村生活中凝塑共同的家国情感，而时移势易，当返回故乡的梦想真的变成无法实现的梦时，当目睹村中故旧一再地死生聚散，曾留下无数青春回忆的眷村又遭逢拆迁改建的命运，当竹篱笆外台湾优先，本土认同凌驾于大中国的精神召唤时，第二代的外省人又该如何为自己定位？"（梅家玲，2004）

四　眷村文化的多重特征

任何一种文化的继承多具有较为复杂的社会原因。眷村第二代对原乡文化的继承不仅有着家庭的因素，同时还具有重要的政治背景。李广均（1996）指出："共同生活经验的累积是族群凝聚力形成的基础，共同的生活经验会有助于利益的整合、社会性网络的建立和群体意识的形成。"早期眷村由于其特殊的建构过程，并且拥有共同的生活环境、职业背景、相似的生命历程、共同的集体意识，加上所谓"反共复国"的大目标，延伸出同质性极强的眷村文化。学者朱双一（1999）曾指出："如果说40多年前随国民党赴台人员单独构成了一个'族群'，那很大程度上也是基于这种特殊的'眷村文化'而言的。"

（一）原乡文化的延续

眷村族群的生活基于何种原因而形成一种特点鲜明的"眷村文化"，根本原因在于其对来自中华大地丰富多彩的地域文化的继承关系。眷村中家家不闭门户，敬老爱幼相处融洽，继承的是"老吾老以及人之老，幼吾幼以及人之幼"的传统美德；眷村第二代中很多男性投考军校，一方面自然有眷村军队背景的影响，但更重要的是，眷村子弟受到出身行伍的父辈熏陶，有着强烈的进取心和报国意识。另一方面，"原乡"在眷村族群心目中不仅代表着他们昔日的历史生活记忆，更成为象征着返乡期盼的政治符号，寄托了对故乡的思恋与向往。

在战后台湾出生、受到教育、成长的外省第二代，"中国"对于他们而言，是祖国，是壮丽河山、伟大家园。然而在两岸互不往来的戒严时期，外省第二代印象中的"中国"，只存留于教科书和父辈一遍又一遍的口述的历史中。国民党的中国民族主义意识形态的教育、政治、文化政策都加强了这些历史记忆的正当性。"透过父执辈的口述经历、教育社会化的机制和家乡文化仪式的实践，将属于历史的、集体的记忆被灌输于外省第二代的脑海之中。"（李广均，1996）对于眷村的第一代，军人及其眷属的身份使得他们比同时代的其他人，对战争有着更深刻的体会，战争在他们的生命中不仅是一段已经过去的历史，也是一段具有"兴亡"意义的过去。即使来到台湾之后，他们自然而然地会将自身的命运和国家、民族牵连起来，因此很多眷村的孩子从小难得与身为军人的父亲好好相处，受到最多的教育是父辈所谈论的一段段关于战乱和军人的经历，以及对于家乡风物的描述与怀念，这一点在许多眷村作家的作品中都有生动描述。

在具体的生活方式之外，较之本省和客家族群，眷村人对与大陆相关的一切都怀抱孺慕之情。两岸情势的紧张，造成交流的完全隔绝，无处寄托的乡愁，只能通过古诗词、各种民俗传统甚至是家乡的风味小吃来排遣。也唯有在眷村中才能听到大陆各个地区的方言，那些南腔北调的语言不断加强眷村居民之间相濡以沫的感情。眷村人家往往多子女，一家有六七个孩子并不少见，依靠军队微薄的薪水无法支撑家计，不少军人会主动申请退役，做点小生意维持最基本的生活。有些士兵退役后，会选择贩卖自己家乡的特色小吃作为谋生方式，所以眷村孩子对于"山东馒头""四川泡菜"是非常熟悉而亲切的。距离放大了故乡之美，因此眷村族群对故土的文化中国有着强烈的依恋，第二代的子女在作品中真实地表达着这种情感，思恋故土的眷村人梦中萦绕着不变的图景。

（二）强大的社区凝聚力

眷村从社会学意义上来说，是"特定社会历史情境下，由社会中的统治集团根据自身利益有意图的推动并界定空间意义，为完成正当化过程之社会控制计划的建构"（罗于陵，1991）。眷村由于其人员构成的特殊性，在社区凝聚力上又与一般外省人不同，早年军人是国民党政府统治台湾的重要依靠，而眷属是军心安定的重要因素，近年来眷村成为选举中的铁票部队，国民党政府在自身利益的考虑下，通过眷村绵密的各种组织，来完成其管理。另外，眷村房舍的建筑形式通常为清一色的平房，并连呈直线的排列，类似于通常可见的胡同的格局。这种建筑形式相对于大陆传统的四合院民居和台湾民间的透天厝，以及后来都市广泛使用的公寓大厦建筑形式都具有更良好的声气相通的特性。因此眷村也是一个没有秘密、缺乏隐私性的环境。同时，眷村的公共活动基本上都由军队下属机构部署。根据罗于陵的分析，眷村的公共活动可以分为生产（主要由眷村妇女于自治会或眷村中的树下一角共同从事家庭代工或军用品代工）、休闲（大家一起在村口广场领取眷粮或者在眷村附近较大的市集购物）和政治（各类型的选举投票）三部分。这些活动给眷村居民提供了更多互动的机会，并发展出类似的生活模式。然而，这些只是其社区凝聚力的重要因素，最重要的原因在于同属"外省人"的社会身份，大部分居民在台湾没有可以相互支援的亲属，在"远亲不如近邻"传统的影响下，眷村居民之间的情谊更显可贵。

在眷村中，邻里之间往往相互帮助，亲如家人。《有缘千里》中，敬庄作为眷村中颇有威望的女性，其助人之举多令人发自内心的感动。当秦世安的本省妻子宝珠生下小孩，她会送上仅有的值钱物件——一只银镯子，以求得孩子的平安。关于眷村的温馨故事，台湾著名主持人徐乃麟也说过："今天妈妈不在，就到张家去吃饭，明天又是李家孩子到我们家来吃饭。那种感觉真好！全村两百户，就好像是同一家一样。"（杨放，1996）除此之外，眷村还有"竹篱笆"的称号，因为早期国民党政府只是把眷村作为一个临时居住地，搭建的房子极其简陋，最初只是以茅草和竹子为主要材料，台风一到，房子经常被吹得东倒西歪，确实是名副其实的竹篱笆。然而这个名字还有另一层隐含意义，眷村人当初以一种难民心态跟随国民党政府来到台湾，当时本省人与外省人比例接近于8.5∶1.5，面对完全陌生的环境，眷村人生活、工作全依赖国民党当局，属于社会阶层中较为强势的群体，又从未想过在台湾久居，因此内心难免有种不愿主动与本省人接触的"优势心态"。"竹篱笆"也说明了眷村作为外省人的聚居地，却鲜少与外界沟通，很长一段时间是难以融入本地的文化群体。这一点学者梅家玲（2004）分析得相当到位："眷村生活原是军队生活的后勤，千百战士有家可归的感觉，固然驯化了圣战使命，相对来说，军队精神又集体化、制度化了军眷生活。似战不战，非军非民，成长于其中的眷村儿女，所蕴藉的终极归属和向心力，自然迥异于村外世界。"

正是由于前面谈到的过客心态，眷村人自成一个异常团结的社区，集体性强烈的特质使眷村人喜欢成群结党。尤其是第二代眷村子弟青少年时期更因为与本省孩子存在认同和交往上的隔膜，同龄人之间往往由于兄弟或同学关系集结成小团体，以对抗村外世界。而本省人对于眷村人"既得利益者"的偏见又使得这种误会客观上难以消弭，反之更加深了眷村人内部的亲和力。

（三）家国一体的文化想象

眷村的家国一体，多半是缘自其特殊的身份和艰难的处境。眷村是与政府联系极其紧密的社区，又是不同地域文化的汇集之处。在眷村人的文化想象中，国和家为何密不可分？原因是复杂的。首先，眷村社区不仅是安德森所说的想象的共同体，更是真正的命运共同体。在此基础上，"国家被建构成一具有深度及广度的同胞关系……从而驱使人们愿意去为这个有限的想象牺牲生命"（本尼迪克特·安德森，2005），原本被认为天经地义的种族、血缘、语言、地理疆界等，均未必成为其建构国家的条件，反而是政权、意识形态及种种随之而来的选择性记忆与遗忘，才是关键因素。他更强调"民族"的想象能在人们心中召唤出一种强烈的历史宿命感。从一开始，"民族"的想象就和种种个人无可选择的事物，如出生地、肤色等密不可分。梅家玲也指出，"在中国传统文化中，由于'安土重迁''叶落归根'及由内及外的'齐家—治国—平天下'等观念使然，不仅'家'与'国'形成互为表里之象征体系，前者也是后者建构形成之基础"。

同时，文学中的故乡不只是一个地理上的位置，也代表了作家所向往的生活意义的源头，其之所以能成为故乡，必须透露出似近实远、既亲且疏的浪漫想象魅力；在这个层面上，"时间"因素的介入不可或缺。本尼迪克特·安德森（2005）认为"时间"在构成想象的共同体的过程中具有重要作用。正如本雅明所说的"弥赛亚时间"，即一种过去和未来汇聚于瞬息即逝的现在的同时性（simultaneity），民族主义以一种"同质性、空洞性的时间"观念取代了中世纪"时间并进的同时性"概念。在此观念中，同时性是横向的，与时间交错的；标示它的不是预兆与成就，而是由时钟与日历所测量的，时间上的一致（temporal coincidence）。而眷村文学一出场，便显示出其独特的时间观，第二代眷村子女生命中所承载的是并行的两种时间,"新"与"旧"、"现在"与"过去"以罕见的共时性的方式结合在一起。在早期眷村小说如《有缘千里》《未了》中,召唤的意味从题名便可窥见一斑,朱天心在《想我眷村的兄弟们》中更是站在第一人称的位置,将读者视为拥有共同记忆与情感的直接对话的对象,不断寻觅召唤眷村儿女集体的青春回忆。王德威曾言,"老灵魂生年不满半百、心怀千岁之忧",那种在青春皮囊下不断老去的声音,是因为他们背负着双重身份,同时又面临着双重的离散,加速老去自不待言。而一旦离开了同质性极强的眷村,却是"河入大海似的顿时失却了与原水族间各种形式的辨识与联系"(苏伟贞,2004),因此在眷村被改建拆迁的情况下,需要透过诸如电视、报纸、网络等传播媒介来将共同经历过的生活经验再次呈现,这一过程属于眷村族群的特质和情感体验会在成员的心中重现并分享。眷村小说深化了这种集体记忆,"如同其他媒体一般,创造了属于这个族群的中心概念、历史形象,也提供了一个族群间沟通、对话的场域"(吴忻怡,1995)。

结　语

透过 20 世纪 80 年代兴起的眷村文学,身在政治喧嚣外围的我们,也对眷村族群所经历的二度离散漂泊之痛感同身受。文化问题不仅连接着个人与社会的关系,更赋予了个体"发声"的力量。在历史变迁或者是日常生活的社会互动中,眷村出身的作家们意识到外省人身份变异的过程,在作品中表现之、反映之,文化的核心问题还是价值观的问题,它关联于价值度和意义感的追求。转型期的政治历史环境中,眷村作家的声音有重新思考身份与认同尊严的价值,只有勇于捍卫自我身份以宣称身份认同的合法性,才能将自身与社会紧密连接起来,而在这一层面上眷村文学在大陆文化和台湾文化的认同融合方面同样具有深远的现实意义。

参考文献

〔美〕本尼迪克特·安德森:《想象的共同体:民族主义的起源和散布》,吴叡人译,上海世纪出版集团,2005。

陈义芝：《悲悯感人，为一个时代作结》载于苏伟贞：《离开同方》，台北联经出版事业公司，2002。

风信子：《永远的地标：眷村物语》，台北百巨国际文化事业股份有限公司，2000。

姜思章等：《流离记忆：无法寄达的家书》，台北 INK 印刻出版有限公司，2006。

李广均：《从过客到定居者——战后台湾"外省族群"形成与转变的境况分析》，《中大社会文化学报》1996 年第 5 期。

罗于陵：《眷村：空间意义的赋予和再界定》，台湾大学建筑与城乡研究所，1991。

梅家玲：《性别，还是家国？五十年代与八九十年代台湾小说论》，台北麦田出版有限公司，2004。

齐邦媛：《得奖者张启疆——看不见的眷村》，台北九歌出版社有限公司，1997。

齐邦媛、王德威：《最后的黄埔：老兵与离散的故事》，台北麦田出版有限公司，2004。

苏伟贞：《台湾眷村小说选》，台北二鱼文化出版公司，2004。

孙鸿业：《污名、自我、与历史：台湾外省人第二代的身份与认同》，台湾清华大学社会学研究所，2003。

吴忻怡：《"多重现实"的建构：眷村、眷村人与眷村文学》，台湾大学社会学研究所，1995。

杨放：《落地生根——眷村人物与经验》，台北允晨出版社，1996。

袁琼琼：《今生缘》，联合文学出版社，1988。

张错：《凡人的异类离散的尽头——台湾"眷村文学"两代人的叙述》，《中国比较文学》2006 年第 4 期。

赵刚：《小心国家族——批判的社运、社运的批判》，台北唐山出版社，1994。

朱双一：《近 20 年台湾文学流脉："战后新世代"文学论》，厦门大学出版社，1999。

朱天文：《世纪末的华丽》，台北远流出版社，1992。

朱天文：《稊归》载于王成华：《大地有爱》，台北业强图书出版社，1989。

论新世纪乡土小说中风俗仪式书写的传承与嬗变

姬亚楠*

摘要： 新世纪乡土小说中对风俗仪式的描写呈现出逐渐弱化的发展态势，但仍有一些作家坚持乡土小说的创作传统，并在此基础上不断传承与创新。他们或以现实主义的创作手法揭示乡土社会的蒙昧、无知；或以浪漫主义情怀观照田园牧歌式的乡土文化；抑或表现出对行将消逝的风俗仪式与乡土社会的焦虑、担忧。从新世纪乡土小说对风俗仪式的书写出发，以分析新世纪乡土小说家的创作心理为依据，梳理新世纪乡土小说对风俗仪式书写的传承与嬗变，这体现了新世纪乡土小说家对乡土文明的痛苦反思，对主体精神建构的不懈努力。

关键词： 乡土小说　风俗　传承　嬗变

"风俗中保留一个民族常绿的童心，并对这种童心加以圣化。风俗使一个民族永不衰老。风俗是民族感情的重要组成部分。"（汪曾祺，1984）由于风俗仪式在乡土社会中所占据的重要地位，因此乡土小说自诞生以来就不乏对风俗仪式的描写。"风俗是人类最具传承性的生活形态。它以时代沉淀的集体意识为内核，以凡俗生活为外形，囊括衣食住行、生老病死、家庭婚姻，以及人生信仰、道德风貌、人情人性等人类最基本、最普遍的物质和精神状态，是历史的重要组成部分。"（李莉，2007）风俗是集体程式化的生活方式，是地域色彩和风土人情的有效载体，它蕴藏着一个民族丰厚的历史积淀。风俗渗透到人们日常生活的方方面面，从而形成整个民族的文化心理，体现乡土社会的根性。21世纪以来，随着农民大量进城，乡土社会呈现出空心化、隔代化和空巢化的面貌，风俗仪式逐渐丧失

＊ 姬亚楠，河南省社会科学院研究人员。

了赖以生存的载体，但仍有一些作家坚持对风俗仪式的描写，延续乡土小说创作的代系传承。

一　风俗仪式的野蛮与温情

新世纪乡土小说沿袭了中国现代乡土小说的创作传统，即通过对乡村风俗仪式的描写，揭示乡土社会的蒙昧、无知，批判国民劣根性。对国民劣根性进行批判，主要是批判"一种农民式的恶劣性，是在长期的自然经济中宗法制统治下形成的猥琐、卑下、阴暗，以及不求上进的集体无意识"（王庆，2007）。与此同时，新世纪乡土小说家着力展示风俗仪式温情脉脉的一面，赋予风俗仪式更深层次的含义。

对乡土社会封建陋习的描写可以追溯到20世纪二三十年代，以鲁迅为代表的五四时期的知识分子以现实主义的创作手法，揭露乡土社会的愚昧，批判国民劣根性。如鲁迅在《祝福》中对"捐门槛"祭神习俗的书写；许杰在《赌徒吉顺》中对"典妻"封建陋习的披露；王鲁彦在《菊英的出嫁》中对"冥婚"鬼婚习俗的描写；蹇先艾在《水葬》中对"水葬"刑罚恶俗的揭露等，作家们痛心疾首地揭露封建恶俗对人性的戕害，以此引起疗救。与20世纪20年代乡土小说具有鲜明的批判态度不同，80年代寻根文学的立场较为复杂。如在郑义的《远村》和贾平凹的《天狗》中讲述了"拉边套"的封建婚俗，在王安忆的《小鲍庄》和郑义的《老井》中叙述了"童养媳"和"倒插门"的传统婚俗，寻根小说的作者大都以冷静的目光观察、审视封建习俗，不对作品中的人物做任何主观性的评价。对风俗的描写带有明确的文化归属目的，他们更加希冀文学界来一次真正的文化启蒙。风俗作为文化的载体，是展示民族文化的重要手段，"通过传统文化的镜子喻示当代文化的欠缺"（南帆，1992）。在20世纪80年代的寻根小说中，风俗描写作为探寻和思考文化的方式，是为展现民族文化服务的。作家们试图在民族文化中寻求现代文化发展的原始动力，但他们未能实现最初的美好愿望，即寻找到拯救现代文化的民族文化之根。相反，在创作实践过程中，作家对传统文化长久积淀下的陋习与痼疾深恶痛绝。他们更多的是延续了五四时期的批判精神，批判传统陋习对人的禁锢，并力图在此基础上重建"国民性"。因此，与20世纪20年代的乡土小说家不同，80 年代寻根小说家对传统风俗、文化是报以既珍视又痛惜的态度。

由此，新世纪乡土小说对风俗仪式的描写突破了 20 世纪 80 年代寻根小说立足于民族传统文化的立场，重新回归 20 世纪 20 年代乡土小说创作传统。作家们通过对传统陋习的描写，揭露国民劣根性。刘庆邦的系列小说着重表现了风俗的落后与野蛮，以批判的眼光审视传统风俗，揭示封建习俗的乖戾残忍，表现人们病态化的日常生活。《只好搞树》讲述了杨公才及其儿子点灯在村中受尽赵氏家族（村中大姓氏）的压迫。在不能采取正当反抗的手段下，点灯欺辱了赵长山的老婆月荣。赵长山得知后，集结同姓兄弟，残酷地将玉米粒塞进点灯的耳朵里。杨公才为了报复赵家人对他们父子的欺压，摧毁了赵长泰家种的树苗，并设局让赵家人起内讧，坐山观虎斗，暴露了杨公才卑劣的本性。《一句话的事儿》则揭露了民间算命习俗对底层妇女的戕害。12 岁的玉佩在一次庙会上遇见一位骗人钱财的算命先生，算命先生谎称她一生要嫁 5 个男人。玉佩深信算命先生的预言，即使嫁给家底殷实的高顺，她依然不安心，仍兴致勃勃地等待其他男人出现。在谎言的蒙蔽下，玉佩先后改嫁 3 次，秋鸽子（第 5 个男人）的出现最终结束了玉佩劳碌辛苦的一生。与鲁迅《祝福》中的祥林嫂一样，玉佩不禁令人同情、怜悯，作品进一步揭示封建迷信害人的本质。《双炮》讲述了令人发指的妯娌之斗，批判了底层妇女的无知与荒唐。大炮的妻子林翠环为了"能拿得住"比自己优秀的弟媳小如，不惜采用一切手段，甚至强迫丈夫大炮与弟媳小如发生性关系，以此抓住小如的弱点，达到"拿得住"弟媳的目的。《嫂子与处子》展示了乡土社会中嫂子可以随意与小叔子开玩笑的叔嫂关系。作品讲述了二嫂和会嫂在田间地头开民儿的玩笑，强行将民儿的裤子扯下，暴露下体的民儿勾起了嫂子们的邪恶念头。在威逼利诱下，受尽凌辱的民儿不得不与嫂子发生性关系。刘庆邦以展示卑劣的乡风习俗，暴露乡土社会的野蛮、愚昧，揭示人们荒唐、可怜的悲剧命运，反思人们残酷的生存境遇。

在贾平凹的乡土小说中，作家通过描写传统陋习来揭示人们悲惨的生活境遇，以此起到启蒙思想、开启民智的作用。在《天宫图》中，作家通过对路六命悲剧一生的叙述，对乡土社会中扔死婴、掘墓、抬棺材等传统行当的描写，揭示乡土世界中可怜人不自觉、不自知的悲惨人生。《日光流年》讲述了遭受喉堵症迫害近几百年的三姓村村民为了治病，男人将皮活生生地从身上刮下来卖钱，女人以从事卖淫活动养家，艰难度日。但当所有的付出无济于事时，村民们将希望寄托于封建迷信，认为灵隐河的河水可以治病，不惜一切代价引水。这与鲁迅的《药》中，华老栓将希望寄托于"人血馒头"一样让人感到荒唐与可怜。在《美穴地》中，贾平凹把风水习俗与人的命运紧密联系在一起，运用反讽的手法还原乡土社会原貌。作品讲述了闻名远近的风水先生柳子言为了能保佑儿子大富大贵，费尽心思为自己选了一处"风水宝地"作为坟墓并将自己活葬于此，然而，柳子言的"壮举"却并未换来儿子事业的顺利，儿子最终只是戏班的演员而已。柳子言用生命换取的"美穴"不过是给自己买下的一个安慰。贾平凹的《美穴地》无疑给奉行土葬、迷信风水之说的乡土社会注入一剂"清心剂"。

新世纪乡土小说中，除了通过描写风俗仪式来揭示乡土社会的愚昧外，还有一类作家以全新的视角切入传统风俗仪式，发掘传统风俗更深层的意蕴，即作家通过描写琐碎的传统风俗仪式，传递人与人之间的脉脉温情。比如在张宇的《乡村情感》中，作家对婚俗仪式的描写彰显了邻里间的深情厚谊。郑麦生生命垂危之际唯一的心愿就是看到儿子成家立业，准亲家张树声为了满足他的遗愿，甘愿违背乡俗，背负各种压力为女儿准备婚礼。作品详细地描述了烦琐的婚娶仪式，如捆嫁妆、抬嫁妆、送亲酒等，在短暂的时间内张树生将儿女的婚事办得有声有色，完成了郑麦生临终心愿。《乡村情感》赋予了乡风习俗更深刻的人文意义，从这个层次出发，张树生对婚礼的大操大办不再是落后的封建习俗，而是人们对生命的敬畏、对生命垂危者的深切关怀。又如李佩甫的《黑蜻蜓》讲述了二姐坚持自己婚礼一切从简，反对铺张，甚至简单到令人感到窝囊，然而面对逝者，二姐却非常讲究丧葬仪式。作品中二姐为奶奶守灵，严肃认真地糊"哀杖"，钻"牢盆"，并在入殓时高喊"躲钉"，生怕钉子会扎到奶奶的魂灵，尽心竭力，丝毫不马虎，表达出对逝者的深切怀念。作品通过对丧葬习俗的细致描摹，表达了生者对逝者的涓涓深情。

新世纪乡土小说对风俗仪式的书写不仅延续和传承了中国现代乡土小说的创作传统，即描写传统风俗的残忍冷酷，揭露乡土社会的愚昧落后，而且作家也以审慎的态度重新审视传统风俗，发掘风俗仪式温情脉脉的一面。此时的乡村风俗不再是落后的象征，而是表达人与人之间关怀与尊重的形式。作家们通过对这种风俗的描写，为读者呈现了一个充满爱与美的乡土世界。

二　记忆中乡村风俗的宁静与美好

以浪漫主义手法展现纯美的乡土社会是中国现代乡土文学的重要组成部分。作家通过风俗仪式的描写来展示独特的地方特色，再现清新明丽的乡土世界，表达对故土家园的热爱。新世纪乡土小说家在塑造田园牧歌式的乡土世界时，与以往作家存在截然不同的创作模式，他们大多擅长以回忆的视角描写记忆中的乡村，以此勾起人们对即将消逝的乡土世界的无限眷恋。

20 世纪二三十年代，作家以展现田园牧歌式的乡土世界来反思现代性。比如，在沈从文的《边城》中，作家展示了一个充满着原始力与美的湘西世界，宁静而又充满张力。作家以湘西世界的人性美、人情美反思现代性。再比如，废名的《竹林的故事》再现了一个宁静、祥和的世外桃源，表现人与人之间的爱与美，传达出乡土自然的博大与神秘。他们的创作是"最纯正的乡土文学""其对乡土生活的书写更多的是个人的经验和文化记忆，是远离现代都市文明的另一种异域风土人情，包含着对乡土自然和乡土人伦的双重肯定"（温儒敏、陈晓明，2010）。新时期以来，汪曾祺、刘绍棠、邓友梅等开创了"风俗画"小说的创作模式，为燥热的 20 世纪 80 年代送来了一股凉风。如汪曾祺笔下古朴清新的庵赵庄，刘绍棠笔下风情万种的京东运河，邓友梅笔下京味浓郁的市井民俗。作家们凭着个人的审美情趣，书写心目中的乡村世界。20 世纪 80 年代中期出现的寻根文学派，是对汪曾祺等人的继承与发展，但他们对风俗仪式的描写跳出文学的框架，其目的在于增加作品的文化色彩。寻根作家的创作旨在挖掘支撑民族发展的文化之根，因此寻根作家笔下的风土人情即使荒蛮，但却彰显出蓬勃旺盛的生命力。比如在韩少功的《爸爸爸》中展现了鸡头寨野蛮而有力、残酷而雄壮的风俗人情。21 世纪以来，随着商品经济的发展，乡村逐渐呈现出荒野化、空心化，风俗仪式失去了赖以生存的土壤，逐渐消亡。作家却始终保持了一种警醒状态，潜心投入到对风俗人情的描写，唤醒人们对即将消逝的风俗仪式的记忆，反思现代性，构建人们的精神家园。

21世纪以来，乡土文学对田园牧歌式的书写较之以往的乡土文学创作有着更加复杂的背景。21世纪的乡土文学"反映的是一个已经消逝或正在消逝的时代"，这在一定程度上使得对田园牧歌式的乡村书写更加重要。"事实上，对于城市的敌意是一种恐慌的症状，农业文明向工业文明转型所引起的巨大不适乃是这种恐慌的来源。为了抵御恐慌，作家竭力召回乡村的影像作为感情的慰藉。"（南帆，1990）郭文斌是新世纪乡土小说家中书写田园牧歌式乡土世界的典型代表。他通过对记忆中的乡村的书写，唤起人们对美好乡村的记忆，借此慰藉创作主体的情感。郭文斌大都从儿童视角描写乡村风俗，反思都市文明对乡土社会的影响，体现了作家对精神家园的艰难守候。比如，《中秋》叙述了乡村社会邻里之间逢年过节互赠食物的传统，展现了乡土社会的温馨与和睦。在《开花的牙》中作家以儿童视角细致描述了杀鸡带路、金银斗、孝子磕头、白仙鹤等丧葬习俗，充满希望地阐释了死亡的意义。在作家看来，死亡并非生命的终结，而是生命在另一个世界的开始。《五谷丰登》描写了正月挂灯笼、初一发压岁钱的传统风俗，展现了纯朴的民风，表现了主人公对都市社会中人情淡薄的感慨，以及对都市因到处都是灯火通明而失去生活趣味的哀叹。作品通过对比描写，展现乡村与城市的差异，既表达了对乡村亲情的召唤，也传达出对淡漠的都市文化的反思。城市物质条件的充裕使得儿子对压岁钱满不在乎，接受长辈压岁钱时头也不抬，然而几个在农村生活的侄子则手舞足蹈地接过长辈的压岁钱，欢天喜地相互追逐打闹。"我"来到院子看见一个个在风中摇曳的灯笼，与城市中的灯火通明截然不同，这种感觉是城市无法比拟的。作家通过细节，品味着乡村的静谧、美好。在郭文斌的小说中，作家饱含对乡土社会的深情，充满着眷恋，着力表现乡村世界的祥和、宁静。郭文斌在创作过程中，有意回避描写乡村恶俗，而展现乡土世界的浓浓亲情。这不仅是作家对都市文化的深刻反思，更是对精神家园的坚守。

除此之外，迟子建、刘庆邦、陈启文、晓苏、李立泰、宋剑挺、地丁等作家的作品也着力表现乡土世界的纯美。比如，迟子建的《北极村童话》中展现了一幅美丽的童话世界。又比如，刘庆邦的《种在坟上的倭瓜》中塑造了乐观开朗、天真无邪的小姑娘猜小的形象。在《梅妞放羊》《一捧鸟窝》《美少年》等作品中，刘庆邦以温柔的笔端触及乡土世界的善与美，表现了作家对诗意乡村的留恋。再比如，陈启文的小说《逆着时光的乡井》中，作家通过从石泉村白鹤井的命名谈起，讲述了井水与村庄休戚相关的命运，再现了人们在井边打水、闲谈的生活场景。

对乡村美好生活的眷恋是新世纪乡土小说家取之不尽的创作源泉。随着现代化进程不断深入，乡土社会面临前所未有的冲击；随着乡村风俗的流失，作家对乡土世界祥和之美的向往更加明显。作家们不忍直视乡土世界的颓败，以文化坚守者的身份来捍卫乡土社会，展现乡村诗意之美，以此唤起人们对田园牧歌式乡村生活的记忆，反思都市文化，反思现代性。

三 风俗仪式消逝的担忧与焦虑

21 世纪以来伴随着现代化进程的不断加快，乡村社会受到巨大的冲击。一大批青壮年离土离乡进入都市，谋求更加广阔的发展空间，从而使乡土社会陷入前所未有的虚空与落寞，乡村建设举步维艰，以致被迫停止。精神家园逐渐消失，对精神家园的坚守是作家创作的最大动力，"所谓精神家园也便是人们所确信不疑的精神努力目标，是人的终极关怀，是被人认作自己生存之根本的精神理想"（卢风，1996）。精神家园的"坚守与失守"之间的矛盾，加深了作家对乡土世界的担忧与焦虑。

21 世纪对这类题材的创作与 20 世纪 80 年代寻根小说有着一脉相承的关系，但在发展过程中不断变化、演进。20 世纪 80 年代寻根文学家笔下的风俗描写透露着浓厚的文化寻根意识。寻根作家高举"寻根"的大旗，对"各种各样的风俗描写是作家有意识地作为文化来表现的"（王晓恒，2012），作家们希望通过挖掘传统风俗，寻找到支撑现代文化发展的民族文化之根，但在创作过程中看到的却是满目疮痍的传统文化，作家无时无刻不承受着"寻根"却又找不到"根"的痛苦与焦灼。比如，在贾平凹的"商州系列"和李杭育的"最后一个"系列中，作家毫不掩饰地流露出内心的失望与落寞。与寻根文学家相比，新世纪乡土小说家经历了更为痛苦的内心挣扎过程，他们在对乡村风俗探寻之时，深刻感受到风俗文化行将消逝的危机，却又无所适从。对于新世纪乡土小说家来说，即便是寻根时期野蛮的风俗文化也将消逝得无影无踪，内心的痛苦与焦灼逐渐演化为担忧与焦虑。

贾平凹作为寻根文学和新世纪乡土小说的作家代表，早期便发表了反映精神家园丧失之痛的都市题材的作品，随后出版的《高老庄》《怀念狼》等则是农村叙事的旨在表现乡村家园建构的反思。21世纪以来，贾平凹的创作充满了对主体精神建构的困惑与反思。这种困惑与反思在贾平凹的长篇小说《秦腔》中得到集中爆发。在作家看来，秦腔是传统文化的缩影，秦腔的消逝预示着传统文化的消逝，没有了传统文化，乡土社会也就失去了精神内核而不复存在。贾平凹以陕西剧种秦腔贯穿全文，赋予了秦腔民族传统的象征寓意，作品讲述了几代人对秦腔由喜爱到厌恶的转变，观照传统文化的命运。夏天智是第一代人中热爱秦腔的典型代表，他视秦腔如生命，自费出版《秦腔脸谱集》。然而，这本被夏天智视为珍宝的《秦腔脸谱集》却在他死后被弃如敝屣，这预示着秦腔必将走上一条不归路。白雪是第二代人中为数不多的喜爱秦腔的代表，她热爱秦腔，以唱秦腔为生，但是丈夫夏风的反对、秦腔剧团的解散，最终导致白雪放弃了秦腔，秦腔也失去了展演的舞台。白雪作为秦腔的化身，在失去秦腔后产下一名残疾儿，这似乎预示了秦腔艺术最终发生畸变的悲剧命运。秦腔是夏天智那代人生活中的必需品，是乡土社会"大苦中的大乐"，几乎人人都会哼唱秦腔。同时，秦腔是农民躬耕陇亩的调剂品，"当老牛木牵疙瘩绳，在田野已经累得筋疲力尽，立在犁沟里大喊大叫来一段秦腔，那心胸肺腑、关关节节的困乏便一尽涤荡尽了"。都市文化的扩展严重冲击着第三代青年人的思想，青年人迷恋流行音乐，不再喜爱秦腔，甚至厌恶秦腔。贾平凹敏锐地观察到乡土社会对秦腔态度的转变，意识到如果没有新鲜血液的注入，传统风俗、传统文化如何能开出怒放的鲜花？正如贾平凹在《秦腔·后记》中坦言自己的担忧："我站在街巷的石磙子碾盘前想，难道棣花街上我的亲人、熟人就这么很快地要消失吗？这条老街很快就要消失吗？土地也从此要消失吗？真的是在城市化，而农村能真正地消失吗？如果消失不了，那又该怎么办呢？"（贾平凹，2008）作家深感乡村发展的后继无人，担忧乡村就此消亡，离开人们的视野。如果乡村不消失，它又该如何保存下来？作家内心充满了焦虑。

如果说贾平凹以描写风俗仪式来展现对即将消亡的传统文化的焦虑，

那么，迟子建便是在古今风俗仪式的强烈对比中，彰显少数民族风俗仪式原生态之美，传达出对即将消逝的少数民族文化担忧，表现了作家对现代化进程中少数民族发展前景的焦虑与困惑。迟子建潜心展现独具民族风情的世外桃源般的乡土世界，《额尔古纳河右岸》描写了鄂温克族人神秘的风俗仪式，譬如狩猎前的仪式，风葬的丧葬仪式等，展现了游牧民族独特的生活方式；譬如居住的希楞柱，女人临产的亚塔珠，以及随驯鹿季节性迁移的生活方式等。作品赋予万物有灵的审美价值判断，鄂温克族人敬畏生命，遵循自然规律而生存。驯鹿被赋予"大森林的子女"的圣名，它熟知大兴安岭密林，引导着鄂温克族人在密林深处迁徙，享受着最原始的生活模式。鄂温克族人深信萨满法师是神的使者，神赐予了萨满法师强大无比的神力，因此无论是婚葬嫁娶、治病求医，还是驱邪救灾、部落迁移都必须听从萨满的安排。同时，鄂温克族人认为萨满法师是在神的指引下，掌控着族人的生、老、病、死，并可以借助神力扭转族人的命运。作品中，讲述了萨满法师妮浩为救奄奄一息的马粪包，含着热泪念起古老萨满咒语，用自己女儿的性命与神灵进行交换，救回了马粪包。

迟子建的《额尔古纳河右岸》讲述了鄂温克族古老而神秘的传统风俗，再现了鄂温克族人原生态的生活方式。然而，就连如此神圣的原始部族在现代文明的冲击下，也不得不面临现代文明的侵袭，放弃游牧生活，在政府新建的安置房中定居下来。现代工业的发展使得原始森林遭到破坏，驯鹿失去家园被迫豢养起来。拥有至高无上法力的萨满法师似乎也突然失去了神力，不再受人崇敬，神衣、神帽、神裙也被摆进民俗博物馆中展演。原本真实存在于鄂温克族人生命里的人与物，而今却成为永远被封存起来的民族记忆。"当很多人蜂拥到内蒙古的根河市，想见证人类文明进程中这个伟大时刻的时候，我的心中却弥漫着一股挥之不去的忧郁和苍凉感。"（迟子建，2005）迟子建用沉痛的笔触记录下鄂温克族这个原始族群的百年兴衰史，表达作家对如何完整保存少数民族文化及传统的痛心思考与担忧。

除此之外，其他作家也通过对乡村风俗仪式的描写，揭示都市文化对乡村文化的冲击，表现出对乡土社会的焦虑与担忧。比如，孙慧芬的《上塘书》中，作家描写了上塘的杀猪请客、丧葬嫁娶等风俗仪式，全方位展示了上塘的风土人情，再现了上塘的政治、文化、教育、贸易、婚姻等当地风俗，然而上塘的风俗仪式在商品化进程中逐渐消失。再比如，熊培云的《一个村庄里的中国》，作家以自己的故乡为蓝本影射整个中国大地上的乡村，反思乡土社会的兴衰变革，发出"推土机年年作响，回不去故乡"（熊培云，2011）的感慨与疑问。

综上所述，新世纪乡土小说对风俗仪式的描写既是对中国现代乡土小说的传承，更是对其的突破。一方面作家不仅延续了20世纪20年代乡土小说"思想启蒙"的主题，更传达出对田园牧歌式乡村的守候，赋予了风俗仪式温情脉脉的深层含义。另一方面作家不仅延续了20世纪80年代"文化寻根"的创作思路，更传达出"无根可寻"的痛苦与焦灼，表达了作家对即将消失的风俗仪式的担忧与焦虑。但无论是哪种作品，都体现了新世纪乡土小说家对乡土文明的痛苦反思，对主体精神建构的不懈努力。

参考文献

迟子建：《额尔古纳河右岸》，北京十月文艺出版社，2005。

贾平凹：《秦腔》，作家出版社，2008。

李莉：《中国现代小说风俗叙事的兴起》，《文学教育》2007年第8期。

卢风：《人类的家园》，湖南大学出版社，1996。

南帆：《冲突的文学》，上海社会科学出版社，1992。

南帆：《文学：城市与乡村》，《上海文坛》1990年第4期。

汪曾祺：《谈谈风俗画》，《钟山》1984年第3期。

王庆：《现代中国作家身份变化与乡村小说转型》，华中科技大学出版社，2007。

王晓恒：《"五四"乡土小说与寻根文学民俗描写特征论》，《内蒙古大学学报》（哲学社会科学版）2012年第5期。

温儒敏、陈晓明：《现代文学新传统及其当代阐释》，北京大学出版社，2010。

熊培云：《一个村庄里的中国》，新星出版社，2011。

传播学视阈下电影的微博文化探析

刘兰兰 *

摘要：近年来伴随着互联网突飞猛进的发展，微博已经成为与互联网用户日常生活密切相关的重要组成部分，它改变了人们的学习方式、工作方式，甚至是思维方式。随着"微博热"现象在社会各领域的蔓延，传统电影艺术产业迎来了新的生机。电影和微博的结合产生了以短、平、快为主要特征的电影微博文化，这种文化是 5W 传播理论、"议程设置"理论、圈层营销及名人效应等传播理论在电影宣传领域的具体体现。其嵌套式的圈层关系、话题性的信息结构、互动性的社交方式和便捷快速的信息传播方式对电影宣传、微博媒体、微博用户，以及传统媒体发展都有着较高的实用价值。

关键词：电影　微博文化　媒体　传播　营销

一　微博文化的特征分析

随着 Web2.0 时代的发展和推进，2006 年美国人埃文·威廉姆斯推出的 Twitter 服务开启了世界的微博时代。2009 年 8 月，新浪微博内测版上线，微博正式进入中文上网主流人群的视野，并以分子裂变式的传播方式在互联网用户之间蔓延壮大。《2010 年中国语言生活状况报告》将该年称之为中国的微博元年。2012 年中国互联网络信息中心（CNNIC）发布的《第 31 次中国互联网络发展状况统计报告》称，截至 2012 年 12 月底，我国微博用户为 3.09 亿，占网民总数的 54.7%。作为一种新型的信息传播交流方式，目前微博已经发展成为中国用户最活跃的主流媒体，对人们的

---

* 刘兰兰，河南省社会科学院研究人员。

思维模式和行为方式都产生了深远影响，并逐渐在此基础上形成独特的微博文化。

（一）微博文化主体的草根性和平等性

微博文化的主体即微博的使用者，其最大的特点是打破了以往所谓"精英人士"的主导地位。在微博上，所有人都是平等的，任何人都可以免费拥有自己的主页，都可以通过微博成为舆论和话题的焦点，从而获得关注。

1. 内容浅显，门槛低

随着科技日新月异的发展，手机等移动终端占用了人们大量的碎片时间，尤其是微博，浓缩了作者最精华思想的 140 个字，这种简单、快捷的表达方式受到广泛青睐。只需要用一台能联网的终端设备（电脑、iPad、手机等）便可以免费注册微博用户，通过原创、转发、评论等功能充分表达自己的思想。微博内容一般浅显易懂，不需要高深莫测的专业理论，也不需要系统逻辑的学术思想，用户表达的完全是生活化的语言，就像和朋友日常聊天一样。浏览一条微博不需要花费太多时间，也不需要特别深度的思考，用户只需要在候车、休息等"碎片"时间里使用微博，便可以在简短几分钟内了解到世界各地最新发布的新闻。

2. 开放空间，平等自由

在微博平台上，信息传递不再是传统的由社会地位高、受教育程度高的阶层传播到社会地位低、受教育程度低的阶层，而是在每个用户之间平等互动地传播。用户可以自由选择关注的对象，也可以被其他人关注；可以表露自己真实的身份，也可以匿名隐藏在网络背后；可以针对时政发表时评，也可以只是简单地记录生活状态。由此，微博文化具有较强的包容性与开放性。微博诞生之前，中国电影的话语权被一些著名导演、电影制作人、著名演员及专业影评家控制，这种落后闭塞的机制导致了电影营销的长期滞后。微博的出现改变了这一状态，一方面普通人也能轻松发表自己的看法，并可以通过群体进行传播，更具有真实感和信任度，由此形成的口碑效应将直接影响到用户的观影行为。另一方面在微博平台上，电影主创人员可以与观众进行零距离在线交流，观众对电影的好与坏评价拥有一定的话语权。

（二）微博文化本体的多重特性

1. 内容的立体化与创造性

微博作为一种新型的信息传播交流平台，既具备了传统媒体的特性，又具有新媒体的特征。一方面微博具备了汇集文字、图片、音频、视频于一体的立体传播功能，用户可以通过文字、图片、音乐、视频、长微博、超链接等各种图文并茂、声像具备的方式传播内容。另一方面网友集体智慧的汇合形成了缤纷多彩的微博文化。电影中的经典台词、精彩表情和表达等都可能作为创意元素被网友们"二次加工"成各种精彩的"段子"和"语体"，并在微博中被疯狂转载、评论。中国人民大学喻国明教授（2006）形象地把这种利用全社会的智力和内容原创力的技术行为称之为"全民 DIY"，"没有专业限制，想做就做，每个人都可以利用 DIY 做出一份表达自我的'产品'来"，这些就成为微博文化得以发展的动力源。

2. 传播方式的便捷性与时效性

随着移动互联网的发展，各种移动终端给人们提供了前所未有的便捷与舒适，用户可利用等人、候车、饭前、睡前等大量闲散的"碎片"时间打开微博浏览最新资讯，实现信息传播的 Anyone、Anytime、Anywhere、Anyway 的 4A 理想境界。微博，看似微小实则力大无穷。近年来，微博在重大新闻的现场直播方面，走在了传统媒体的前沿，"上海胶州大火""我爸是李刚""7·23 动车事故""小悦悦"等事件都是通过微博第一时间发布消息和现场直播的。相对于传统媒体，微博几乎是现场同步的新闻传播模式，引起了极大的社会关注，并引发传统媒体深度跟进报道。

3. 传播功能上的社交性与话题引导性

作为社交网络平台，微博最大的功能是满足网友的社交需求。用户可以通过"关注"功能选择收听微博，还可以搜索到自己喜爱的微博进行关注。微博没有时间限制，全天不间断发布着最新消息，用户在微博上一旦发布消息，可能立刻会有"粉丝"对其内容进行评论、转载。微博"发布者"和"收听者"之间可以直接在线交流，实现信息的及时沟通。由于微博用户之间的关系呈"嵌套"式结构，超过一定的关注和转发会促使微博成为"热门微博"。此外，微博上的"热门微博"和"热门话题"随着网友关注度的提高，逐渐成为网络舆论的中心地带，进而引起更多关注，最终演变成为社会话题。

二　电影微博文化的演变和传播学解析

（一）我国电影产业发展现状分析

2002～2012年，中国电影银幕数量以超过6倍的增长速度从1834块增长到13118块，电影票房以近18倍的增长速度从9亿元增至170.73亿元。"2011年，中国电影以131.15亿元人民币的总票房，首次成为仅次于北美和日本的世界电影第三大市场。"（尹鸿、程文，2012）2012年是中国电影产业具有历史性突破的一年，全年票房累计170.73亿元，21部国产电影票房过亿，其中6部电影票房达到2亿元以上，3部电影票房达到7亿元以上。然而，中国电影也面临着巨大挑战：一方面2011年有35部影片票房过亿，且这35部电影的票房总额约占年度票房总额的70%；20部票房过亿的国产电影票房总额超过40亿元，占全年度国产电影票房总额近2/3（尹鸿、程文，2012）。另一方面2012年国产片票房收入为80亿元，占票房总收入的47.6%，进口片的票房收入约为88亿元，占总票房的52.4%。大片和进口片占领了中国电影的主要市场，中国电影面临着严重的内忧外患。与此同时，一些制作精良的国产电影在国外拿了很多奖，在国内却票房不佳。2006年8部在海外获奖的国产文艺电影票房收入总体不足1000万人民币。2011年，国产影片《钢的琴》海外频频获奖，在赢得了一致好评的同时在国内却票房遇冷。近年来，国产中小成本文艺片的处境尴尬，由于重制作、轻宣传的保守观念，往往导致优秀电影赢得了口碑，却输了票房。相比之下，国外电影投资者把对电影的宣传投入称为对电影的"二次投资"，电影票房成绩不仅和电影内容相关，还和电影的宣传推广密不可分。电影发展面临挑战的同时也迎来了史无前例的机遇，微博的出现冲击了传统的传播格局，引领了传播方式的巨大改变。随着数字技术和移动终端的完善，微博营销以其简短、快捷、分众、互动的特性冲击了传统的营销方式，给电影宣传带来了新的生机。

（二）电影微博文化的传播学理论解析

1. 5W 传播模式解析

1948 年，美国传播学四大奠基人之一哈罗德·拉斯韦尔在其经典名著《社会传播的结构和功能》中提出分析传播过程的方法，即 5W：谁（Who），说了什么（Says What），通过什么渠道（In Which Channel），对谁说（To Whom），取得了什么效果（With What Effect）的方法解释传播行为（见表 1）。5W 模式不仅可以锁定影响传播效果的 5 个要素，还可以通过对传播过程的分析更直观地了解此行为。不同于传统的 5W 传播模式，在互联网微博时代这一模式得到了新的补充，笔者试着从电影的微博营销角度解析微博版的 5W 模式（见表 2）。

表 1　5W 传播模式

经典版 5W 传播模式	Who	Says What	In Which Channel	To Whom	With What Effect
微博版 5W 传播模式	传播者	传播内容	传播渠道	传播对象	传播效果

表 2　电影 5W 传播模式

空间模式	传播者	传播内容	传播渠道	传播对象	传播效果
传统电影宣传	官方	统一	发布会、影院、影视期刊、电影网站、综艺节目	大众	反馈少、反馈慢
微博电影宣传	官方 + 民众	统一 + 口碑	同上 + 微博宣传	小众	反馈快、效果好

根据电影微博营销的具体过程，笔者参照传统 5W 传播模式确定了 5 个要素，分别是电影的传播者、传播内容、传播渠道、传播对象和传播效果。传统 5W 模式认为电影的宣传方就是电影的出品公司，电影导演和演员都由公司安排而统一口径、说辞参加电影发布会、影视访问和综艺节目等主要活动，并力图通过这些活动影响观众的消费。相比之下，微博宣传的 5W 模式要复杂得多，电影的传播者不再是单一的电影官方宣传，还有以导演、明星等剧组人员为代表的个人宣传，甚至圈内一些明星好友、微博"大 V"们都可以加入宣传。微博用户可以通过电脑、手机等终端，随意发表自己对影片的感想，还可以在组成的社交圈中作为信息的接受者，

通过原创或转发的方式成为二次信息发布者。与微博用户联系的基本属于自己熟悉或感兴趣的人，在一定程度上实现了传播对象的精准定位。不仅如此，电影微博营销的另一项优势就是能及时监控传播效果，了解最新传播动态，根据需要随时调整传播策略。通过报纸、期刊、电视节目进行宣传，效果很难控制，而微博最大的特点就是其互动性，通过及时互动在第一时间了解消费群体对电影最真实的反映。电影《快乐到家》就是通过微博的力量，实现了票房"逆袭"的转变。

2. 传播过程中的"议程设置"

社会学家库尔特·朗和格拉斯·朗发现，虽然对于新闻是否有力改变人们的态度还存在大量疑问，但媒介的确提供了大量信息，人们从中得以了解当天的重大议题。微博信息传递的快捷性和去中心化，大大降低了传统媒介"把关"的功能，但是电影宣传中采取的话题营销让"议程设置"这一理论对引导和转移电影目标群体注意力方面具有重要的现实意义。"议程设置"理论是在李普曼的"拟态环境"和拉斯韦尔关于大众传播的"环境监视功能"概念基础上提出来的，该理论的主要观点是大众传媒对事物和意见的强调程度与受众的重视程度成正比。电影《将爱》引导的"怀旧"话题、《亲密敌人》引导观众集体模仿徐静蕾的"亲密体"、《泰囧》引导的"泰国旅游"热等，都是通过制造与电影相关的话题引导受众的注意力，并通过微博带动话题的持续升温，最终将对话题的热情转化成实际的观影行为。微博宣扬的电影主题、赢得的关注，在很大程度上决定了该片的电影票房成绩。最具代表性的是电影《失恋33天》，其独特的疗伤、治愈的宣传定位让该部电影脱颖而出，在微博上赢得了大量的关注，导致电影一度出现热销场面。

3. 关系营销及名人效应

微博是由众多独立个体组成的巨大网络。该网络的每一个点都是相互联系的，这种联系又可以根据关系的亲疏远近分为各个圈层，如以同学、朋友为主的"熟人圈层"，以娱乐明星、企业领袖、社会公知为主的"名人圈层"，以兴趣爱好、专业特长为主的"兴趣圈层"。一般来说，为了精准定位目标受众，电影的观影人群可以按照性别、年龄、职业、兴趣等因素划分圈层，利用圈层之间的联动性和圈层内部成员价值观的趋同性扩大影片的影响力。作为中国电影中坚力量的中小成本电影，由于受到制作经费和宣传经费的控制，无法与各种"大制作"影片竞争，但近几年却在票房上屡屡获得惊人成绩，其中一部分就是由于大牌明星的关系联动效应。一批娱乐明星、经济学家、草根达人等在微博传播中发挥着"意见领袖"的作用，如"微博女王"——姚晨经常对其两千多万个粉丝发表自己的言论，当美国大片《超凡蜘蛛侠》和《蝙蝠侠：黑暗骑士崛起》同天上映时，由于她连发几个带有个人倾向性的微博在某种程度上导致《蝙蝠侠》在"双侠大战"中脱颖而出。《山楂树之恋》由于业内资深电影人利用微博发表影评，不经意间促进了电影的营销宣传。

三　电影微博文化的现实意义

（一）对电影宣传而言：定位营销，小投资大回报

手机拍照技术的提高和移动互联网的发展，促使"全民记者时代"的到来。每个人都可以通过微博发布消息，正如埃文·威廉姆斯所说："即使再庞大的新闻媒体，也不会像 Twitter 一样，在世界各地拥有众多新闻记者。"微博作为简单而快捷的消息传播平台，正以庞大的用户群体覆盖全球各个角落。利用微博进行电影宣传与推介，无疑可以成为文化创意产业最具话题性的内容。2011 年，小成本电影《失恋 33 天》意外获得 3.2 亿元的票房，引起了业内的高度关注。该部影片因改编自热门网络小说而具有一定的人气积累，主演是当时国内二线演员，影片票房的成功最终得益于在宣传理念上的创新，即大胆采用了当时最热门的微博营销。在影片上映前，该部影片就已在新浪微博注册官网，官方微博因实时发布拍摄情况和拍摄花絮而吸引了大量"粉丝"，电影主演也通过个人微博与"粉丝"互动。影片上映初期官方微博通过一些互动活动积累了大量人气，各路明星与知名影评人也通过微博为电影叫好，发挥了较大的宣传作用，为电影的造势提供了动力，使其最终成为小成本电影票房史上的"里程碑"，并由此开启了电影的微博营销时代。

（二）对微博自身而言：创造话题，活跃用户

电影的话题性不仅体现在电影主题带来的人文价值和社会思考，也体

现在与电影相关的元素自身所具备的话题性，如明星的感情生活和逸闻趣事等话题可引发人们的关注讨论。业内人士指出，2012年，微博用户平均每天发布超过1亿条微博内容，平均在线时长为60分钟左右。数以亿计的微博让信息变得越来越"碎片化"，如何在"碎片化"的信息中寻找有价值的信息是值得思考的问题。随着微博应用功能的不断完善，"热门微博""热门话题""微博电影"等应用不断推陈出新，电影可以通过这些应用达到宣传自我的目的。电影以其与生俱来的艺术性和创新性，在海量微博信息中制造话题，凝聚用户对微博这一平台的热爱。

（三）对目标群体而言：丰富文化生活，满足情感交流

根据中国互联网络中心发布的《第31次中国互联网络发展状况统计报告》显示，截至2012年12月底，中国网民年龄结构中10～39岁年龄段所占百分比为79.7%。艺恩数据显示，中国影院受众39岁以下的约占86%，两者的数据都显示了一种现象，微博用户和电影受众主体以40岁以下的中青年为主。这部分群体伴随网络的发展而成长起来，习惯利用网络阅读、思考、学习和工作。喻国明教授曾将微博形象地比喻为"麦克风"，用户通过"麦克风"把信息传达给自己的"粉丝"，很大程度上激发了表达欲，用户通过自己的粉丝反馈，也得到了一定的社会认可。微博用户通过交流影片信息，满足了其情感需要的功能。电影《将爱》以曾经热播剧《将爱情进行到底》为基础，抓住目标消费者的这种怀旧心理，除了大晒主演的情书，还通过微情书、爱情故事征集令等方式号召20万网友参与其中。这些充满浓浓爱意的活动，借助普通人的普通情感，让电影宣传直达心灵深处，拉近了电影与普通人之间的距离。

（四）对传统媒体而言：提供话题，刺激传统媒体跟进

传统媒体由于行业的体制机制等问题导致很多新闻失去了"第一时间"，与传统媒体相比微博发布新闻简单而快捷，微博在全世界各地都散布着"记者"，这些临时"记者"在第一时间发布消息后，传统媒体开始迅速调动力量跟进报道后续事件。例如，中国影片在国外获奖后，传统媒体通常需要做好策划、拍摄、配音、视频编辑等各个环节的工作，撰写稿件需要交上级部门批示，然后择时发布；而参加该类活动的演员、记者或

者随行人员则可以第一时间利用微博发布现场情况。虽然微博在速度上有着其他媒体无可比拟的优势，但仍需要传统媒体在新闻质量和深度方面进行挖掘与跟进。一般而言，微博的快捷、便利给传统媒体提供了话题导向，传统媒体依此进行深层次采访报道，这既是新旧媒体的跨界融合，也是新旧媒体的互补发展。充分发挥新旧媒体的特点和优势，对我国新闻传媒格局的变革和新闻传播事业的发展具有一定的现实意义。

结 语

近年来国产电影发展迅速，成绩斐然。一批中小成本电影依靠精准的微博营销，打败了动辄耗资数亿元的国产大片，登上票房排行榜的榜首，并在世界范围内产生了一定影响。微博和电影的结合也促使了电影微博文化的产生，电影借助微博短、平、快的新型互动传播方式，宣传影片的所有信息，进而在微博用户之中形成一种特殊的网络文化。电影微博文化增强了微博用户的活跃度，沟通了用户和好友之间的感情；与此同时，通过话题引导和互动交流的方式宣传了影片。随着社会的发展和时代的进步，人们的生活方式和消费行为出现了多样化的趋势，传统媒介格局中的"大众"将被"分众"取代，以微博为代表的精准细分受众的新媒体正逐渐形成对传统媒体的挑战。电影和微博的跨界合作，不仅是互联网时代的发展所趋，也是电影业面临新媒体革命的伟大尝试，它的发展为中国电影在互联网时代的营销探索出一条新的出路。

参考文献

〔美〕希伦·A. 洛厄里 \ 梅尔文·L. 德弗勒：《大众传播效果研究的里程碑》第三版，刘海龙等译，中国人民大学出版社，2012。

尹鸿、程文：《2011 中国电影产业备忘》，《电影艺术》2012 年第 2 期。

喻国明：《全民 DIY：第三代网络盈利模式》，《新闻与传播·人大复印报刊资料》2006 年第 2 期。

从两河流域到溱洧之滨

——黄帝部族的发祥地研究

马世之*

摘要：黄帝是中华民族的人文始祖。长期以来，黄帝部族的发祥地，一直是学术界极为关注的问题，并形成了各种各样的说法。从两河流域的古巴比伦到溱洧之滨的河南新郑，众说纷纭，莫衷一是。经过认真分析，可知只有新郑才是黄帝部族的发祥之地。

关键词：黄帝　巴比伦　新郑

黄帝是中华人文始祖，被誉为五帝之首。中国古代哲人庄子曾经说过："世之所高，莫若黄帝。"国学大师钱穆在《黄帝的故事》中指出："黄帝是中国历史上第一个伟人，是奠定中国文明的第一座基石。"长期以来，黄帝部族的起源问题一直是学术界的研究热点，受到了各方面的广泛关注，有必要对其进行认真探讨。

一　黄帝部族起源问题观察

谈到黄帝部族的发祥地，必然涉及其故里、故都等一系列问题，这可以从文献记载中寻找依据。《史记·五帝本纪》载："黄帝者，少典之子，姓公孙，名曰轩辕……黄帝居轩辕之丘……"指出黄帝故里为轩辕丘。《帝王世纪》说："黄帝有熊氏，少典之子，姬姓也……有圣德，受国于有熊，居轩辕之丘，故因以为名，又以为号。"黄帝是有熊国君，其故都之名为"有熊"，或称"有熊氏之墟"。《国语·晋语四》载："昔少典娶于有蟜氏，生黄帝、炎帝。黄帝以姬水成，炎帝以姜水成。故黄帝姓姬，炎

---

*　马世之，河南省社会科学院研究员。

帝姓姜。"黄帝故里、故都附近，应有姬水存在。由此看来，作为黄帝部族的发祥地，必须具备三个条件，即轩辕丘、有熊和姬水，对于这三个标尺，需要进行综合研究。不过，由于年代久远，以及文献记载的缺失，关于黄帝部族起源于何处，历来聚讼纷然，说法不一，主要观点如下。

（一）古巴比伦说

古巴比伦说或可称之为"两河流域说"，1894 年法国人拉克柏里在《古代中国文化西源考》中提出，公元前 2282 年率闪米特人一支——巴克族东迁的震南国王奈亨台，以中国古史传说证之，即为黄河流域部落联盟首领黄帝。此说提出后，立即遭到中外学人的痛斥。德国学者夏德在《中国上古史》中认为此说穿凿附会，不足为信。何炳松的《中华民族起源之新神话》谓此说"至多只能视为西洋新撰之《山海经》而已"，又云："其立说极尽穿凿附会之能事，故已为中外史学界所摈弃。"黄帝源于古巴比伦说是"中国文化西来说"影响下的产物，缺乏历史依据，不足为信。

（二）匈牙利与俄罗斯说

胡远鹏发表在《北方论丛》（1995 年第 2 期）上的《中华民族的"人文初祖"轩辕黄帝史迹钩沉》说："轩辕之国，为黄帝入主中原之前的领地；'国于有罴'，也就是'国于有熊'。然而，轩辕之国在何处呢？……我们认为，轩辕之国，它并不在东方而在西方，即现在的匈牙利。中国历史上载轩辕之国是黄帝当诸侯时的领地。因名轩辕，故称轩辕之国。《海外西经》曰'轩辕之国在穷山之际'，正是说明它在欧洲西部。据匈牙利人自己叙述他们的第一代国王是位了不起的英雄，名'阿尔伯特'。从语言学角度看，阿尔伯特正是有罴氏的古读。"此外，《山海经·西次山经》中曾经提到过丘时之水、渤水、瑶水等地名。《韩非子·十过》说"黄帝合鬼神于泰山之上"，此泰山或作西泰山。该文据此认为："丘时之水，就是额尔齐斯河，额尔，就是河；渤水，即鄂毕河；瑶水，就是叶尼塞河，塞，为水的古读。这些地方，全在苏联境内。这些进一步说明，西泰山就是阿尔泰山，可见黄帝当时的活动范围有多么大，是不可以现在的中国境域来局限的。"此说将黄帝当时的活动范围划定在今俄罗斯境内，明显依据不足，论证乏力，所引资料存在重大错误，因而丧失了一切学术价值。

（三）曲阜说

该说主张黄帝部族起源于山东曲阜。《帝王世纪》载："黄帝生于寿丘，在鲁城东门之北。"《史记·五帝本纪·正义》案："黄帝有熊国君，乃少典国君之次子，号曰有熊氏……母曰附宝，之祁野，见大电绕北斗枢星，感而怀孕，二十四月而生黄帝于寿丘。寿丘在鲁东门之北，今在兖州曲阜县东北六里。"张为民的《黄帝族源东夷说》据此而论："黄帝部族出于曲阜周围名为'寿丘'的东夷某地并非不可能。"王燕均的《黄帝族发祥于东方初证》先是认为黄帝、颛顼、帝喾、唐尧、虞舜均是从东方入主中原的古帝，接着说："从传世的黄帝族世系来看，其中所收到的几个主要成员皆是从东方黄河下游一带徙居中原的古夷人后裔。这是黄帝族发祥于东方的一个有力证明。"黄帝作为华夏部落集团的首领，其活动时代大体上相当于考古学上的仰韶文化中晚期。少昊为东夷集团首领，从考古学文化上来看，少昊文化为大汶口文化，曲阜不在仰韶文化分布地域范围之内，因而该处不可能是黄帝的生地。诚如徐旭生在《中国古史的传说时代》中所云："实在，鲁国本为'少皞之虚'，是东夷集团的大本营，华夏集团的黄帝绝不能生在那里。"柏明、李颖科的《黄帝传》也对曲阜说提出质疑："其实这种说法不无商榷之处。第一，黄帝出生于母系氏族公社时期，而当时山东是夷人的大本营或主要生活区，作为姬姓的少典族后裔的黄帝不可能出生于夷人的活动区域内。第二，从考古发现来看，在新石器时代，我国北方的人们主要居住在黄河支流的二级台地上，而山东在当时正处于奔腾浩荡的黄河干流两岸，特别是在那洪水肆虐的年代，人们不可能居住在那里。多年来，在山东黄河干流两岸很少发现新石器时代遗址，这也充分说明这一点。第三，从历史上看，在周成王'残奄'以前，没有任何迹象表明姬姓势力已发展到山东境内。所以，我们认为黄帝生于寿丘之说不能成立。"

（四）黄陵说

陕西黄陵县是传说中黄帝陵寝所在地。《史记·五帝本纪》载："黄帝崩，葬桥山。"《太平寰宇记》载："坊州中部县……桥山有黄帝陵，按《山海经》云：蒲谷水源其山下。水流通，故谓桥山。今陵冢尚在。"《清一统志》谓"黄帝陵在中部县西北桥山上",中部县即今黄陵县。黄帝陵位于黄陵县东 1 公里处的桥山之巅,宋太祖开宝五年下诏在此建黄帝庙,元末重建,明清时期多次重修,最终形成庄严雄伟的古建筑群。徐旭生的《中国古史的传说时代》依据姬姓传说流传的地方,认为:"可以推断黄帝氏族的发祥地大约在今陕西的北部。"此外,还有学者分别主张流经陕西境内的渭水、泾水、横水、漆水或岐水等可能是古代的姬水。需要指出的是陕西黄陵县仅仅是黄帝衣冠冢所在,不是黄帝生地,因而黄帝部族并非起源于此。

(五) 清水说

清水为甘肃天水市辖县,因而此说又称"天水说"。《水经·渭水注》载:"渭水……出泾谷峡。又西北,轩辕谷水注之,水出南山轩辕溪。南安姚瞻以为黄帝生于天水,在上封城东七十里轩辕谷。"姚瞻是东汉灵帝时南安郡人。上封即上邽,即今天水市,距清水甚近,故熊会贞引《陕西通志》说,轩辕谷在今清水县东南六十里。《帝王世纪》案:"黄帝生于寿丘,长于姬水。"《路史·后纪》卷五罗苹注:"寿丘,在上邽。"《直隶秦州新志》载:"轩辕谷隘,清水县东七十里,黄帝诞此。"《甘肃省志考异》云:"轩辕谷在上邽城东七十里,轩辕黄帝生处也。"范文澜的《中国通史简编》也说:"轩辕黄帝诞生于甘肃天水。"但清水说并未得到学术界的一致认同,柏明、李颖科的《黄帝传》指出:"因为黄帝得以号轩辕是由于他曾居住在河南新郑县境的轩辕之丘,并非天水县境内的轩辕谷。"杨东晨的《黄帝的故乡在何方》也指出,寿丘、轩辕丘"这两个地名本为有熊氏故地新郑附近地名,系少典氏部分迁邽而带入"。由此看来,清水说难以成立。

(六) 长沙说

《史记·五帝本纪》载,黄帝"南至于江,登熊湘"。《庄子·天运》云:"帝张咸池之乐于洞庭之野。"《抱朴子》说:"黄帝过洞庭从容成子受自然之经。"徐灵期的《南岳记》谓:"黄帝受戒于衡山金简峰。"《湖南通志》载:"湘阴县……县有地名黄陵,即二妃所葬。"《湖南风物志》谓:"君山……山上有轩辕谷,传为黄帝铸鼎之地方。"刘俊男的《华夏上古史研究》据上述文献，结合古星象学研究认为："黄帝出生地在古长沙国，当今湖南境。"并说黄帝葬于洞庭湖畔的黄陵，其附近的黄水疑为姬水。林河的《中国巫傩史》据四川盐亭一则有关嫘祖的民间故事，联系弗雷泽《金枝》中所谈到的"原始民族喜欢用异族人为领袖的文化现象"，认为"黄帝是从南方农耕民族中抢来的氏族领袖"。上述说法值得商榷，因为从考古学的角度来看，湖南长沙一带为大溪——屈家岭文化分布地域，属苗蛮文化范畴，与华夏族的仰韶文化相距甚远，因而作为华夏集团首领的黄帝绝对不可能出生于长沙一带。

（七）蒙古高原说

《史记·五帝本纪》载，黄帝"官名皆以云命，为云师"。《集解》引应劭曰："黄帝受命，有云瑞，故以云纪事也。春官为青云，夏官为缙云，秋官为白云，冬官为黑云，中官为黄云。"张晏曰："黄帝有景云之瑞，因以名师与官。"庄寿雨的《黄帝部落从哪来？》据此而论："蒙古高原上的云，无论从空间上、时间上，以及作用强度上都胜于平原上的云对人生存的作用。"并因黄帝部族以云为图腾，便认为："黄帝部落曾是一个生活在蒙古高原的部落。"又说，"黄帝部落在打败了蚩尤之后由内蒙古高原迁移到了宣化、怀来盆地、山地。"对于上述观点，叶修成、梁葆莉在《黄帝族的发祥地及其时代》指出："此说若仅从云图腾崇拜产生的物质基础来看，似乎合于情理。然仅以蒙古高原上的云与平原上云作比较，而尚未对蒙古高原与陕甘黄土高原上的云进行比较。内蒙古高原与陕甘黄土高原在地理学上均属我国第二级阶梯，海拔都在1500米左右，故此两处的人们对云的感受应该没有太大的不同。若依其理，则黄帝部族未尝不可生活于陕甘黄土高原。又因此说既无古籍记载可考，又无民间传说为据，且无考古实物印证，故不足信也。"

（八）涿鹿说

河北涿鹿被认为是当年黄帝筑城造邑之地。《史记·五帝本纪》载，黄帝"与蚩尤战于涿鹿之野"，"北逐荤粥，合符釜山，而邑于涿鹿之阿"。《正义》云："广平曰阿。涿鹿，山名……涿鹿故城在山下，即黄帝所都之邑于山下平地。"《水经注》卷十三云："黄帝与蚩尤战于涿鹿之野，而邑于涿鹿之阿，即于是也……《魏土地记》曰，下洛城东南六十里，有涿鹿城，城东一里有阪泉，泉上有黄帝祠……涿鹿城东南六里有蚩尤城。"阪泉今名黄帝泉。《世本》载："涿鹿在彭城，黄帝都之。"《舆地志》云："涿鹿本名彭城，黄帝初都，迁有熊也。"黄帝城在涿鹿县东南约 40 公里的矾山镇，城址平面近方形，东西长 1000 米，南北宽 800 米。古城附近分布有黄帝庙、龙王塘、蚩尤泉等古迹。沈长云的《从周族的起源论及黄帝氏族的发祥地》据此及有关西周铭文认为："比较可信的，还应当是黄帝部族发祥于古涿鹿一带的。"涿鹿一带是黄帝与蚩尤交战之地，黄帝在这里建有城邑，仅凭这一点就说黄帝部族发祥于此，缺乏更多的证据，难以使人信服。

此外，还有彭城说，主张黄帝故里在今江苏徐州；晋南说，认为黄帝生地在今山西南部汾水流域；滨海说，倡导黄帝部族源于燕山以东的滨海地区；如此等等，不一而足。上述说法大都牵强附会，缺乏文献记载和考古证据，其结论自然无法为学术界所认同。

二　黄帝部族发祥于新郑

关于黄帝部族的发祥地，除了上文提到的诸说之外，最受学术界青睐的莫过于新郑说。新郑位于河南中部嵩山东麓的黄水河与双洎河交汇地带。黄水河古称溱水，双洎河古称洧水，因而此说又称溱洧说。该说具有很大的优势，现归纳如下。

（一）黄帝故里轩辕丘在新郑

史乘所载，黄帝生于轩辕丘。《史记·五帝本纪》说："黄帝居轩辕之丘。"《帝王世纪》谓："黄帝有熊氏……受国于有熊，居轩辕之丘，故因以为名，又以为号。"宋代潘自牧《记纂渊海·郡县志》云："轩辕丘在新郑县境，黄帝生此。"《明一统志》曰："轩辕丘在新郑县境，古有熊氏之国，轩辕黄帝生于此，故名。"《清一统志》载："轩辕丘，在新郑县西北故城。"清乾隆二十九年，新郑县《重修（显龙宫）大殿碑记》刻有："古传郑邑为轩辕氏旧墟，行在北有轩辕丘遗迹，乃当年故址。"据刘文学主编的《黄帝故里志》所考，轩辕丘在新郑市黄水河（古溱水）与双洎河

（古洧水）交汇处的高台地上，面积 30 多平方公里。其地貌形态东有马陵岗，西有双岭岗，南有黄岗，北有裴李岗，中间是盆地。溱水、洧水自西北而来，于盆地中切割出一凸起的高台地，其中心区在今黄帝故里景区一带。

（二）黄帝之国有熊故都在新郑

"有熊"是黄帝国名，也是都城之名，或称"有熊氏之墟"。新郑附近具茨山诸峰之一熊耳山，位于风后顶西，其状如熊，世谓大熊山。相传有熊因熊山得名，汉代焦延寿的《焦氏易林》说："黄帝者，有熊国君，君少典之子。有熊，即今河南新郑是也。"《史记·五帝本纪·集解》谓："谯周曰：黄帝，有熊国少典之子也。皇甫谧曰：有熊，今河南新郑是也。"《续汉书·郡国志》载："河南尹新郑县，古有熊国，黄帝之所都。"《帝王世纪》言："新郑，古有熊国，黄帝之所都。"《水经注》卷二十二云："洧水又东迳新郑县故城中……或言县，故有熊氏之墟，黄帝之所都也。郑氏徙居之，故曰新郑矣。"清道光二年，《重修新郑县文庙碑记》云："新郑为轩辕黄帝故都，文明肇启有自来矣。"黄帝故都有熊氏之墟在新郑何处？20 世纪 90 年代在新郑城区以北，即郑州市古荥镇孙庄村西的西山遗址，发现了一座距今 5300 多年的仰韶文化晚期古城，该城址面积 3 万多平方米，遗迹有城垣、城壕、城门、道路及 200 多座房址，被考古工作者认定为黄帝时代的城址，有的学者更进一步主张其是有熊国的国都。西山城址的发现，为"有熊氏之墟"在新郑提供了考古学的支撑。

（三）黄帝之父少典国都在新郑

文献记载黄帝父族为少典氏。《国语·晋语》载："昔少典娶于有蟜氏，生黄帝、炎帝。"《轩辕黄帝传》说："伏羲生少典，少典生神农及黄帝。"《史记·五帝本纪》云："黄帝者，少典之子。"《集解》引谯周曰："有熊国君，少典之子也。"《索隐》又说："少典者，诸侯国号，非人名也。"少典是少典部落之号，也是其部落首领之名。关于少典的居地，文献记载均说在今新郑，与其时代相对应的考古学文化为裴李岗文化。近年来，在新郑市观音寺镇唐户村发现一处裴李岗文化遗址，该遗址面积约 30 万平方米，地处潩水河与九龙河汇流的夹角地带，北部有一条长达 30 米的壕沟。在已经发掘的 5000 平方米范围内，发现房址 65 座，窑穴 206 个。许顺湛在《太昊少典与考古学文化联想》中指出："（少典时代）对应考古学文化即裴李岗文化……从裴李岗聚落群观察……环嵩山有 7 个聚落群，共 61 个聚落，最大的聚落是新郑—新密聚落聚群，这个聚落群中最大的是唐户聚落，其遗址面积约 30 万平方米……位于三面环水的夹角洲内……深挖壕沟，形成了具有防御功能的都邑性质的中心聚落。这处遗址可能就是炎黄之父少典的国都。"

（四）黄帝所居之姬水可能是新郑溱水

姬水是中国古代历史上的一条圣水。《国语·晋语四》载："黄帝以姬水成……故黄帝姓姬。"《说文解字·女部》云："姬，黄帝居姬水以为姓。"姬水虽然是一条孕育了中华人文始祖黄帝的母亲河，但是几千年来却销声匿迹，不见踪影，使人难以寻觅。刘文学的《黄帝所居"姬水"新观察》一文，从历史文献、氏族图腾、汉字造字、甲骨文和青铜器铭文等多方考证，指出："姬水的姬字是熊的形象，姬水当为熊水，熊水与有熊国密切相关，姬水所在当在黄帝发祥地今河南新郑一带……从具茨山别峰熊耳山白龙潭流下的今名为溱水的很可能就是古代的姬水。"溱水在今新郑境内，流经少典国都唐户裴李岗文化遗址近旁，这也许不是历史的巧合。溱水若是姬水，则黄帝部族源于新郑说会进一步得到学界的认同。

（五）黄帝史迹遍布于新郑及其周边地带

新郑及其周边的禹州、新密、襄城一带，广泛分布着黄帝的相关史迹，比较有代表性的有具茨山黄帝岩画、黄帝访广成子处、黄帝访大隗真人处、黄帝避暑宫、黄帝饮马泉、黄帝观兽台、黄帝云岩宫、黄帝养马的"养马庄"、黄帝遛马的"马骥岭"、黄帝存放粮草的"草场岗"、黄帝屯粮的"仓王庄"、黄帝立旗的"摩旗山"，以及用黄帝大臣命名的风后岭、大鸿山，等等。众多史迹表明，黄帝可能长期栖息于具茨山麓与溱洧之滨。

结 语

在中国近现代史上，有关黄帝部族起源的问题众说纷纭：从两河流域的古巴比伦到溱洧之滨的河南新郑，可谓异彩纷呈，不一而足。通过综合对比研究，以新郑说的理由最为充分，足以使人信服。《史记·五帝本纪》载："（黄帝）东至于海，登丸山，及岱宗。西至于空桐，登鸡头。南至于江，登熊、湘。北逐荤粥，合符釜山，而邑于涿鹿之阿。"其足迹所到之处，无不留下深刻的历史印记，故而有曲阜、清水、长沙、涿鹿诸说，但它们均非黄帝部族兴起之地，其起源说法也各有不合理之处。尽管黄帝成为华夏部落联盟军事首长后，曾四方征伐巡视，但按照当时的历史条件，他绝不可能去过古巴比伦，也不会到达匈牙利与俄罗斯等地，因而该类起源说显然是十分荒谬的。通过论证，可以确认只有溱洧之滨的河南新郑，才是黄帝部族的发祥之地。

光州穆陵关考

陈习刚 *

摘要： 光州穆陵关是历史上四处穆陵关之一，大致在北魏延昌三年至孝昌三年由穆（木）陵戍改置而来。穆陵的最初地望在光州，光州穆陵关因坐落在光州、黄州二州交界的穆陵山（今属河南新县周河乡）上而得名。其自设置后，在东魏、北齐、北周末期及隋初相继沿用；唐代则置废不常；宋元、明清时期仍然发挥作用。光州穆陵关既是战时的军事要道，也是和平时期商旅往来、移民播迁的重要交通道路，具有一定历史地位。

关键词： 穆陵关　穆陵　光州　地望　演变

史上穆陵关有四处。据程喜霖（2000）《唐代过所研究》附录《唐关津一览表》所述，唐代穆陵关有三：一是河南道沂州穆陵关，二是淮南道黄州穆（木）陵关，三是淮南道光州故木陵关。光州与黄州交界，后两个穆陵关实指同一关隘。陕西西安府乾州也见有一处穆陵关，《明史·地理志三》陕西西安府乾州永寿县条载："州北。东有泾水。西南有锦川河，下流为漠谷水。有土副巡检司。又有穆陵关。"《中国历史地名大辞典》穆陵关条："又在陕西永寿县西南，即北魏莫营关之音转；唐时已称穆陵；或称秣陵，尤非。"山西也有一处穆陵关，《中国古今地名大辞典》穆陵关条："在山西荣河县北十三里。两壁对立，中间一线，为南北孔道，亦荣河之咽喉也。元将韩通守此。"《中外地名大辞典》穆陵关条所载同上。《中国历史地名大辞典》穆陵关条："又在山西荣河县北十三里，元将韩通守此，为县境咽喉。"据此，史上有四处穆陵关，本文仅对光州穆陵关作一初步探讨，其他穆陵关另具专文，此不赘述。

---

* 陈习刚，河南省社会科学院历史与考古研究所副研究员。

一 光州穆陵关的出现年代

据《元和郡县图志》记载，光州穆陵关置于北齐。《元和郡县图志·河南道五》载光州光山县木陵故关"在县南一百三十二里。齐、陈二境，齐置此关以为禁防。周因不改，隋开皇九年平陈后废"。但据《水经注》，北魏时已有木陵关。《水经注》卷三十载：

> 淮水又东北合黄水，水出黄武山，东北流，木陵关水注之，水导源木陵山，西北流注于黄水。黄水又东迳晋西阳城南，又东迳光城南，光城左郡治。又东北迳高城南，故弦国也。又东北迳弋阳郡东，有虞丘，郭南有子胥庙。黄水又东北入于淮，谓之黄口。

"木陵关水"校勘记指出："大典本作'木陵关'，无'水'字。黄本、沈本均作'木陵关水'。"杨守敬在《水经注疏》中已指出《元和郡县图志》所载之误。《水经注疏》卷三十云：

> 淮水又东北合黄水，（朱此八字讹作《经》，戴改《注》，全、赵同。）水出黄武山，（会贞按：《地形志》，弋阳有黄水。《江水注》之倒水，出黄武山南，黄水则出山北。《寰宇记》，潢水源出黄土、白沙两山之间，则两山间即黄武山也。今日潢河，出光山县西南界山。）东北流，木陵关水注之，（全云：案木陵即《左传》之穆陵，《南史》俱作木。会贞按：《左传》，南至于穆陵，北至于无棣。《史记·齐世家·索隐》，今淮南有故穆陵门，是楚之境；无棣在辽西孤竹，服虔以为太公受封境界所至，不然也，盖言其征伐所至之域。全以为据，故言木陵即《左传》之穆陵。惟谓《南史》俱作木，则未审考。《梁书·夏侯夔传》攻魏穆陵关，克之。《南史》作穆同。《通鉴》梁大通元年亦同。全氏失检。《元和志》，木陵故关在光山县南一百三十二里，齐置此关，以为禁防。周因不改。然观《通鉴》梁天监元年，将军张嚣之侵魏，取木陵戍，则关非始于北齐，故此《注》有木陵关水之目。）水导源木陵山，（朱脱源字，戴、赵增。会贞按：《元和志》作穆陵关，云在麻城县西北八十八里，穆陵山上，则关取山为名。今

水曰泼陂河，出光山县南山，穆陵关北，西北流入潢河。）西北流注于黄水。

"全、赵"指全祖望、赵一清，"戴"指戴震。"按：《元和志》作穆陵关，云在麻城县西北八十八里，穆陵山上"，校勘记指出："《元和志》二十八黄州麻城县下穆陵关无此数语。《清一统志》光州下木陵关已见上引，又二百六十四黄州府下穆陵关引《元和志》如此作。""《元和志》二十八"当为"《元和志》二十七"，"木陵关水"乃因水导源木陵关北而得名，可见北魏时已有穆陵关。

《资治通鉴·梁纪七》武帝大通元年正月条："谯州刺史湛僧智围魏东豫州……司州刺史夏侯夔帅壮武将军裴之礼等出义阳道，攻魏平静、穆陵、阴山三关，皆克之。"胡三省（1995）注："《水经注》：木陵关在黄武山东北，晋西阳城西南。"木陵关即穆陵关，梁大通元年即北魏孝昌三年，这表明北魏孝昌三年已有穆陵关。《魏书·景穆十二王列传第七中》载："萧衍将张嚣之寇陷夷陵戍，澄遣辅国将军成兴步骑赴讨，大破之，复夷陵，嚣之遁走。又遣长风戍主奇道显攻萧衍阴山戍，破之，斩其戍主龙骧将军、都亭侯梅兴祖。仍引攻白楠戍，又破之，斩其宁朔将军、关内侯吴道爽。"关于"萧衍将张嚣之寇陷夷陵戍"，校勘记指出："《资治通鉴》卷一四五第四五二七页'夷陵'作'木陵'。胡注：'《水经注》：木陵山在黄水西南，有木陵关。'按诸本都作'夷陵'，《通鉴》当别有据，但《考异》无文，或所见《魏书》旧本作'木陵'。木陵在今湖北麻城北，下文的阴山戍，据《水经注》即其东的阴山关。似作'木陵'是。"《资治通鉴·梁纪一》武帝天监元年十二月条："将军张嚣之侵魏淮南，取木陵戍；魏任城王澄遣辅国将军成兴击之，嚣之败走。"胡三省注："《水经注》：木陵山在黄水西南，有木陵关……《唐志》，木陵关在光州光山县南、黄州麻城县东北。"可见张嚣之侵魏淮南取木陵戍之事发生在梁武帝天监元年末，即北魏景明三年，同年北魏收复木陵戍。木陵戍即后来的木陵关，即穆陵关。《辞源》穆陵关条：关隘名，"在今湖北麻城县北。一作木陵关。南北朝时为军事要地。梁天监初，张嚣之攻北魏淮南，取木陵戍，即此。参阅《嘉庆一统志》三四一《黄州府》二《关隘》"。将木陵戍等同于后来的木陵关，显然不妥。又如《河南大辞典》穆陵关条载：

"古关隘。一作木陵关，木陵戍。"

木陵戍改置穆陵关，其具体年代不详。据《读史方舆纪要》记载，梁天监十三年木陵戍还未改置穆陵关。《读史方舆纪要·河南五》汝宁府光州光山县条略载：

> 刘宋元嘉十五年，以豫州蛮民立光城等县。大明中，立光城左郡。梁兼置光州，寻没于魏。天监十三年，魏东豫州刺史田益宗诸子鲁生等奔关南，招引梁兵，攻光城以南诸戍，魏将李世哲等击破之。东魏亦为光州及光城郡。

"光城以南诸戍"就是上述《魏书·景穆十二列传第七中》中所载北魏景明三年魏任城王拓跋澄或复或破诸戍，即木陵戍、阴山戍、白檒戍等。梁天监十三年即北魏延昌三年。木陵戍改置穆陵关大致在北魏延昌三年至孝昌三年之间。[①]

二 光州穆陵关的得名及地望

光州穆陵关与穆陵地名有关，而穆陵一名可以追溯到西周，最初见于西周成王时。《史记·齐太公世家第二》载：

> 三十年春，齐桓公率诸侯伐蔡，蔡溃。遂伐楚。楚成王兴师问曰："何故涉吾地？"管仲对曰，"昔召康公命我先君太公曰：'五侯九伯，若实征之，以夹辅周室。'赐我先君履，东至海，西至河，南至穆陵，北至无棣。楚贡包茅不入，王祭不具，是以来责。昭王南征不复，是以来问。"楚王曰："贡之不入，有之，寡人罪也，敢不共乎！昭王之出不复，君其问之水滨。"

"五侯九伯，若实征之，以夹辅周室"，《集解》："《左传》曰：'周

---

① 《中国历史地图集》编辑组认为早在西周时期已有穆陵关。《中国历史地图集》中《西周时期中心区域图》和《春秋·楚吴越》等图都在今山东沂水县与临朐县两县交界处标识有穆陵关（中国历史地图集编辑组：《中国历史地图集》，中华地图学社，1975，第15~16、25~26页），但不知何据。考诸文献，沂水穆陵关要晚出，到唐代才见记载。

公、太公股肱周室，夹辅成王也。'"管仲所说"太公"即姜太公。关于穆陵的最初地望，自古至今有不同的解释，大致有三种观点：一是沂州穆陵；二是光州穆陵（与黄州交界，亦称黄州穆陵）；三是越州（会稽）穆陵。① 现已证明，穆陵就是穆陵山，最初的地望在光州，有学者对此已有专门辨析，此不赘论。②

据上引《水经注疏》卷三十所载，光州穆陵关与穆陵山有关。熊会贞认为"《元和志》作穆陵关，云在麻城县西北八十八里，穆陵山上，则关取山为名"，即认为穆陵关得名于穆陵山。校勘者已指出，《元和志》二十八（笔者按：应为二十七）黄州麻城县下穆陵关无此记载，此条资料为《清一统志》卷二六四黄州府下穆陵关所引《元和志》。不过，对于穆陵关在穆陵山上，《新唐书·地理志》确有记载。《新唐书·地理志五》淮南道黄州齐安郡条载：

> 黄州齐安郡，下。本永安郡，天宝元年更名……黄陂、中。武德三年以县置南司州。七年州废，来属。北有大活关，有白沙关。麻城。中。武德三年以县置亭州，又析置阳城县。八年州废，省阳城，以麻城来属。元和三年省入黄冈，建中三年复置。西北有木陵关，在木陵山上。东北有阴山关。

---

① 这里是就唐代州县而言，在实际理解中要注意不同时代行政区划的演变。

② 相关论文有沙金成《穆陵、无棣在何处》（《学术研究》1981年第3期，第45页）、侯云龙《穆陵考》（《松辽学刊（社会科学版）》1992年第1期，第62～65页）、傅根清《"穆陵"考证》（《山东社会科学》2002年第6期，第93～95页）、高文辉《〈左传〉"穆陵"辨释》（《古籍整理研究学刊》2010年第6期，第52页）等。不过，侯云龙一文将"穆陵"等同于"穆陵关"，不准确；又说服虔沿袭杜预穆陵在今山东临朐说，有误。"穆陵"实指"穆陵山"。服虔是东汉人，杜预为西晋人，时代先后颠倒。傅根清一文同样将"穆陵"等同于"穆陵关"；认为清代《嘉庆重修一统志》中"黄州府图"上标出了穆陵关的具体位置，则有误。实际上《嘉庆重修一统志》中"黄州府图"上标出的是"木陵山"，在"光州图"上则标有"木陵关"。高文辉一文误将淮南"穆陵门"与光州"穆陵关"相区别；提出越国会稽山上的"永穆陵"观点，除与史实不符外，还有将西周初姜太公征伐范围无限扩大之嫌。西周初姜太公征伐范围还是有地域限制的。其实，穆陵的地望还有第四种观点，如《谷山笔尘·形势》云："青州界中有穆陵关，在齐南（校勘记：'齐南'，天启本作'济南'）百余里，湖广麻城亦有穆陵山，其下有关，不知太公赐履定在何地。以青州为是，则琅琊东海尚在其南，不应如是之近；以麻城为是，则在大河之南，直临楚之境，非西至河矣，不应如是之远。"这里认为穆陵既不在沂州，也不在光州，更不在越州。

又如《读史方舆纪要·南五》汝宁府光州光山县条曰：

> 木陵关在县南百三十里，南至湖广麻城县八十里。有木陵山，关在其上……穆陵，即木陵也。

可见，穆陵关在穆陵山上，因山而名。

穆陵关又具体在何处？《玉海·地理·关塞》"纪长安二年十二月丙戌天下置关三十"条载：

> 今考地理志凡十道有关一百四十三……河南十五……沂之穆陵；淮南十二……光之木陵、定城（原注：二故关）……黄之大活、白沙、木陵、阴山……

该条指出木陵关在淮南光州和黄州。《元和郡县图志·河南道五》光州光山县条云：

> 光山县，上。北至州三十里。
> 木陵故关，在县南一百三十二里。齐、陈二境，齐置此关以为禁防。周因不改，隋开皇九年平陈后废。

同书《江南道三》黄州麻城县条言：

> 穆陵关，西至白沙关八十里，在县西北一百里，在州北二百里，至光州一百四十九里。

《新唐书·地理志五》淮南道有载：

> 光州弋阳郡，上。本治光山，太极元年徙治定城……光山、上。南有木陵故关。西南八里有雨施陂，永徽四年，刺史裴大觉积水以溉田百余顷。
> 黄州齐安郡，下……麻城。中……西北有木陵关，在木陵山上。东北有阴山关。

在《元和郡县图志》中，光州属河南道，是因为贞元以后隶属蔡州节度使。据《元和郡县图志》和《新唐书·地理志》所记，木陵关在光州光山县南和黄州麻城县西北。木陵故关在光山县南 132 里，北至光州约 162 里；穆陵关在黄州麻城县西北 100 里，至光州 149 里。木陵故关、穆陵关至光州约有 13 里之差，但光山县实在光州西南（中国历史地图集》，1975）。木陵故关至光山县的距离加上光山县至光州的距离，当然大于穆陵关至光州的距离。

《清一统志》卷二六四黄州府下穆陵关所引《元和志》云穆陵关在麻城县西北 88 里。《读史方舆纪要·河南五》汝宁府光州光山县：

> 州西四十五里。南至湖广麻城县二百里……今城周六里，编户三十八里。

> 木陵关在县南百三十里，南至湖广麻城县八十里。有木陵山关在其上。《水经注》木陵关，在黄武山东北，晋西阳城东南，南北代时为戍守要地。

清人所记，穆陵关在光山县南 130 里，与前人记载无异；但至麻城县的里距则有变化，为 80 里或 88 里，与唐人所说 100 里略有出入。

检《河南大辞典》穆陵关条载：

> 古关隘。一作木陵关，木陵戍。在今新县南潢河源鄂、豫二省交界处。唐元和十二年李师道（笔者按：当为李道古）讨吴元济，出兵于此。

指明穆陵关在潢河源鄂、豫二省交界处，但没有具体里距。据《水经注疏》卷三十所记：

> 淮水又东北合黄水……水出黄武山，（会贞按：《地形志》，弋阳有黄水。《江水注》之倒水，出黄武山南，黄水则出山北。《寰宇记》，潢水源出黄土、白沙两山之间，则两山间即黄武山也。今日潢河，出光山县西南界山。）东北流，木陵关水注之，……水导源木陵山，……（今水日泼陂河，出光山县南山，穆陵关北，西北流入潢河。）西北流注于黄水。

穆陵关所在的穆陵山，是潢河源之一的穆陵关水之源，即今泼陂河之源。因此，穆陵关在潢河源鄂、豫二省交界处的浉陂河之源的穆陵山。

因行政区域规划的变化，穆陵山、穆陵关今属河南省新县。1932年，民国政府设置经扶县，将光山县南部、湖北黄安（今红安）、麻城北部边缘地区划归所辖。1947年经扶县改为新县。《新县志》的"地理名山关寨"有载："木陵关，位于田铺乡，俗称西界岭。关设其上，峭壁至为险峻。有水北流入淮河。"而同书乡镇简介沙窝镇有载："著名关隘有山水关、虎头关、阴山关、木陵关、铁门槛。"这样，田铺乡、沙窝镇都有木陵关。田铺乡与沙窝镇间隔有周河乡。有认为穆陵关在周河乡与田铺乡交界处，俗称西界岭的地方。

检《光山县志约稿·形胜关寨志》木陵关条：

> 在县东南一百三十二里五龙保，南与麻城接界，有木陵山，俗称西界岭，关设其上，峭壁嵌巇，至为险峻。有水北流，郦氏所谓"黄水东北流，木陵关水注之"者也。

又见《新县志》的"潢河水系"载：潢河正流发源于新县田铺乡与泗店乡分界的万字山北麓，境内的主要支流有浉河、田铺河等5条支流；而浉河源于周河乡界岭之北麓，境内河道全长35公里，在八里畈乡傅畈出境入光山浉河水库，在光山境内曹围子汇入潢河干流。该志"乡镇简介·周河乡"载："周河乡原属光山五龙保，1932年划入经扶县，1947年改经扶县为新县后属沙窝区，1958年从沙窝区划出，设五马人民公社，1960年改称周河人民公社，1983年改称周河乡……其中小界岭上有著名的豫楚界和木兰关……周河乡主要河流有两条……属浉河水系的叫周河……周河多源，发源于四角尖向西延伸的小界岭至观音洞山脉中的叫界岭河……"

显而易见，潢河即《水经注疏》卷三十引文中的黄水；万字山即黄武山；浉河即浉陂河；周河乡界岭应该是指西界岭，即穆陵山所在，应该是小界岭的一部分；"木兰关"应该是"木陵关"之误，界岭河大概是木陵关水。因此，穆陵关当在周河乡，说在沙窝镇，是因为该乡地域曾隶属过沙窝区。

三　光州穆陵关的演变

如前所述，北魏始设穆陵关，隋初废。穆陵戍改置穆陵关大致在北魏延昌三年至孝昌三年。《元和郡县图志·南道五》光州光山县条：

> 木陵故关，在县南一百三十二里。齐、陈二境，齐置此关以为禁
> 防。周因不改，隋开皇九年平陈后废。

北魏后分裂为东魏、西魏，东魏、西魏后各为北齐、北周所承袭，据上条资料，穆陵关在东魏、北齐、北周末期及隋初仍然存在。如陈太建年间，"定州刺史周炅击叛将田祖龙，祖龙使其将高景安军于木陵、阴山，皆为炅所破"（《读史方舆纪要》）。

唐代穆陵关置废不常。《新唐书·地理志五》记淮南道光州弋阳郡光山县南有木陵故关；黄州齐安郡麻城县西北有木陵关，东北有阴山关。《玉海·地理·关塞》"纪长安二年十二月丙戌天下置关三十"条亦载淮南道光州有木陵、定城二故关，黄州有大活、白沙、木陵、阴山等关。说明在唐代，穆陵关一度恢复。唐代也的确有关津置废的记载，同书同卷载唐代河南关津15座，原注云："《张知泰传》，武后时奏置东都诸关十七所，讥敛出入。"《新唐书·张知謇传》："武后革命，（张）知泰奏置东都诸关十七所，讥敛出入。百姓惊骇，樵米踊贵，卒罢不用，议者羞薄之。"可见当时东都附近建关防规模很大，高达17座。所置关防应当多是前朝及武德、贞观时期所废弃的关防，且因关卡过多，"讥敛出入"，致使物价上涨，百姓不安，这些关防很快停罢。到圣历元年，东都四面复置关防；是年五月十九日《却置潼关制》云："山河作固，肇自往图，关梁是修，抑惟前典……应须修补及官典兵防一事以上，所司速准例处分。其神都四面应须置关之处，宜令检校文昌虞部郎中王玄珪即往检行，详择要害，务在省功，斟酌古今，必令折衷，还日具图样奏闻。"（《唐大诏令集》）这次复置关防，据其强调"详择要害，务在省功，斟酌古今"原则，应主要恢复、修缮旧关。从实施情况来看，这项制令得到迅速有效的落实，如潼关、风陵关的恢复，表明神都洛阳四面的关防得到加强。这是神都洛阳周围关津置废的情况，当时穆陵关是否复置，则不清楚。

《读史方舆纪要·河南五》汝宁府光州光山县木陵关条载有唐元和十二年"鄂岳观察使李道古讨吴元济，引兵出穆陵关，攻申州，克城外郭，寻溃还"之事。检《资治通鉴·唐纪五十六》宪宗元和十二年二月条：

鄂岳观察使李道古引兵出穆陵关；黄州麻城县西北有穆陵关，在穆陵山上。甲寅，攻申州，克城外郭，进攻子城。城中守将夜出兵击之，道古之众惊乱，死者甚众。

这表明唐元和时穆陵关已复置。穆陵关的复置与当时淮西藩镇的割据有关。"唐兴元以后，淮西多故，蕲、黄往往被兵"（《读史方舆纪要》卷七十六）。时蔡州、申州、光州属淮西藩镇。淮西藩镇置于至德元年，亦名淮宁军、申光蔡节度使，治蔡州（今河南汝南），辖申、光、蔡等州。《资治通鉴·唐纪五十六》宪宗元和十二年十月条："自吴少诚拒命，官军不至蔡州城下三十余年，（德宗贞元二年，吴少诚据蔡州，至是三十二年。）故蔡人不为备。"元和九年冬，朝廷始讨伐淮西，至元和十二年十月，平定淮西，穆陵关可能复置于该期间。但《元和郡县图志》载有穆陵关，而《元和郡县图志》成书于元和八年，在征讨淮西之前，因此，穆陵关可能复置于贞元二年至元和八年之间。

贞元、元和间诗人陈存的《穆陵路》（《全唐诗》卷三一一）诗云：

> 西游匣长剑，日暮湘楚间。歇马上秋草，逢人问故关。
> 孤村绿塘水，旷野白云山。方念此中去，何时此路还。

从诗所反映的内容来看，如"日暮湘楚间""旷野白云山"描述的就是穆陵关周边景象。今新县境内有名山白云山，山上有白云观、唐王洞等遗迹；而穆陵关就在白云山之南绵延的小界岭上（《新县志》）。诗中"故关"当为光州"穆陵关"，陈存卒于元和七年（《中国文学大辞典·唐五代卷》）。从陈存的诗来看，也佐证穆陵关应该复置不久。

淮西平定的同年，穆陵关可能再次废弃，至迟也不晚于次年的五月。《资治通鉴·唐纪五十六》宪宗元和十三年五月条："以淮西节度使马总为忠武节度使、陈、许、溵、蔡州观察使。以申州隶鄂岳，光州隶淮南。不复以蔡州为节镇。""咸通十哲"之一的许棠《过穆陵关》（《全唐诗》卷六〇四）诗云：

> 荒关无守吏，亦耻白衣过。地广人耕绝，天寒雁下多。
> 东西方自感，雨雪更相和。日暮聊摅思，摇鞭一放歌。

许棠生于长庆二年，宣州泾县（今属安徽）人，咸通十二年进士及第，活动范围有太原、虔州、江宁、匡庐、扬州、泾县。其所过荒关亦当为光州穆陵关，"荒关无守吏"表明当时穆陵关已经废弃了。

宋金、元明清时期，穆陵关又恢复存在，并在南北纷争、进攻守御中发挥着重要作用。《读史方舆纪要·湖广二》黄州府麻城县木陵关条：

> 在县西北木陵山上，北去河南光山县一百三十里。《元和志》谓之穆陵关，……宋嘉定中，金人围光州，犯五关，木陵即五关之一也。《宋史》："李埴尝奏复五关，略云：'虎头关形势最险，两山千仞，一涧冲激；黄土关形势牟峭，白沙关与黄土密迩，木陵关山路峭壁，委折而上；大城关山势不甚高峻，而横斜盘绕，修善关亦在其旁；使诸关之兵，据险效死，敌岂能遽入乎？'"明嘉靖间，道臣熊吉议曰："麻城北接光、汝，山谷盘阻，为四固之区，奸宄凭为窟穴。昔人据地设险，五关为最要。唐李道古乘五关而元济诛，宋李埴修五关而女真遁，元忽必烈、张柔入五关而鄂州震。昔人谓固江者以淮而不以江，而守淮之要在五关也。"

宋金对峙，宋人依五关为守，元人自五关南下江淮。

明人也以五关为重，《明史·地理志三》河南光州光山县条载："州西南。南有石盘山。北滨淮。南有潢水，亦曰官渡河。又南有木陵关。西南又有白沙、土门、斗木岭、黄土岭、修善冲等五关，与湖广麻城县界。东南有牛山镇巡检司，后移于长潭。又有沙窝镇巡检司，后废。"同书《地理志五》湖广黄州府麻城县条云："府北。……有双城镇、鹅笼镇，东北有虎头关三巡检司。又西北有木陵关，在木陵山上。东北有阴山关，在阴山上。又北有黄土关，与木陵、虎头、白沙、大城为五关。"《明史》所记五关虽互有抵牾，但证明了穆（木）陵关在明代确实存在。

清代，穆陵关仍然沿用。《清史稿·地理志十四》湖北黄州府麻城县条载："繁，难。府东北一府东北一百八十里。西：大安。西北：羚羊。东南：白杲……东北：殷山畈，上有阴山关，相近有虎头关巡司。又北木陵山，上有木陵关，与黄土、虎头、白沙暨黄安之大城，为麻城五关。又西鹅笼山巡司，一名铁壁关，后移县西南宋埠。同知驻岐亭镇。有驿。"

四 光州穆陵关的历史地位

穆陵关的重要地位，今人所编纂的一些工具书略有反映，如《中国古今地名大辞典》穆陵关条载：

> 在湖北麻城县北一百里。一作木陵关。接河南光山县界。《梁书·夏侯夔传》普通八年，敕夔出义阳道，攻平靖、穆陵、阴山三关，克之。《通鉴》元和十二年，鄂岳观察使李道古引兵出穆陵关，遂攻中州。

"中州"应该为"申州"，梁普通八年即梁大通元年。《辞源》穆陵关条案：

> 关隘名……在今湖北麻城县北。一作木陵关。南北朝时为军事要地。梁天监初，张嚣之攻北魏淮南，取木陵戍，即此。参阅《嘉庆一统志·黄州府二·关隘》。

《辞海》穆陵关条云：

> "穆"一作"木"。故址在今湖北麻城市北，接河南界。梁大通元年，夏侯夔攻平靖、穆陵、阴山三关；唐元和中鄂岳观察使李道古出穆陵关讨吴元济，皆指此。

针对穆陵关的重要地位，可从军事角度和交通方面展开分析。

（一）军事要地

穆棱关是重要的军事关隘，是敌对双方战时守御和进攻的要地。《读史方舆纪要·河南一》淮水条载：

> 淮水自南阳府桐柏县流经信阳州北，又东历罗山县北、确山县南，又东流经真阳县、息县南及光山县、光州固始县北而入南直颍州界。其地居淮南上游，自古争淮南者必争淮西，争淮西必争于义阳、建安（建安，详固始县。）之间，盖南北襟要凭焉，不特一面之险也。

可见，淮西在整个淮南区域中占有重要军事战略地位。而处于义阳与建安之间的地区又是淮西的核心地区，险要重重。如这一带设有"义阳三关"、阴山关、穆陵关等。穆陵关是其地的一处关口要隘，军事上的重要显而易见。《读史方舆纪要·湖广二》黄州府麻城县条载："木陵山，县西北八十里。树木森密，冈陵隐蔽，邑之望山也。上有木陵关。又阴山，在县东北六十三里。萧梁时，尝侨置阴平县于山下，其上有阴平关。《志》云，县西北八十五里有三角山，以三峰峙立也。又有老君山，在县北八十里。峰峦特兀，俗以为老聃隐处。"《光山县志约稿·形胜关砦志》云："光山为中州南障。《光州志》谓淮右诸郡，浮光接蔡、汝之境，不可不为之固守。守浮光则吴楚无冲突之患，无浮光则淮右失肩臂之倚。良以形势便利，掌固之守所系匪轻也。昔六朝南北之际，木陵、阴山诸关攻守相争见于史传者不一而足。"

南北朝时，穆陵戍（关）亦是南北双方争战要地。

《资治通鉴·梁纪一》武帝天监元年十二月条："将军张嚣之侵魏淮南，取木陵戍；魏任城王澄遣辅国将军成兴击之，嚣之败走。"胡三省注，"水经注（卷三十淮水篇）：木陵山在黄水西南，有木陵关。……《唐志》，木陵关在光州光山县南、黄州麻城县东北。"

《梁书·武帝本纪下》载：

> 大通元年（527年）春正月乙丑，……是月，司州刺史夏侯夔进军三关，所至皆克。

"三关"即平静、穆陵、阴山三关。同书《夏侯亶列传附弟夔传》云："（普通）八年，敕夔帅壮武将军裴之礼、直合将军任思祖出义阳道，攻平静、穆陵、阴山三关，克之。"《资治通鉴·梁纪七》武帝大通元年正月条："谯州刺史湛僧智围魏东豫州……司州刺史夏侯夔帅壮武将军裴之礼等出义阳道，攻魏平静、穆陵、阴山三关，皆克之。"胡三省注，"水经注：木陵关在黄武山东北，晋西阳城西南。"

唐代，穆棱关的战略地位依然很重要。《元和郡县图志·河南道五》光州条载：《禹贡》扬州之域……武德三年，改为光州总管府，贞观元年为光州都督府。太极元年自光山县移于今理。校勘记云："贞观元年为光州都督府，《考证》：刘昫云'武德七年改总管府为都督府，贞观元年罢'，

与此别。"《元和郡县图志》

这一时期，穆陵关是朝廷与藩镇争战之地，《资治通鉴·唐纪五六》宪宗元和十二年二月条载："鄂岳观察使李道古引兵出穆陵关，甲寅，攻申州，克其外郭，进攻子城。"胡三省注："黄州麻城县西北有穆陵关，在穆陵山上。"

宋金、元、明时期，五关之一的穆陵关在南北纷争、守御中仍然发挥着重要的作用。宋金对峙，宋人依五关为守，元人自五关南下江淮，明人也以五关为重。《读史方舆纪要·湖广二》黄州府麻城县木陵关条已有论述，同书同卷黄州府条又云，"按：府境通接淮楚，襟带江汉，临深负险，屹为雄镇……宋之季也，蒙古之师，多道光、蔡窥五关，而长江之险遂与敌共。盖五关者，所以遮蔽江汉，咽喉淮、汝，为南北之要冲者也。五关失而敌人乃问渡于江滨矣……真氏曰：蕲、舒、黄三州之北，有大山绵亘八百里，俗呼为西山……五关守，不特黄、蕲有所依蔽，而舒、鄂之间，亦有唇齿之卫矣。"进一步肯定了穆陵关的重要军事地位。

（二）交通要道

穆陵关不仅是战时兵家必争之地，也是和平时期商旅往来、移民播迁的重要交通要道。

穆陵关所在的光山县"在历史上素有'百里不贩樵，千里不贩粜'之说。'大路扁担宽，小路一条线'，境内山货土产全靠肩扛背驮，间或靠季节性的沙河涨水行排……明代以后，开辟出一条贯穿县境南北的狭窄驿道。从清代起，形成以县城为中心的四条'大道'，东通潢川，西至罗山，南达麻城，北到息县"（《光山县志》），似乎交通并不便利。但据旧志载："永济桥记曰：光邑南通楚黄，北达颍亳，实冠盖商旅往来之通衢也。"永济桥建于明代，实际上在此之前通过穆陵关的道路还是较为重要的。军事上的南下北上通道已见于上"军事要地"节，此就商旅往来等方面的交通情况略举几例。

唐代有"穆陵路"，即通过穆陵关的道路。穆陵路北通光州，接汝阳道，南通黄州，东联申州道等。王贞白的《随计》（《全唐诗》卷七〇一）对穆陵路有描述如下：

徒步随计吏，辛勤鬒易凋。归期无定日，乡思羡回潮。
冒雨投前驿，侵星过断桥。何堪穆陵路，霜叶更潇潇。

穆陵路作为和平时期人们南来北往的一条重要通道，在唐诗中也有记载，如崔涂的《申州道中》（《全唐诗》卷六七九）云：

风紧日凄凄，乡心向此迷。水分平楚阔，山接故关低。
客路缘烽火，人家厌鼓鼙。那堪独驰马，江树穆陵西。

经分析可发现崔涂是走申州路（即义阳路），接续穆陵路。温庭筠的《途中有怀》（《全唐诗》卷五八一）言：

驱车何日闲，扰扰路岐间。岁暮自多感，客程殊未还。
亭皋汝阳道，风雪穆陵关。腊后寒梅发，谁人在故山。

可见温庭筠是走汝阳道再入穆陵路。戴叔伦的《别友人（一作汝南逢董校书，又作别董校书)》（《全唐诗》卷二七三）曰：

扰扰倦行役，相逢陈蔡间。如何百年内，不见一人闲。
对酒惜馀景，问程愁乱山。秋风万里道，又出穆陵关。

诗人友人董校书也是走汝阳道，再下穆陵路南下。刘长卿有诗《穆陵关北逢人归渔阳》（《全唐诗》卷一四七）云：

逢君穆陵路，匹马向桑干。楚国苍山古，幽州白日寒。
城池百战后，耆旧几家残。处处蓬蒿遍，归人掩泪看。

"楚国苍山古，幽州白日寒"说明这"穆陵关"是指淮南穆陵关，这穆陵路就是过穆陵关的道路，此则是写北归之人经穆陵路归渔阳。如上所引，可见穆陵关在当时是重要的交通通道。

参考文献

陈桥驿：《水经注校释》，杭州大学出版社，1999。
程喜霖：《唐代过所研究》，中华书局，2000。

段木干：《中外地名大辞典》（第七册），台中人文出版社有限公司，1981。

（清）顾祖禹：《读史方舆纪要》，贺次君、施和金点校，中华书局，2000。

（唐）李吉甫：《元和郡县图志》，中华书局，1983。

刘钧仁：《中国历史地名大辞典》（第三册），凌云书房，1980。

（宋）宋敏求：《唐大诏令集》，商务印书馆，1959。

（宋）欧阳修、宋祁：《新唐书》，中华书局，1975。

（清）彭定求、沈三曾、杨中讷等：《全唐诗》，中华书局，1960。

邵文杰：《河南大辞典》，新华出版社，1991。

（宋）司马光：《资治通鉴》，（元）胡三省音注，"标点资治通鉴小组"校点，中华书局，1995。

（宋）王应麟、《玉海》，台湾商务印书馆，1986。

（北齐）魏收：《魏书》，中华书局，1974。

晏兆平：《光山县志约稿》，台北成文出版社，1968。

杨敬等：《水经注疏》，江苏古籍出版社，1989。

（清）杨修田：《光州志》，台北成文出版社，1976。

（唐）姚思廉：《梁书》，中华书局，1973。

臧励龢等：《中国古今地名大辞典》，商务印书馆，1933。

（清）张廷玉等：《明史》，中华书局，1974。

（清）赵尔巽等：《清史稿》，第八册，中华书局，1976。

周祖谟：《中国文学家大辞典（唐五代卷）》，中华书局，1992。

《辞源》（修订本第三册），商务印书馆，1982。

《史记》，中华书局，1974。

中国历史地图集编辑组：《中国历史地图集》（第五册），中华地图学社，1975。

新县志编纂委员会：《新县志》，河南人民出版社，1990。

信阳市文学艺术界联合会、信阳市民间文化遗产抢救工程委员会：《信阳书》（上册），中州古籍出版社，2006。

辞海编辑委员会：《辞海》（下册），上海辞书出版社，1999。

光山县史志编纂委员会：《光山县志》，中州古籍出版社，1991。

汉代孝治文化探微

李晓燕*

摘要：有汉一代，置孝悌、三老行教化，举孝廉以入仕，颁布养老令、高年赐王杖，奖励孝子，推动《孝经》传播，大兴孝治之势。更甚者，西汉 13 帝、东汉 14 帝，除高祖、光武两位开国之君及吕后时少帝、昌邑王刘贺、北乡侯刘懿、少帝刘辩等几位夭折或被废黜者外，一律谥作"孝"，标榜以"孝"治天下，形成了汉代政治和社会生活的典型特征，而孝廉之仕进和赐高年也是其孝治文化最显著的特征。

关键词：汉代 孝治 举孝廉 赐高年

较早系统研究"以孝治天下"的是刘修明先生，其在 1983 年第 6 期《历史研究》上发表的《"汉以孝治天下"发微》一文，探讨了"孝悌""力田""三老"与汉代封建村社制社会结构的关系，认为"孝"是汉代政治和社会生活的思想润滑剂；孙筱先生在 1990 年第 3 期《中国史研究》发表的《孝的观念与汉代新的社会统治秩序》一文，论及汉代仕进制度、教育发展、养老政策、法律制度等多方面，认为汉代建立了以孝为核心的社会统治秩序。前辈学者的呕心之作可谓我辈研究之基石，笔者怀揣浅陋，以察举孝廉和赐高年为切入点对汉代孝治的途径作一阐述，以求教于方家。

一 孝治与汉代仕进制度

曾有学者指出，"孝"的精神实质是服从尊长，维护上尊下卑的社会秩序。正如刘修明所言，"孝"在汉代政权和官僚制度上留下了深刻的烙

---

* 李晓燕，河南省社会科学院历史与考古研究所助理研究员。

印。以往学者多从孝廉选任和人才教育的视角加以论述，其说甚是。但是，关于孝治在仕宦制度中的表现，以及孝治对仕进的影响，笔者认为尚有余议可论。

（一）孝治与西汉初年的仕进制度

《史记·循吏列传》记载，"石奢者，楚昭王相也。坚直廉正，无所阿避。行县，道有杀人者，相追之，乃其父也。纵其父而还自系焉。使人言之王曰：'杀人者，臣之父也。夫以父立政，不孝也；废法纵罪，非忠也；臣罪当死。'王曰：'追而不及，不当伏罪，子其治事矣。'石奢曰：'不私其父，非孝子也；不奉主法，非忠臣也。王赦其罪，上惠也；伏诛而死，臣职也。'遂不受令，自刎而死。"这一事例反映了孝亲与忠君之间的矛盾。"孝行"体现在日常奉养父母长辈、父母疾病时服侍尽孝及居丧等方面，而"忠义"则体现在忠于职守、奉行君主之命以至死节，孝行与忠义之行的区别是显而易见的。从伦理上区分，孝亲属于家庭的范畴，忠君则是政治。儒家重视人伦，对孝悌在政治中的作用有着独到的见解。《论语·学而》中言："其为人也孝悌，而好犯上者鲜矣。"这一论断在汉初被发展成为"在朝者忠于君，在家者孝于亲"①。显然，"孝亲"与"忠君"被巧妙地联系起来，将孝子与忠臣等同视之。更为重要的是，汉初以来开始整合忠、孝二者的伦理关系，进而形成"以孝求忠，由孝劝忠，移孝作忠"的理论。安作璋先生曾指出，统治者正是将"孝"和"忠"联系在一起，形成了颇具特色的政治理论，并且将"孝"作为汉代的治国之道。"孝亲"与"忠君"相统一，成为汉代孝治理论的重要内容，这一理论同时也为统治者以"孝"为标准选任人才提供了有力的支持。可以说，推行"孝治"最大限度地弥合了"孝亲"与"忠君"之间的矛盾。

西汉初年，在保障"孝亲者"入仕方面推行了多项举措。

1. 在法律上保障官吏孝亲的权力

据《后汉书·陈宠列传》记载，西汉初年，"高祖受命，萧何创制，大臣有宁告之科，合于致忧之义"。"宁告之科"其文不详，但规定官吏居丧服孝，显然是在汉初出台的一项重要法律制度。张家山汉简《奏谳书》案

---

① 《新语·至德》。

例二十一中简 180 和 181 记载:"律曰:诸有县官事,而父母若妻死者,归宁卅日;大父母、同产十五日。"根据简文,吏民从事县官,为父母或妻居丧的期限为三十日,为祖父母、兄弟姊妹居丧的期限为十五日。这条法律虽有别于"宁告之科",但是律文使官吏居丧合法化,同时也表明政府对吏民居丧以示孝亲的行为予以肯定,更为日后奉行孝治而追究官吏不履行居丧义务提供了重要的法理依据。又《二年律令·置吏律》简 217 记载:"吏及宦皇帝者、中从骑,岁予告六十日;它内官,卅日。吏官去家二千里以上者,二岁壹归,予告八十日。"根据简文,官吏每年法定休假为六十日,内官四十日,对于在外地仕宦离家远隔二千里以上者每两年有一次探亲假,为八十日。这条法律针对官吏休假、探亲而制定,而休假探亲的日子往往也是与家人团聚的时光,尤其容许探望远在二千里之外的父母家人更是难得。与此同时,西汉初年的法律又将"不孝"作为一项重罪严加惩处。① 法典中对官吏孝亲的制度保障与对吏民"不孝"行为的严惩形成了鲜明的对比,反映出这一时期统治者倡导"孝治",并以官吏为倡导对象。

2. 规定了上下级之间的尊卑关系

《二年律令·贼律》简 46 和 47 记载:"以县官事殴若詈吏,耐。所殴詈有秩以上,及吏以县官事殴詈五大夫以上,皆黥为城旦舂。长吏以县官事詈少吏□者,亦得毋用此律。"根据简文,法律保护官吏的人身权益,规定不得对执行公务的官吏辱骂、殴打,否则对违法者追究法律责任,处以耐刑。律文又规定殴打、辱骂官吏为有秩以上,黥为城旦舂。但是这一法律并不适用于有秩长吏辱骂斗食、佐史等少吏的情况。显然,在行政机构中,上下级之间有严格的等级区分,从而尊卑有序。这种上下级间的尊卑关系一旦确立,对官吏的升迁、降黜形成的影响也随之出现,较为典型的事例是贾谊入仕的经历。据《汉书·贾谊传》,贾谊得河南守吴公赏识,而"召置门下"。吴公在文帝初年征为廷尉,向文帝推荐贾谊,称其"颇通诸家之书","文帝召以为博士"。官僚间这种师生关系形成之后,对人才选任产生了重要的影响。西汉初年上下级之间尊卑地位的进一步明确,在制度上要求少吏尊奉长吏、下级尊奉上级,从而使官僚间也出现了孝亲

---

① 刘敏:《从〈二年律令〉论汉代"孝亲"的法律化》,《南开学报》2006 年第 2 期;刘厚琴、田芸:《汉代"不孝入律"研究》,《齐鲁学刊》2009 年第 4 期。

的可能。

3. 对孝悌的表彰和置任

据孙筱先生统计，"自西汉惠帝至东汉顺帝，全国性对孝悌褒奖、赐爵达三十二次。至于地方性的褒奖则更多"。《汉书》记载，西汉初年，惠帝四年春正月"举民孝弟力田者复其身"，褒奖孝悌，免除徭役；高后元年二月"初置孝弟、力田二千石者一人"，"欲以劝厉天下，令各敦行务本"；文帝十二年诏令"遣谒者劳赐三老、孝者帛人五匹，悌者、力田二匹，廉吏二百石以上率百石者三匹。及问民所不便安，而以户口率置三老、孝悌、力田常员，令各率其意以道民焉"，将表彰和置任孝悌并行。据尹湾汉简，东海郡县 38，乡 178，而孝悌则各 120 人。由此可知，县乡下置孝悌自汉文帝以来确已成定制，不是按照县乡比例，而是以人口比例设置。此外，《汉官旧仪·补遗》曰"高后选孝廉为郎"，表明郎官选任中也一度以孝廉作为标准。另据《汉书·昭帝纪》，元凤三年三月"赐郡国所选有行义者涿郡韩福等五人帛，人五十匹，遣归"，诏令曰："朕闵劳以官职之事，其务修孝弟以教乡里。令郡县常以正月赐羊酒。有不幸者赐衣被一袭，祠以中牢。"显然，孝悌是行义的集中体现，设置孝悌既是对行义的褒奖，更是以之为表率，从而在乡里推行教化。这种统治方式，对乡里推荐人才，起到了至关重要的作用。尤其是在黄老刑名之学占上风的西汉初年，经学尚未确立学术独尊的地位，孝、悌被列入选任标准，由皇帝提出并推行，这在社会上产生的影响更为深远。

西汉初年推行"孝治"的举措，对吏民仕宦提出了新的要求。对于官吏而言，在家要敬顺父母，履行居丧服孝的义务；为官要尊崇上级，以至效忠君主。对于布衣而言，以孝悌的行义得到政府的褒奖，并在乡里推行教化，成为晋身仕宦的重要途径。这些举措也为汉代以"孝"为标准选任人才奠定了重要的基石。

（二）仕进制度中的孝廉察举

两汉仕进制度是一种以察举为主体的人才选拔制度，其科目名类大体有常行科目和特定科目两种，常行科目中又以孝廉为最重。宋代徐天麟曾感慨地说："汉世诸科，虽以贤良方正为至重，而得人之盛，则莫如孝廉，斯以后世之所不能及。"孝廉之语，据《汉书·武帝纪》颜师古注云："孝谓善事父母者，廉谓清洁有廉隅者。"举孝廉的现象是以汉惠帝四年春正月诏令"举民孝弟力田者复其身"、高后元年二月诏令"初置孝弟力田二千石者一人"、汉文帝十二年的诏令"以户口率置三老、孝梯、力田常员，令各率其意以道民焉"等为代表的，虽然此时的"孝弟、力田"只是统治者对孝的倡导，对孝者只免除赋役或者赏赐，并未派官任职，但"举孝"的仕进模式已初露端倪。汉武帝元光元年十一月，"初令郡国举孝廉各一人"，举孝廉大幕正式开启。自此，两汉时期有关举孝廉的诏令和记载不绝于史书（见表1）。

表 1　汉代举孝廉诏令、事件

时　间	诏令内容
元光元年	冬十一月，初令郡国举孝廉各一人
元朔元年	冬十一月，诏公卿、中二千石、礼官、博士议不举者罪。有司奏议："不举孝，不奉诏，当以不敬论；不察廉，不胜任也，当免。"
元朔中	令郡国举孝廉各一人与计偕，拜为郎中
永元四年	十月己亥，采纳丁鸿等建议，按郡国人口比例察举孝廉。规定：郡国率二十万岁举孝廉一人，四十万举二人，六十万举三人，八十万举四人，百万举五人，百二十万举六人；不满二十万二岁举一人，不满十万三岁举一人。诏令缘边郡口十万以上岁举孝廉一人；不满十万二岁举一人，五万以下三岁举一人
永元十三年	冬十一月，诏令缘边郡口十万以上、岁举孝廉一人，不满十万、二岁举一人，五万以下、三岁举一人
永初二年	九月庚子，诏王国官署墨绶下至郎、谒者，其经明任博士，居乡里有廉清孝顺之称，才任理人者，国相岁移名，与计偕上尚书，公府通调，令得外补
永初五年	诏令三公、特进、侯、中二千石、二千石、郡守、诸侯相，举贤良方正有道术、达于政化、能直言极谏之士各一人，及至孝与众卓异者，并遣诣公车
元初六年	诏三府选掾属高第，能惠利牧养者各五人，光禄勋与中郎将选孝廉郎宽博有谋，清白行高者五十人，出补令、长、丞、尉
延光四年	十二月甲申，顺帝诏令郡国守、相视事未满岁者，一切得举孝廉
阳嘉元年	冬十一月，因左雄上言，初令郡国举孝廉，限年四十以上，诸生通章句，文吏能笺奏，乃得应选；其有茂才异行，若颜渊、子奇，不拘年齿。 闰十二月，令诸以诏除为郎，年四十以上课试如孝廉科者，得参廉选，岁举一人

续表

时 间	诏令内容
汉安二年	尚书令黄琼以前左雄所上孝廉之选，专用儒学、文吏，于取士之义犹有所遗，乃奏增孝悌及能从政者为四科
本初元年	秋七月，桓帝诏曰：孝廉、廉吏皆当典城牧民，禁奸举善，兴化之本，恒必由之，诏书连下，分明恳恻，而在所玩习，遂至怠慢，选举乖错，害及元元
建和元年	夏四月，京师地震，诏大将军、公、卿、郡、国举至孝笃行之士各一人
延熹九年	正月，诏公、卿、校尉、郡国举至孝
中平二年	刺史、二千石及茂才、孝廉迁除，皆责助军、修宫钱，大郡至二三千万，余各有差。 农民军首领张燕降，拜平难中郎将，使领河北诸山谷事，岁得举孝廉、计吏
建安五年	九月，诏三公举至孝二人，九卿、校尉、郡国守相各一人

资料来源：《汉书》《后汉书》《三国志》。

在汉代，"举孝廉"有广义与狭义两层含义。广义的"孝廉"指德才标准兼备的统治人才，具备"上顺公法，下顺人情"[①]的良吏特征，循吏即是其推崇的典范。在此基础上提及的"孝廉选举"或"举孝廉"，泛指对人才的选用途径，即由诏举、举主推荐，被举者授官等步骤组成的，以"举孝廉"命名的察举制度，有时也称孝廉选举、诏举孝廉。狭义的"孝廉"是一个特定称谓，指孝廉选举制度中的举目或"孝廉"人物（即被举者）。本文所述"孝廉"即为狭义的孝廉。有汉一代，从武帝元光元年初令郡国举孝廉，到汉献帝禅位曹丕，共举孝廉约7.4万人，其中西汉约3.2万人，东汉约4.2万人。马端临的《文献通考》列汉代孝廉（包括察廉）113人；劳干的《汉代察举制度考》列153人；黄留珠的《秦汉仕进制度》中列307人，其中西汉21人，东汉286人，包括不就不应者41人，追赠者1人。在黄留珠先生统计的307人中，能确定家世的有184人，其中官员为128人，占69.6%；富豪11人，占6%；平民29人，占15.8%；贫民16人，占8.7%。所列307人中，出身明确的有234人，其中儒生75人，占32.1%；州郡吏58人，占24.8%；儒吏（兼有儒生和州郡吏双重身份）31人，占13.2%；故吏10人，占4.3%；处士60人，占25.6%。可见，两汉孝廉中以儒生和处士居多（见表2）。

---

① 《汉书·循吏传》。

表 2　汉代河南地区的孝廉（特指孝廉人物）

编　号	人　名	籍　贯	事　迹
1	郅　恽	汝南西平人	理《韩诗》《严氏春秋》，明天文历数……可居江夏教授。郡举孝廉，为上东城门候
2	郅　寿	恽之子	善文章，以廉能称，举孝廉，稍迁冀州刺史
3	周　磐	汝南安成人	学《古文尚书》《洪范五行》《左氏传》，居贫养母，俭薄不充。尝诵《诗》到《汝坟》之卒章，慨然而叹，乃解韦带，就孝廉之举。和帝初拜谒者，除任城长，迁阳夏、重合令
4	袁　安	汝南汝阳人	习《孟氏易》……少传良学。为人严重有威，见敬于州里。后举孝廉，除阴平长、任城令
5	庞　参	河南缑氏人	河南尹庞奋……举为孝廉，拜左校令
6	桥　玄	梁国睢阳人	少为县功曹……举孝廉，补洛阳左尉
7	黄　宪	汝南慎阳人	世贫贱，父为牛医……初举孝廉，又辟公府，友人劝其仕，宪亦不拒之，暂到京师而还，竟无所就
8	王　龚	山阳高平人	世为豪族，初举孝廉，稍迁青州刺史
9	种　暠	河南洛阳人	时河南尹……招署主簿，遂举孝廉，辟太尉府，举高第
10	杜　根	颍川定陵人	性方实，好绞直。永初元年，举孝廉，为郎中
11	刘　陶	颍川颍阴人	游太学……后举孝廉，除顺阳长
12	左　雄	南阳涅阳人	安帝时，举孝廉，稍迁冀州刺史
13	杜　乔	河内林虑人	少为诸生，举孝廉，辟司徒杨震府。据《续汉书》载，少好学，治《韩诗》《京师易》《欧阳尚书》以孝称。虽二千石子，常步担求师
14	吴　祐	陈留长垣人	常牧豕于长垣泽中，行吟经书……后举孝廉……以光禄四行迁胶东侯相
15	延　笃	南阳犨县人	少从颍川唐溪典受《左氏传》……又从马融受业，博通经传及百家之言，能著文章，有名京师。举孝廉，为平阳侯相
16	陈　蕃	汝南平舆人	初仕郡，举孝廉，除郎中
17	李　膺	颍川襄城人	初举孝廉，为司徒胡广所辟，举高第，再迁青州刺史
18	范　滂	汝南征羌人	少例清节，为州里所服，举孝廉、光禄四行
19	尹　勋	河南巩人	家室衣冠。伯父睦为司徒，兄颂为太尉，宗族多居贵位者，而勋独持清操，不以地势尚人。州郡连辟，察孝廉，三迁邯郸令

续表

编号	人名	籍贯	事迹
20	蔡衍	汝南项人	少明经讲学，以礼让化乡里……举孝廉，稍迁冀州刺史
21	陈翔	汝南昭陵人	少知名，善交结。察孝廉，太尉周景辟举高第，拜侍御史
22	贾彪	颍川定陵人	少游京师，志节慷慨，与同郡荀爽齐名。初仕州郡，举孝廉，补新息长
23	荀彧	颍川颍阴人	少有才名……中平六年，举孝廉，再迁亢父令
24	袁术	汝南汝阳人	少以侠气闻，数与诸公子飞鹰走狗，后颇折节。举孝廉，累迁至河南尹、虎贲中郎将
25	张玄	河内河阳人	少习《颜氏春秋》，兼通数家法。建武初，举明经补弘农文学，迁陈仓县丞……后玄去官，举孝廉，除为郎
26	服虔	河南荥阳人	少以清苦建志，入太学受业。有雅才，善著文论……举孝廉，稍迁，中平末，拜九江太守
27	许慎	汝南召陵人	少博学经籍，马融常推敬之，时人为之语曰：《五经》无双许叔重。为郡功曹，举孝廉，再迁除洨长
28	葛龚	梁国宁陵人	和帝时，以善文记知名……安帝永初中，举孝廉，为太官丞，上便宜四事，拜荡阴令
29	单飏	山阳湖陆人	以孤特清苦自立，善明天官、算术。举孝廉，稍迁太史令，侍中
30	钟繇	颍川长社人	族父瑜……供给资费，使得专学。举孝廉，除尚书令、阳陵令

资料来源：《汉书》《后汉书》《三国志》。

汉代的"举孝廉"，体现德才兼备、咨询治世的政治和思想取向。由诏令开始、自下而上察举、选任，促进了汉代仕进制度的发展。通过选举产生的"孝廉"，在政治建设中出谋划策，在维护汉室和社会秩序的层面上积极有为，有力推动汉代政治的发展，因此，制度层面的孝廉选举与孝廉人物为后世所称道。但是，孝廉的出身以儒者和处士为主，仕进情况以中央属官为主，这样的政治构成即便具有时代特征，代表的也是社会上层的利益。所以，在政治失效时，选官过程中存在察举不实、假公济私等诸多问题，导致孝廉的政治素养良莠不齐，饱受后人诟病。

（三）孝治对仕进制度的影响

统治者推行孝治，对汉代仕宦制度产生了诸多影响，作用不一。

1. 推行"孝治"，使"孝"成为两汉选官的重要标准

在汉代吏民仕宦的途径中，以"孝"为标准者并不限于举孝廉一项。孝、悌的设置在西汉初年已经逐步制度化，而中央王朝自上而下对乡里社会中"孝"的褒奖，反过来也为自下而上察举人才提供了重要的标准。汉武帝时，举孝廉的出台显然是西汉初年推行"孝治"举措的必然产物。经学兴起后，《孝经》的传播被政治化，加之汉哀帝时又允许博士弟子为父母服丧三年①，儒生对"孝"的标榜，有利于他们争取察举孝廉的机会。东汉"世祖诏"中重申丞相府以"四科取士"，在诏书中强调"四科取士"的基本标准为"皆有孝悌廉公之行"。这是东汉时期被特别提出的征辟标准，在继承了西汉王朝以"孝"作为标准设置察举、征辟科目的基础上，进一步明确了将孝悌廉公视为选任官吏的基本道德要求，使"孝治"发展到了一个新的阶段。由是观之，两汉统治者对"孝"的褒奖是一以贯之的，而"汉以孝治天下"具体到仕进制度的建设上，也体现在以"孝"为标准的官吏选任上。从中央王朝标榜乡里孝悌，到举"孝"察"廉"，再到设科察举孝者，以及征辟"孝者"、丞相四科以"孝、悌、廉、公"为基本标准，可以说是"孝治"对仕进制度影响的不断加深，促使"孝"成为两汉选官的一个重要标准。

2. 推行"孝治"，鼓励吏民"孝亲"

汉代统治者鼓励毛义、周磐、张奉等人"入仕养亲"的行为，史家称"夫孝始于事亲，中于事君。终于立身。扬名于后世，以显父母，此孝之大者"②。与此同时，统治者也默许官吏弃官，以奉养父母，为父母侍疾、服丧。同样，也认同官府上下级、师生之间的关系被异化为君臣、父子关系，推动忠孝伦理发展成为社会上普遍适用的上下级人伦关系。于是东汉时故吏、属吏为上司治丧、服丧，学生为老师服丧，蔚然成风。这就反映出统治者为了追求忠君而对"孝亲"做出一定的妥协，为了推行"孝治"而将"孝亲"的外延进一步拓展，旨在维护国家的太平和社会的稳定。

---

① 《汉书·哀帝纪》
② 《史记·太史公自序》。

3. 推行"孝治"，追究官吏的法律责任

《汉书·武帝纪》记载，元朔元年制定法律追究郡国二千石官吏不履行举孝廉的法律责任，该法律规定："不举孝，不奉诏，当以不敬论。不察廉，不胜任也，当免。"不仅如此，西汉后期大司空何武、丞相薛宣、大司农孙宝都以"不孝"的名义被皇帝策免。由此表明，官吏任职期间要受到朝廷的监督，履行"孝亲"义务，否则也将被弹劾免官。此外，应劭言"汉律以不为亲行三年服不得选举"①；元初年间邓太后"诏长吏以下不为亲行服者，不得典城选举"②；桓帝永兴二年二月至延熹二年三月还曾一度推行"刺史、二千石行三年丧"③的制度。汉代官吏行丧服的制度尚未形成定制，但是对于官吏选任时将丧服作为一项基本的选任条件则日趋明确。东汉明帝时邓衍因在职"不服父丧"而自惭免退④，东汉名臣陈蕃任郡太守时还曾严加查办赵宣"行服二十余年""乡邑称孝"的骗局⑤。这些事例表明，汉代不仅追究官吏不服丧的法律责任，迫使其离职免归，而且对于假借"孝亲"而仕宦投机者，也依法追究法律责任。

综上所述，"汉以孝治天下"对汉代的仕进制度产生了一系列重要的影响。不仅使"孝"成为选官的重要标准，还鼓励"孝亲者"以多种途径仕宦为官，更为重要的是通过制定法律督促官吏"孝亲"，将服丧作为选官的条件。尽管如此，以"孝"作为选任官吏的标准，在选任制度的推行中还是出现了许多问题，其中官吏以"孝亲"为由弃官、去官，吏民为仕宦而投机取巧，统治者在官吏是否行三年丧仪式上的态度反复，这些对行政秩序、选举秩序都有一定的负面影响。因此，就孝治对仕宦制度的影响要一分为二地分析，既要肯定其积极推动仕进制度的有益作用，也要看到在引导吏民仕宦中产生的负面影响。

二 孝治措施之优抚高年

刘修明先生在《"汉以孝治天下"发微》一文中指出，"孝治"体现

---

① 《汉书·扬雄传》。
② 《后汉书·刘般列传》。
③ 《后汉书·孝桓帝纪》。
④ 《后汉书·虞延列传》。
⑤ 《后汉书·陈蕃列传》。

了统治者对家族宗法血缘统治的重视。"孝"在《说文》中被解释为"善事父母者"。安作璋先生提出"养"和"敬"是"孝"的核心内容。笔者认为,汉代以孝立国,养老、敬老就不再仅仅是家庭内的事务,而是国家、社会共同关注的要务。两汉时期由皇帝颁布诏令优抚高年,就是一项重要的孝治举措。更为重要的是,优抚高年的诏令析分国家、社会和家庭在高年养老中承担的责任,在保障高年权益的同时,使高年老有所依、老有所养,有尊严地度过晚年。

(一)高年优抚诏令

两汉时期,皇帝颁布优抚高年的诏令成为一种普遍的现象,其从内容上大致可以分为四种。

1. 颁赐三老、鳏寡孤独、高年

根据《汉书》和《后汉书》中本纪的记载,两汉皇帝在位期间几乎都颁布过优抚高年的诏令。诏令颁布事由主要有即皇位、加元服、改元、遗诏、立太子、立皇后、封禅、巡幸、灾害、大赦、祥瑞、破敌,等等。其中,也有部分针对某一地区三老、高年下达的颁赐诏令。颁赐的对象包括三老、鳏寡孤独、高年等。其中,对三老的颁赐常与孝悌、力田或官吏并行,具有表彰或劳赐的性质;对八十岁以上、九十岁以上的高年颁赐,是对养老法令的补充,具有优待年长者的性质;鳏寡孤独则往往与贫不能自存者一并颁赐,具有救助的性质。在诏令中,高年与鳏寡孤独有所区别,一是前者当是老有所依,后者则是老无所依;二是前者有复子孙、受鬻法、受杖等法律条文特殊优抚,后者则无。这也表明统治者在优抚高年时,关注到鳏寡孤独这一特殊群体,将其与贫者一样进行救助。诏令中颁赐的物品以粟、帛为主,也有酒、肉、钱等。《礼记·内则》曰:"六十非肉不饱,七十非帛不暖,八十非人不暖,九十虽得人不暖矣。"汉文帝在制定"养老令"的诏书中称"老者非帛不暖,非肉不饱"①,显然符合《礼记·内则》中的养老之义。因此,优抚高年的诏令是汉代推行孝治的一个重要途径,是养老制度的重要内容(见表3)。

---

① 《汉书·文帝纪》

表3　汉诏令赐高年情况

帝号	时 间	赐（优抚）对象	内 容
高帝	二年	乡三老、县三老	复勿徭戍，以十月赐酒
文帝	前元元年	年八十以上，年九十以上	年八十以上，赐米人月一石，肉二十斤，酒五斗。其九十以上，又赐帛人二匹，絮三斤。赐物及当禀鬻米者，长吏阅视，丞若尉致。不满九十，啬夫、令史致。二千石遣都吏循行，不称者督之
文帝	前元十二年	三老	帛，人五匹
文帝	前元十三年	天下孤寡	布帛絮，各有数
武帝	建元元年	年八十，年九十	年八十复二算，九十复甲卒
武帝	建元元年	民年九十以上，已有受鬻法	为复子若孙，令得身帅妻妾遂其供养之事
武帝	元狩元年	县三老、孝者	帛，人五匹
武帝	元狩元年	乡三老、弟者、力田	帛，人三匹
武帝	元狩元年	年九十以上	帛，人二匹，絮三斤
武帝	元狩元年	鳏寡孤独	帛，人二匹，絮三斤
武帝	元狩元年	年八十以上	米，人三石
武帝	元封元年	年七十以上孤寡	帛，人二匹
武帝	元封二年	孤独高年	米，人四石
武帝	元封五年	鳏寡孤独	帛
武帝	太始三年	鳏寡孤独	赐帛，人一匹
宣帝	元平元年	鳏寡孤独	钱，各有差
宣帝	地节三年	鳏寡孤独、高年	帛
宣帝	元康元年	鳏寡孤独、三老	帛
宣帝	元康二年	鳏寡孤独、高年	帛
宣帝	元康三年	鳏寡孤独、高年	赐帛
宣帝	元康四年	三老	帛，人二匹
宣帝	元康四年	鳏寡孤独	帛，人一匹
宣帝	神爵元年	鳏寡孤独、高年	帛
宣帝	神爵四年	鳏寡孤独、高年	帛
宣帝	五凤三年	加赐鳏寡孤独、高年	帛
宣帝	甘露二年	鳏寡孤独、高年	帛
宣帝	甘露三年	鳏寡孤独	各有差

续表

帝号	时　间	赐（优抚）对象	内　　容
元帝	初元元年	三老	帛，人五匹
		孝者	帛，人五匹
		鳏寡孤独	帛，人二匹
	初元四年	鳏寡孤独	帛，人二匹
	初元五年	三老	帛，人五匹
		鳏寡孤独	帛，人二匹
	永光元年	鳏寡孤独、高年	帛
	永光二年	鳏寡孤独、高年	帛
		三老	帛
		孝弟	帛
		力田	帛
	建昭五年	三老	帛
成帝	建始元年	鳏寡孤独	钱币，各有差
	鸿嘉元年	加赐鳏寡孤独、高年	帛
	永始四年	鳏寡孤独、高年	帛
	绥和元年	三老	帛
哀帝	绥和二年	鳏寡孤独、高年	帛
平帝	元始四年	鳏寡孤独、高年	帛
光武帝	建武六年	高年、鳏寡孤独、笃疾、无家属贫不能自存者	如律
	建武二十九年	鳏寡孤独、笃疾、贫不能存者	粟，人五斛
	建武三十年	鳏寡孤独、笃疾、贫不能自存者	粟，人五斛
明帝	中元二年	鳏寡孤独、笃疾	粟，人十斛
	永平三年	鳏寡孤独、笃疾	粟，人五斛
	永平十二年	鳏寡孤独、笃疾、贫无家属不能自存者	粟，人三斛
	永平十七年	鳏寡孤独、笃疾、贫不能自存者	粟，人三斛
	永平十八年	鳏寡孤独、笃疾、贫不能自存者	粟，人三斛

帝号	时　间	赐（优抚）对象	内　容
章帝	永平十八年	鳏寡孤独、笃疾、贫不能自存者	粟，人三斛
	建初三年	鳏寡孤独、笃疾、贫不能自存者	粟，人五斛
	建初四年	鳏寡孤独、笃疾、贫不能自存者	粟，人五斛
	建初七年	魏郡三老	赐钱
	元和元年	鳏寡孤独、不能自存者	粟，人五斛
	元和二年	三老	帛，人一匹
	元和二年	高年、鳏寡孤独	帛，人一匹
	章和元年	高年	布帛，二人一匹
和帝	永元三年	鳏寡孤独、笃疾、贫不能自存者	粟，人三斛
	永元八年	鳏寡孤独、笃疾、贫不能自存者	粟，人五斛
	永元十二年	下贫、鳏寡孤独、不能自存者以及郡国流民	听入陂池渔采，以助蔬食
	永元十二年三月	鳏寡孤独、笃疾、贫不能自存者	粟，人三斛
	元兴元年	鳏寡孤独、笃疾、贫不能自存者	粟，人三斛
安帝	元初元年	鳏寡孤独、笃疾、贫不能自存者	谷，人三斛
	延光元年	赐鳏寡孤独、笃疾、贫不能自存者	粟，人三斛
	建光元年	鳏寡孤独，贫不能自存者	谷，人三斛
	永建元年	鳏寡孤独、笃疾、贫不能自存者	粟，人五斛

续表

帝号	时 间	赐（优抚）对象	内 容
顺帝	永建四年	鳏寡孤独、笃疾、贫不能自存	帛，人一匹
	阳嘉元年	鳏寡孤独、笃疾、贫不能自存者	粟，人五斛
	阳嘉三年	年八十以上	米一斛，肉二十斤，酒五斗
		年九十以上	加赐帛人二匹，絮三斤
	永和二年	鳏寡孤独、贫不能自存者	粟，人五斛
桓帝	建和元年	三老	爵，人三级
		赐鳏寡孤独、笃癃、贫不能自存者	粟，人五斛
	建和二年	年八十以上	米、酒、肉
		年九十以上	加帛二匹，绵三斤
	永兴二年	校猎道旁年九十以上	钱，各有差
灵帝	光和四年	新城县三老	帛，各有差

2. 颁行供养高年的法律

《汉书·文帝纪》记载，元年诏曰："老者非帛不暖，非肉不饱。今岁首，不时使人存问长老，又无布帛酒肉之赐，将何以佐天下子孙孝养其亲？今闻吏禀当受鬻者，或以陈粟，岂称养老之意哉！具为令。"于是，"有司请令县道，年八十已上，赐米人月一石，肉二十斤，酒五斗。其九十已上，又赐帛人二匹，絮三斤。赐物及当禀鬻米者，长吏阅视，丞若尉致。不满九十，啬夫、令史致。二千石遣都吏循行，不称者督之。刑者及有罪耐以上，不用此令。"《二年律令·傅律》简354规定："大夫以上（年）九十，不更九十一，簪褭九十二，上造九十三，公士九十四，公卒、士伍九十五以上者，禀鬻米月一石。"文帝时期颁行的"养老令"比《傅律》中的规定更加优待高年。《二年律令·户律》中又对家庭承担赡养高年做出了相关规定。

简337～339：民大父母、父母、子、孙、同产、同产子，欲相分予奴婢、马牛羊、它财物者，皆许之，辄为定籍。孙为户，与大父母居，养之不善，令孙且外居，令大父母居其室，食其田，使其奴婢，勿贸卖。孙死，其母而代为户，令毋敢逐夫父母及入赘，及道外取其子财。

简342~343：寡夫、寡妇毋子及同居，若有子，子年未盈十四，及寡子年未盈十八，及夫妻皆癃病，及老年七十以上，毋异其子；今毋它子，欲令归户入养，许之。

根据简文，家庭中孙为户主，有赡养大父母的义务，如未能尽到义务，大父母有权将孙逐出而以其田供给饮食，役使奴婢，但是不得将孙的田宅、奴婢转卖。同样，母代孙为户主，也要负责赡养夫之父母。对于寡夫、寡妇、年七十以上无人赡养的情况，法律规定可以归入户得到赡养。汉武帝时期，颁布了两则诏令，减免供养高年家庭中的赋役。对此《二年律令·徭律》也有规定。

简407：睆老各半其爵徭，□入独给邑中事。当徭戍而病盈卒岁及系，勿摄。

简408~409：诸当行粟，独与若父母居老如睆老，其父母疲癃者，皆勿行。金痍、有□病，皆以为罷癃，可事如睆老。其非从军战痍也，作县官四更，不可事，勿事。勿（?）以□眇（?）瘳之令、尉前。

根据简文，睆老根据爵位行徭役之半，父母年老当睆老、病重可以免除行粟一类徭役。另据《二年律令·傅律》简357规定："不更年五十八，簪袅五十九，上造六十，公士六十一，公卒、士伍六十二，皆为睆老。"根据简文，睆老为公卒、士伍62岁以上，根据爵位年龄依次递减。这样，根据《二年律令》，公卒、士伍62岁开始为睆老，徭役减半，子到行粟年龄可以免行。而对于父母病重者，也可免去行粟的徭役。

《汉书·武帝纪》记载，建元元年二月颁布政令曰："年八十复二算，九十复甲卒。"根据诏令，官府部分减免了供养高年家庭的赋役。同年四月又颁布诏令曰："古之立孝，乡里以齿，朝廷以爵，扶世导民，莫善于德。然即于乡里先者艾，奉高年，古之道也。今天下孝子、顺孙愿自竭尽以承其亲，外迫公事，内乏资财，是以孝心阙焉。朕甚哀之。民年九十以上，已有受鬻法，为复子若孙，令得身帅妻妾遂其供养之事。"诏令规定减免供养九十岁高年家庭中子或孙一人的赋役。

从西汉初年到汉武帝时期，上述法律、诏令在赏赐高年常态化、规范化的基础上，既明确了供养高年者的义务，也使供养高年的家庭得到了特殊优待。

3. 颁行宽宥高年的法律

《汉书·惠帝纪》记载，惠帝即位时颁行法律："民年七十以上若不满十岁有罪当刑者，皆完之。"这与《二年律令·具律》中的规定是一致的，简 83 规定："公士、公士妻及□□行年七十以上，若年不盈十七岁，有罪当刑者，皆完之。"根据文意，年七十以上有罪当刑者依法得到宽宥。《汉书·刑法志》记载了景帝、宣帝时期颁行的宽宥高年的法律。包括景帝后元三年诏曰："高年老长，人所尊敬也；鳏寡不属逮者，人所哀怜也。其著令：年八十以上，八岁以下，及孕者未乳，师、朱儒当鞫系者，颂系之。"宣帝元康四年诏曰："朕念夫耆老之人，发齿堕落，血气既衰，亦无暴逆之心，今或罗于文法，执于囹圄，不得终其年命，朕甚怜之。自今以来，诸年八十非诬告杀伤人，它皆勿坐。"史家对此颇为称道，曰："合于三赦幼弱老眊之人。此皆法令稍近古而便民者也。"根据文意，景帝时法律规定八十岁以上的高年拘系时不用刑具，宣帝时法律规定八十岁以上高年除诬告、杀人则一律免于追究法律责任。此后，平帝、光武帝时期又分别颁行诏令，宽宥高年。《汉书·平帝纪》记载，元始四年，诏曰："盖夫妇正则父子亲，人伦定矣。前诏有司复贞妇，归女徒，诚欲以防邪僻，全贞信。及眊悼之人刑罚所不加，圣王之所制也。惟苟暴吏多拘系犯法者亲属，妇女老弱，构怨伤化，百姓苦之。其明敕百寮，妇女非身犯法，及男子年八十以上七岁以下，家非坐不道，诏所名捕，它皆无得系。其当验者，即验问。定著令。"《后汉书·光武帝纪》又载，建武三年诏曰："吏不满六百石，下至墨绶长、相，有罪先请。男子八十以上、十岁以下，及妇人从坐者，自非不道，诏所名捕，皆不得系。当验问者即就验。女徒雇山归家。"根据文意，八十岁以上的男子除不道罪、诏所名捕外一律不得拘系，在居所接受验问。上述法律的颁布，体现了官府对高年犯罪在拘系、量刑上的优待。

4. 颁赐王杖

汉代律法规定，对高年者授予王杖，作为特殊身份的标志，也往往受到特殊的待遇。汉代见于正史记载的受王杖者共有 10 人，多是对国三老、太师、大鸿胪、太中大夫等朝中老臣赐予王杖的记录。甘肃武威磨咀子 18 号汉墓出土的两枚鸿杖及《王杖十简》和《王杖诏书令册》中有 16 人受过王杖的记载，多为平民，这就表明高年受王杖作为一项法律制度也在全国范围内推行。

汉代颁布的优抚高年的诏令，通过颁赐高年、优待高年、优待供养高年的家庭，以及减免高年法律罪责等方式，使孝治在养老问题上得到极大的推行。

（二）优抚高年与养老责任

优抚高年诏令的颁布，体现了汉代统治者对高年的尊重和照顾。作为孝治的举措，优抚诏令使高年及其养老问题受到社会上广泛的关注和重视。在优抚诏令中，也包括部分保障高年的相关法规，如"年八十复二算，九十复甲卒""民年九十以上，已有受鬻法，为复子若孙，令得身帅妻妾遂其供养之事"。在《二年律令·傅律》中具体规定了受鬻法、受杖，以及免老和睆老的爵位、年龄等。这些举措也区分并规范了官府、社会、家庭对高年承担的责任和义务。

1. 官府

皇帝作为最高统治者积极推行"孝治"，在养老问题上承担起引导者的责任，积极推动养老立法，将颁赐高年作为一项经常性的事务，督促官吏严格执行。官府是制定养老"法规"、执行具体"养老"举措的部门。"养老令"中规定了地方官府在颁赐高年中的责任。其中，颁赐物品由令长亲自查看，保证物品的品质。对于高年九十以上者，由县丞、县尉负责发放；高年不满九十者，由啬夫、令史负责发放。二千石守相则派遣都吏进行督导。对于鳏寡孤独、高年，官府还承担了一定的救助职责，对于贫老无依无靠者施以援助，赐帛以蔽体，赐食以充饥。更为重要的是，汉代制定的养老相关法律，从不同层面保障了老者的权益，如《二年律令·徭律》中减免睆老及其家人的徭役，《户律》中维护老者被赡养的权益，王杖诏令维护受王杖高年的权力，等等。显然，汉代统治者推行"孝治"，从而关注高年,有利于官府承担起保障高年权益的责任。

2. 社会

高年的社会地位和尊严是通过法律规范体现出来的。据武威磨咀子汉墓出土的"王杖十简"释文:"制诏御史曰:年七十受王杖者,比六百石,入官廷不趋;犯罪耐以上,毋二尺告劾;有敢征召侵辱者,比大逆不道。建始二年九月甲辰下。"根据简文,年七十受王杖者,与六百石官吏享有相同的社会地位,入官廷无须行大礼;犯罪耐以上,不予起诉;征召侵辱者,依法以大逆不道罪判处极刑。这种特殊的待遇,使受王杖者享有较高的社会地位,得到社会的尊重。同样,在法律上对高年的宽宥,使高年可以免于由于一般的罪责而受到处罚。这在一定程度上维护了高年的尊严,让整个社会对高年有所敬畏。由是观之,"孝治"的推行,有利于社会承担起尊重、维护高年权益的责任。

3. 家庭

家庭是高年老有所依的居处,具体负责高年养老,其承担的责任最为重要。根据《二年律令》,大父母、父母与子、孙同居是较为普遍的社会现象。《二年律令·户律》规定:"孙为户,与大父母居,养之不善,令孙且外居,令大父母居其室,食其田,使其奴婢,勿贸卖。孙死,其母而代为户,令毋敢逐夫父母及入赘,及道外取其子财。"显然,子为户、孙为户都有供养父母和祖父母的义务。《二年律令·贼律》又规定:"殴詈泰父母、父母、假大母、主母、后母,及父母告子不孝,皆弃市。"根据简文,子女还有尊重和"孝亲"父母、泰父母等的义务。另外,《二年律令·徭律》中规定:"诸当行粟,独与若父母居老如睆老,其父母罢癃者,皆勿行。"根据简文,父母病重,子有居家侍奉的权利和义务。《二年律令·户律》规定:"寡夫、寡妇毋子及同居,若有子,子年未盈十四,及寡子年未盈十八,及夫妻皆癃病,及老年七十以上,毋异其子;今毋它子,欲令归户入养,许之。"根据简文,对于鳏寡孤独而言,国家也将赡养问题归入家庭中解决。这就更加凸显出家庭在高年养老问题上负有重要的责任。

综上所述,"汉以孝治天下",在一定程度上保障了高年权益,为高年老有所养、老有所依提供了正面的舆论导向。在统治者的重视下,高年的尊严和养老问题得到了一定的保障,明确了官府、社会、家庭在对待高年问题上的责任和义务。

余　论

汉朝统治者标榜"以孝治天下"，将传统道德伦理的"孝"提至十分重要的地位，影响着汉代社会发展的各个层面，尤其是对汉代法律的制定和实施产生了重要的影响，使"孝"逐渐成为汉代立法的对象和主要内容，并被广泛运用到司法实践之中。严惩不孝顺理成为汉刑法的主要内容之一。汉代"不孝"罪名包含的内容主要有：不供养父母、殴杀父母、告发及诬告父母、服丧期间娶妻生子、行奸作乐、非议孝行、父母亡匿不发丧、强奸继母、侵辱王杖主等。汉代法律对不孝罪处罚严厉：其规定对家庭中的长辈杀伤（不管遂与不遂）、殴詈、被父母控告不孝，均被判处弃市的死刑，殴打同辈中的年长者也要被判处"耐为隶妾"的刑罚，这种处罚比秦律更重，所谓"五辟之属，莫大不孝"，或谓"《甫刑》三千，莫大不孝。"对不孝行为的处罚不但较重，而且一般都不宽宥。正如《二年律令·告律》之规定："杀伤大父母、父母，以及奴婢杀伤主、主父母妻子，自告者皆不得减。"即使是主动投案自首也得不到减刑的待遇，而原本汉律是有"先自告除其罪"的，即鼓励主动自首，由于对孝行的极端重视和提倡，致使坦白从宽的原则对不孝之罪并不适用。若是把父母杀死了，则更是被视为严重悖逆人伦之事，入"大逆不道"。桓谭曾记载了汉武帝时有男子毕康杀其母，有诏"燔烧其子尸，暴其罪于大下"，以示对丧尽人伦之人的严惩。与其说汉律是对家庭伦理的维护，毋宁说是对尊长权力的维护。

参考文献

安作璋：《说"孝"》，《山东师范大学学报》（人文社会科学版）2003年第3期。

胡和平：《浅议"魏晋以孝治天下"》，《郑州大学学报》（哲学社会科学版）1996年第3期。

黄留珠：《秦汉仕进制度》，西北大学出版社，1998。

刘厚琴：《汉代伦理与制度关系研究》，山东大学博士学位论文，2006。

刘修明：《"汉以孝治天下"发微》，《历史研究》1983年第6期。

孙筱：《孝的观念与汉代新的社会统治秩序》，《中国史研究》1990 年第 3 期。

（清）孙星衍等：《汉官六种》，周天游点校，中华书局，1990。

考古研究所编辑室：《武威磨咀子汉墓出土王杖十简释文》，《考古》1960 年第 6 期。

张家山二四七号汉墓竹简整理小组：《张家山汉墓竹简》〔二四七号墓〕（释文修订本），文物出版社，2006。

连云港市博物馆、东海博物馆、中国社会科学院简帛研究中心、中国文物研究所：《尹湾汉墓简牍》，中华书局，1998。

范仲淹第二次贬谪生涯述论

任崇岳*

摘要： 范仲淹疾恶如仇、亢直敢言，因此几度遭到贬谪。景祐元年他因谏止废黜郭皇后，触怒宋仁宗，被贬往睦州（今浙江建德），这是其第二次遭贬。范仲淹虽然从京城被贬往迢递的睦州，但他不颓唐，不怨天尤人，不把贬谪放在心上，表示"其罪有余责，尚叨一麾，敢不尽心，以求疾苦"在睦州的半年时间里，他观察百姓疾苦、勤政爱民，其间做了两件大事：一是兴建龙山书院，敦聘著名学者李觏讲学，陶育莘莘学子；二是修整严光祠堂，弘扬严光不慕荣利，甘于淡泊的精神。范仲淹真正做到了"先天下之忧而忧，后天下之乐而乐"。

关键词： 范仲淹　贬谪　睦州　勤政爱民　兴建书院

一　犯颜直谏，被贬睦州

景祐元年正月，时任右司谏的范仲淹因谏止废黜郭皇后，触怒龙颜，被宋仁宗贬往睦州（今浙江建德）。这是范仲淹仕宦生涯中第二次被贬谪。

郭皇后之所以被废黜，源于宋仁宗在未立皇后之前，宠爱张美人，欲立其为皇后，但刘太后嫌其出身寒微，不能母仪天下，逼仁宗立平卢军节度使郭崇之女为皇后。宋仁宗虽不敢违拗太后之命，心中却存有芥蒂，"后既立，而颇见疏"（《宋史·仁宗郭皇后传》）。宫中的尚美人、杨美人见天子冷落郭皇后，便落井下石，排挤皇后。一日尚美人公然在仁宗面前诋毁郭皇后，致使郭皇后不胜恚忿，伸手便批尚美人之颊，误拍在仁宗脸上。仁宗当下便勃然大怒，充任入内副都知的宦官阎文应推波助澜，"乘隙，遂与谋废后，且劝以爪痕示执政"（《宋史·阎文应传》）。宰相吕夷

---

* 任崇岳，河南省社会科学院研究员。

简曾与皇后结怨，今见其落难，欲报当年之仇，也力主废黜郭皇后。在仁宗犹豫不决之时，夷简进谗说，汉光武帝也是一代明主，郭皇后因怨怼就被废掉，况如今的郭皇后伤陛下颜乎？仁宗废后之意遂决。吕夷简欲堵人之口，"先敕有司不得受台谏章奏，诏称皇后的无子愿入道，特封净妃玉京冲妙仙师，居长宁宫。台谏章奏果不得入"（《宋史纪事本末·郭后之废》）。时任右司谏的范仲淹与权御史中丞孔道辅等10人到垂拱殿伏奏说，皇后乃天下之母，不应轻易废黜，愿赐对以尽所言，但殿门却紧闭不开。孔道辅扣环大呼说，皇后被废，奈何不听台谏之言！仁宗命宰相吕夷简晓谕范仲淹等皇后当废之状。孔道辅反驳道，人臣之于帝后，比如子女侍奉父母，父母不和，可以劝说，不应顺从父亲之意休弃母亲。吕夷简诡辩说，废黜皇后并非始于今日，古代即有成例。范仲淹、孔道辅说，宰相不过是援引汉光武帝故事而已，他废郭皇后乃失德之举，何足效法！吕夷简语塞，让范仲淹等见天子面折廷争，却又悄悄上奏仁宗：台谏伏阁请对，非太平时期美事，应逐出朝廷。第二天，范仲淹"将留百官揖宰相廷争，方至待漏院，有诏出知睦州"（《宋史·范仲淹传》）。孔道辅被贬往泰州（今属江苏），其他人罚铜20斤，又派人押范仲淹、孔道辅出城。诏书来得如此突兀，范仲淹还未来得及伏阙谏诤，便被逐出了朝廷，时年46岁。

废黜皇后，自古以来都是事关国体之大事，且郭皇后被废并不合乎情理，作为谏官的范仲淹自不能缄默不言。"宁鸣而死，不默而生"是他性格使然，即使遭到贬谪，他也无怨无悔。范仲淹忠而被谤，信而见疑，朝中不少大臣为他鸣不平。谏官马绛上疏说："皇后母仪万方，非有大过而动摇则风教陵夷，况闻入道降妃之议出自臣下！且后妃有罪，出则告宗庙，废则为庶人，安有不示之之于天下，不告之以祖宗，而阴行臣下之议乎？且皇后以小过降为妃，则臣下之妇有小过者亦当降为妾矣。比抗章请对，不蒙赐召，岂非奸邪之人离间陛下乎？"（《续资治通鉴长编》卷一百十三）马绛认为郭皇后没有大过，不该不告祖宗，私下里与臣子商议废黜。天子不允许抗章请对，显然是奸邪之人离间的结果，这个奸邪之人指的就是吕夷简。将作监丞富弼上疏，言辞尤为激烈："郭后自居中宫，不闻有过，陛下忽然废斥，物议腾涌。自太祖、太宗、真宗，三后抚国凡七十年，未尝有此。陛下为人子孙，不能守祖宗之训，而有废皇后之事，治家尚不以道，奈天下何！范仲淹为谏官，所极谏者，乃其职也，陛下何故罪之？假使所谏不当，犹须含忍，以招谏诤，况仲淹所谏，大惬亿万人之心，陛下纵私忿，不顾公议，取笑四方，臣甚为陛下不取也。”（《续资治通鉴长编》卷一百十三）奏疏递了上去，仁宗留中不发，不予理会。郭皇后自然逃不脱被废黜的厄运，最后被陷害而死。而范仲淹虽没有像郭皇后那样死于非命，但颠沛流离的贬谪生活也非一般人所能忍受，而他却义无反顾地去了贬谪之地。

二　理或当言，死无所避

范仲淹豁达乐观，忧国忧民，常将生死置之度外，他在进谏之初就已料到伴君如伴虎，“臣非不知逆龙鳞者掇齑粉之患，忤天威者负雷霆之诛”，但是作为谏臣，进谏乃臣子的职责所在，缄默不言，不是范仲淹的性格，“理或当言，死无所避”，只要真理在手，何惧斧钺之诛！“既竭一心，岂逃三黜”（《范仲淹全集》），连死都不怕，还怕贬谪吗？天圣七年范仲淹曾因谏止仁宗率百官为章献太后上寿而被贬往河中府，那是他第一次被贬，此时第二次被贬出朝廷，他安之若素，处变不惊。

睦州又称桐庐郡，离京城汴梁迢递，有三千里之遥，范仲淹在《新定感兴五首》中说：“去国三千里，风波岂不赊？”新定就是睦州，历史上睦州曾称新定郡。范仲淹受命之后，携妇将雏，由汴梁先到项城（今河南沈丘县魏家集），然后弃车登舟，沿颍河、淮河、钱塘江、富春江南下。其自述道：“伏自春初至项城，因使人回，草草上谢。由颍、淮而下，越兹重江，四月几望，至于桐庐。”古代每月十五日为望，望后一日为既望，几望即既望。景祐元年正月，范仲淹从京城出发，直至四月十六日才抵达桐庐，旅途长达3个月之久。宋朝官员遭到贬谪，轻者称送某州居住，稍重者称安置，更重者称编管。范仲淹虽是贬谪，毕竟还是睦州的地方官，比起苏东坡贬惠州，再贬昌化军（今海南省儋州西北）、寇准贬为雷州（今属广东）司户参军可谓不幸之幸。但忠心匡扶社稷竟落得被贬谪的结局，仍使范仲淹感慨系之，其在《谪守睦州作》一诗中说：“一心回主意，十口向天涯。”他只是想谏止天子不要废黜郭皇后，谁知却付出了全家老小十口被贬谪天涯的代价。不过尽管是贬谪，但他并不颓唐，也不怨天尤人，而是自我安慰道：“铜虎恩犹厚，鲈鱼味复佳。”这两句诗是说，天子皇恩浩荡，自己虽遭贬谪，仍被授予了铜虎符，担任知州之职，而睦州又盛产鲈鱼，可以一饱口福，在这里当地方官，未必是一件坏事。古代被贬谪的官员多是心情抑郁，长吁短叹，像范仲淹这样洒脱者尚不多见！

长达3个多月的旅途生活，既有天高云淡、风和日丽之时，也有浊浪排空、舟楫险遭倾覆的困境，《赴桐庐郡淮上遇风三首》便是他旅途生活的真实写照："舟楫颠危甚，蛟鼋出没多。""一棹危于叶，傍观亦损神。"一叶扁舟在惊涛骇浪中航行，时而被抛上浪尖，时而又跌入谷底，不知何时就会舟覆人亡，让人惊心动魄。范仲淹被贬，妻子也受到连累，浪迹天涯，生死未卜，未免啧有怨言。范仲淹安慰她说："商人岂有罪，同我在风波。"如果说我有罪愆，该遭此灾难，而船上的商人并无罪过，不是也一样饱尝风狂浪恶之苦吗？妻子这才无话可说。所幸有惊无险，最终驶出急流险滩，顺利航行。

范仲淹赴睦州途中，正是江南三月，莺飞草长的季节，他不禁诗情坌涌，笔走龙蛇，一口气写成了《出守桐庐道中十绝》，表达了他忧国忧民之情。"雷霆日有犯，始可报君亲"，作为谏臣，虽触君王雷霆之怒，但谏诤才是报答君王的最好方法；"君恩泰山重，尔命鸿毛轻。一意惧千古，敢怀妻子荣"，君恩如山，个人性命轻如鸿毛，该进谏时一定进谏，决不畏首畏尾，至于妻子的荣辱，只能置之度外了；"妻子屡牵衣，出门投祸机。宁知白日照，犹得虎符归"，因谏诤被贬，妻子牵衣而啼，谁知福祸倚伏，又得到了知睦州的虎符；"万钟谁不慕，意气满堂金。必若枉此道，伤哉非素心"，万钟指俸禄优厚，谁不羡慕高官厚禄，但如果枉道求取，岂不伤了我这一颗清白之心！一个狷介耿直的廉吏形象跃然纸上！

三　兴办学校，礼敬先贤

宋人楼钥的《范文正公年谱》云："景祐元年甲戌，年四十六。是岁春正月，出守睦州……夏六月壬申，徙苏州。"据此记载，范仲淹只在苏州待了3个月。事实上，范仲淹虽接到了调令，但他以苏州是祖籍地为由"别乞一郡"，朝廷于是在八月间让他改知明州（今浙江宁波），但"转运使上言公治水有绪，愿留以毕其役。九月诏复知苏州"。这样，他在睦州任上只有半年。他初到桐庐，便给恩师晏殊写信："某罪有余责，尚叨一麾（一麾指任职睦州），敢不尽心，以求疾苦？二浙之俗，躁而无刚。豪者如虎，示之以文；弱者如鼠，存之以仁。吞夺之害，稍稍而息。"甫至睦州，他已对这里的风土人情了然于胸，时刻把百姓的疾苦放在心上！

在睦州的短短半年时间里，范仲淹办了两件大事：一是兴建书院，二是修整严光祠堂。兴建书院，陶育莘莘学子是范仲淹最惬意的事，凡是他足迹所到之处，无不书声琅琅，弦歌不辍。在睦州兴建书院，为的是改变那里"豪者如虎""弱者如鼠"的状况。豪者之所以如虎噬人，是因为缺少教养，要使他们懂得做人之道，就要"示之以文"，因此必须兴建书院。于是他"延见诸生，以博以约"，范仲淹用"以博以约"来勉励学子既要懂得治学，又要知道如何做人，可谓言简意赅，语重心长！

范仲淹在睦州创办了龙山书院，并教聘了著名学者李觏前来讲学。李觏生于真宗大中祥符二年，比范仲淹小20岁，他曾创建盱江书院，人称盱江先生，又称直讲先生。李觏在功名蹭蹬、穷困潦倒之时，范仲淹荐他为试太学助教，后来成为儒学大师，两人志同道合，成为忘年交。范仲淹在睦州建书院，便聘李觏为讲贯。其时李觏才26岁，但已淹通百家，小有名气。范仲淹并没有以长者自居，反而给李觏写了一封言辞恳切的信：

> 某顿首秀才仁弟：别来倾渴无已，想至仙乡，拜庆外无恙。此中佳山水，府学中有三十余人，阙讲贯，与监郡诸官议，无如请先生之来，必不奉误，诚于礼中大有请益处。至愿至愿！不宣。仲淹上秀才仁弟，十月十九日。

信中称李觏为仁弟，又说别来倾渴无已，表示出对这个年青学者的尊重。除此以外，范仲淹还想说的是府学中有生员30余人，但缺少满腹经纶的授课教师，因此"与监郡诸官议，无如请先生之来"。之所以教聘李觏前来任讲贯，就是看中了他博学多才，能为士子们传授更多知识。

修整严子陵祠堂，是范仲淹在睦州办的另一件大事。严子陵即严光，西汉末会稽余姚人，与光武帝刘秀有同窗之谊。刘秀登基后，知他有经天纬地之才，欲治国平天下，此人不可或缺，打算授以官职，而严子陵却隐居林泉，不愿入朝为官。刘秀遣使敦聘三次，才勉强入朝。司徒侯霸与他是故旧之交，送信说打算前来造访，严子陵却简单回道："君房（侯霸的字）足下，位至鼎足，甚善。怀仁辅义天下悦，阿谀顺旨要领绝。"（《后汉书·逸民列传》）刘秀正是看上了严子陵亢直敢言、胸无城府的性格，才封他为谏议大夫，希望他留在朝中辅弼自己。但严子陵耿介拔俗，潇洒出尘，不为功名利禄所动，仍耕钓于富春江畔。严子陵笑傲烟霞，视功名富贵如草芥，的确有过人之处，范仲淹敬重他，也就在情理之中了。

后世推崇严子陵淡泊名利，洁身自好的品格，在唐代就修建了严子陵祠，到了宋代已经颓圮破败，范仲淹到达睦州后，便把祠堂修葺一新，以表达对严子陵的仰慕之忱。他先是派下属章岷修缮祠堂，又召会稽僧人悦躬画严光像张挂其中，并在《留题方干处士旧居》一诗的题词中说："某景祐初典桐庐，郡有七里濑，子陵之钓台在。而乃以从事章岷往构堂而祠之，召会稽僧悦躬图其像于堂。"在《与邵㧑先生》的书信中又说："暨抵桐庐郡，郡有严陵钓台，思其人，咏其风，毅然知肥遁之可尚矣。能使贪夫廉，懦夫立，则是有大功于名教也。构堂而祠之，又为之记，聊以辨严子之心，决千古之疑。"肥遁指隐居避世，范仲淹认为提倡严子陵隐居避世的精神，能够矫正世人热衷名利的陋俗，能够使贪官廉洁，懦夫刚强，有利于社会风气的转变。他希望邵㧑能为祠堂篆额，使严子陵的高风亮节垂于后世。同时他又豁免了严子陵后裔4家的赋税，让他们守护祠堂。办完这些事，范仲淹意犹未尽，又写了一篇至今仍传诵不已的《桐庐郡严先生祠堂记》，他称赞严子陵和汉光武帝刘秀道：

> 盖先生之心，出乎日月之上，光武之器，包乎天地之外。微先生，不能成光武之大，微光武，岂能遂先生之高哉！而使贪夫廉、懦夫立，是有大功于名教也。某来守是邦，始构堂而奠焉。乃复其为后者四家，以奉祠事。又从而歌曰：云山苍苍，江水泱泱，先生之风，山高水长。

范仲淹对严子陵的褒奖可谓达到了极致，严子陵本是一名隐士，并未建功立业，千百年来靠着这一篇短文而声名远播，享誉千秋。

四　寄情山水，体察民情

范仲淹被贬谪出朝后，很快就喜欢上了被贬之地睦州。他在《与晏尚书》中说，睦州"群峰四来，翠盈轩窗……白云徘徊，终日不去。岩泉一支，潺湲斋中。春之昼，秋之夕，既清且幽，大得隐者之乐，唯恐逢恩，一日移去"。范仲淹愿意在公余之暇，徜徉于睦州的青山绿水之间，不愿调往别处。在《与曹都官书》中说："既守桐庐郡，大为拙者之福。"他把贬谪睦州当作"拙者之福"，这次贬谪是因祸得福，这种宽阔豁达的胸怀，在古代被贬谪的人中恐怕找不出第二个。在《与孙明复书》中说："某至新定（即睦州），江山清绝，落魄以歌，自谓得计。"在《与孙元规书》中说："肺疾未愈，赖此幽栖。江山照人，本无他望，以此为多。"范仲淹被贬出朝时，肺疾未愈，睦州林壑优美，正好可当作疗疾之所。凡此种种，都表明在公余之暇，疗养身体和探幽寻胜便成为他的另一种爱好。在睦州的半年是范仲淹仕途生涯中最为惬意的日子，他的诗不仅数量多，而且清新流丽，意味隽永。《潇洒桐庐郡十绝》是他在桐庐的作品，其中写环境的清幽有"潇洒桐庐郡，家家竹隐泉。令人思杜牧，无处不潺湲"；"潇洒桐庐郡，千家起画楼。相呼采莲去，笑上木兰舟"。写自己悠然陶然的生活有"潇洒桐庐郡，公余午睡浓。人生安乐处，谁复问千钟"，千钟指俸禄优厚，只要人生能够安乐，又何须计较功名利禄！此外，还有"潇洒桐庐郡，身闲性亦灵。降真香一炷，欲老悟黄庭"之语，黄庭即《黄庭经》，是一本讲述道家养生修炼之术的书。睦州的美景，竟使得范仲淹意想在这里修身养性了。当然这只是夸张的写法，范仲淹不可能离开现实去讲求养生之道。宋人王十朋在其《梅溪王先生文集·潇洒斋记》中评价范仲淹道："诗言志，公所至以潇洒见于诗章，则胸中之潇洒可知也。"可谓一语中的。

寻芳探胜只是范仲淹在睦州生活的一部分，另一方面他也有系念百姓疾苦的诗篇。在《新定感兴五首》中说："风物皆堪喜，民灵独可哀。"睦州的景色自然是使人心旷神怡，但是百姓生活贫窭又使人忧心忡忡。他的另一首《和葛闳寺丞接花歌》写一个从京城沦落至江南种花人的遭遇。全诗写得荡气回肠，引人入胜，可与白居易的《琵琶行》相媲美。诗中叙述"江城有卒老且贫，憔悴抱关良苦辛"，种花之人老而且贫，晚景凄凉，询问之下，"知是北来京洛人"，问他如何来到这里，"欲语汍澜堕双泪"。种花匠生在东都洛阳，家境殷实，喜欢莳花弄草，更有"神仙接花术"，培育出"奇芬异卉百余品"，每逢开花季节，京城便姹紫嫣红，香气氤氲，但不幸得罪权贵，只身被贬谪江南。

窜来江外知几年，骨肉无音雁空度。北人情况异南人，萧洒溪山苦无趣。子规啼处血为花，黄梅熟时雨如雾。多愁多恨信伤人，今年不及去年身。目昏耳重精力减，复有乡心难具陈。

这位种花匠流落睦州已有多年，骨肉分离，天各一方，而北方人又不适应南方生活。光阴荏苒，已到暮年，目昏耳聋，身体每况愈下，恐怕是有家难归了。听罢此人的叙述，范仲淹想起了自己也是贬谪之身，大有"同是天涯沦落人，相逢何必曾相识"的感慨。但是他拿得起放得下，不把厄运放在心上，"朝违日下暮天涯，不学尔曹向隅泣"，"自可优优乐名教，曾不恓恓吊形影"，即使遭遇再大的磨难，范仲淹也不会向隅而泣，更不会恓恓惶惶、不可终日，这就是范仲淹的性格。尽管范仲淹无力改变花匠的命运，但仍祝福其会遇赦还乡："一日天恩放尔归，相逐栽花洛阳去。"范仲淹忧国忧民的精神可谓无处不在。

景祐元年十月，范仲淹移知苏州。睦州百姓修建了思范坊、思范堂、思范亭、潇洒楼、范公祠等建筑来表达对这位贤良太守的怀念之情。

参考文献

（明）陈邦瞻：《宋史纪事本末》，中华书局，1977。

（宋）范晔：《后汉书》，中华书局，1965。

（宋）范仲淹：《范仲淹全集》，凤凰出版社，2004。

（宋）李焘：《续资治通鉴长编》，上海古籍出版社，1986。

（元）脱脱：《宋史》，中华书局，1977。

韩琦与尹洙交游考述

屠 青*

摘要： 韩琦因其特殊的地位，一生交往人物众多，涉及当世形形色色的人物。尹洙性豪爽，善议论，喜谈兵，遇事无难易，勇于敢为，在某种程度上代表了韩琦交游的一类人。韩琦与尹洙两人同在西北边境为国效力，在对西夏战争中结下了深厚的友谊。庆历新政中，守旧势力大造朋党舆论，指范仲淹、韩琦等为党人，新政处于困境。尹洙因上疏仁宗招致政敌的忌恨，直至贬死。尹洙去世后，韩琦为处理好其后事颇费心机，并向朝廷申明尹洙的冤情，还尹洙以清白。韩琦与尹洙的交游体现了两人之间真挚、深厚的情谊，再现了庆历新政前后复杂的政治环境。

关键词： 韩琦 尹洙 交游 庆历新政

韩琦，字稚圭，相州安阳（今河南安阳）人，北宋贤相，有史学家称他为"宋朝第一相"。他历北宋仁宗、英宗、神宗三朝，曾两度拜相。韩琦内修政理，颇有政绩；外御西夏，时称韩范。他稳重忠厚如汉之周勃，善断大事如唐之姚崇，临事镇定，处乱不惊，通机达变，定策安邦。著有《安阳集》五十卷，《四库全书总目》说他"历相三朝，功在社稷，生平不以文章名世。而词气典重，敷陈剀切，有垂绅正笏之风……诗句多不事雕镂，自然高雅"，目前学界对他的研究还远远不够。

韩琦因其特殊的地位，一生交往人物众多，涉及当世形形色色的人物。除去其家人与生平不详之人，他在《安阳集》中提及的人物即有92人，其中既有杜衍、王曾、欧阳修、范仲淹、富弼、王安石、吕夷简、曾公亮、司马光等重要的政治人物，又有王尧臣、赵概、吴育、文彦博等同年，还有张咏、张昇、陈荐、王素、夏竦、王珪、王博文等同僚，以及苏

---

* 屠青，河南省社会科学院中州学刊杂志社助理研究员。

洵、强至等文士。因此，以韩琦的交游作为研究的切入点，可以充分展示韩琦的名臣风范。通过他所交游人物的德才、品行、言论等，可以帮助我们全方位透彻地了解特定时代背景下的韩琦，反映一代名臣的性情、好恶、胸襟等及其在当时的政治、军事等方面所产生的深远影响。

尹洙，字师鲁，河南府（今河南洛阳）人，世称河南先生，是北宋仁宗前期活跃于政界、军界和文学界的重要人物。尹洙博学有卓识，通六经，尤深于《春秋》，力为古文，其文简而有法，辞约而理精，著有《河南集》二十七卷。尹洙"为人内刚外和，能以义自守"（《四库全书总目》），性豪爽，善议论，喜谈兵，遇事无难易，勇于敢为，在某种程度上代表了韩琦交游的一类人物，如孙沔、石介、刘易、蔡襄、狄青、石延年等。

一　韩琦尹洙在西北战场的交往

韩琦与尹洙早在景祐三年已同朝共事。尹洙因王曙之荐，充馆阁校勘，迁太子中允。时天章阁待制、权知开封府范仲淹因切论时政忤宰相，被以"越职言事，荐引朋党"（《续资治通鉴》）的罪名贬知饶州。韩琦时任左司谏，对于朝事也屡有建言，并赢得了宰相王曾的好评。王曾对韩琦说："近日频见章疏甚好，只如此可矣。向来如高若讷之辈多是择利，希文亦未免近名，要须纯意于国家事尔。"（《安阳集编年笺注》）王曾的话对韩、范的行为各有褒贬，而他对范仲淹的评价实际上也代表了朝中一些人的看法，故在范仲淹遭贬之际，大臣及谏官、御史大多保持了沉默。当然，这种情形背后也不免存在对吕夷简当权的畏惧。集贤校理余靖上书论救范仲淹，遭贬。尹洙按捺不住心头的激愤，慨然上《乞坐范天章贬状》为仲淹辩护，仍遭贬。同为馆阁校勘的欧阳修因严厉指责谏官高若讷不为范仲淹伸张正义，亦遭贬。在范仲淹、余靖、尹洙、欧阳修四人遭贬之后，西京留守推官蔡襄作《四贤一不肖》诗，盛赞上述四人。时任左司谏的韩琦虽没有直接出面为四人辩护，但他在这件事上并没有彻底保持沉默。当泗州通判陈恢为了邀宠，上章请治蔡襄之罪时，韩琦即劾奏陈恢"越职希恩，宜重贬"（《续资治通鉴》）。从这件小事上，我们可以窥见韩琦当时的微妙心理，他既不赞成吕夷简排挤范仲淹，又不愿与对自己有荐举之恩的吕夷简有正面冲突，故借陈恢之事表明自己的政治态度。可见，他对范仲淹、余靖、尹洙、欧阳修是持肯定与同情态度的。

康定元年，赵元昊反，仁宗任命韩琦为陕西安抚使，尹洙被大将葛怀敏辟为经略判官，尤为韩琦所深知。尹洙、韩琦两人同在西北边境为国效力，在对西夏的战争中，结下了深厚的友谊。不久，因刘平、石元孙战败，朝廷以夏竦为经略安抚招讨使，范仲淹、韩琦为招讨副使，仍以尹洙为判官。此时，尹洙与夏竦两人不合，经常在韩琦面前说对方的不是，韩琦皆纳之，但从不在两人之间搬弄是非，后来尹洙、夏竦之间的矛盾逐渐化解。尹洙多次上疏论兵，请仁宗召对两府大臣商议边事，又请招募士兵，省骑兵，增步兵，积极为抗击西夏出谋划策。后来元昊侵犯镇戎，仁宗下诏询问攻守之计。韩琦与尹洙一起赴朝入奏，仁宗采取攻策，并任命尹洙为集贤校理。

庆历元年，韩琦奏请泾原、鄜延两路同时进讨，并派尹洙到延州劝说范仲淹发兵。尹洙在延州住了将近两旬，但范仲淹认为防守乃最上之策，坚决不同意发兵。最后，尹洙无可奈何地向范仲淹感叹道："公于此乃不及韩公也！韩公尝云：'大凡用兵，当先置胜负于度外。'"（《东轩笔录》）尹洙劝说范仲淹未果而还，到庆州时正好赶上任福兵败好水川，全军覆没，阵亡者6000余人。时为权签书泾原、秦凤经略安抚判官的尹洙得泾原求救书，得知任福惨败的状况，心急如焚，立即调派庆州部将刘政的精锐士卒数千人，奔赴镇戎军救援，未至，敌兵退去。尹洙因此被夏竦以擅自发兵的罪名弹劾，被降为濠州通判。庆历二年，韩琦因任福好水川之败受牵连，被免去招讨副使的职务，贬为右司谏，知秦州。韩琦辟用尹洙通判秦州事，加直集贤院。

庆历三年三月，仁宗为改革时弊，召韩琦、范仲淹同为枢密副使，又任用杜衍、富弼等居于重位，实行新政。七月，尹洙徙右司谏、知渭州，兼管勾泾原路安抚都部署司事。八月，韩琦以枢密副使的身份任陕西四路宣抚使。冬十月，陕西四路经略安抚招讨使郑戬采纳静边寨主刘沪的建议，开道二百里，修水洛城，以通秦之援兵。尹洙曰："贼数犯寨，必并兵一道，五路帅之战兵常不满二万人，而当贼昊举国之众，吾兵所以屡为贼困者，正由城寨多而兵势分也。今无故夺诸羌之田二百里，列堡屯师，坐耗刍粮，则吾兵愈分而边用不给矣！"（《宋史纪事本末》）上疏奏请罢修水洛城。时为宣抚使的韩琦亦上疏极陈修水洛城之不便，认为修水洛城劳民伤财，且功效不大，"如朝廷未以为然，乞选差亲信中使至泾原、秦凤路，询问文彦博、尹洙、狄青等，即知修水洛城于今便与未便"（《续资治通鉴长编·庆历三年》）。

庆历四年正月，仁宗从韩琦奏请，下诏罢修水洛城。但此时，刘沪已开始修建水洛城，郑戬又派遣董士廉率军队前去援助。二月，郑戬被罢免陕西四路马步军都部署，但他仍命刘沪、董士廉等加紧督修水洛城。刘沪、董士廉二人也对皇帝罢修水洛城的诏书置若罔闻，继续修建水洛城。尹洙因此多次派人召唤刘沪，但刘沪始终不到场。尹洙任命瓦亭寨主张忠替代刘沪静边寨主的职位，但刘拒不服从。尹洙命令刘沪停止筑城，刘沪仍然不听。尹洙盛怒之下，命总管狄青亲自到顺德军，把刘沪、董士廉二人械送入狱。郑戬为此多次在朝中弹劾尹洙，说他阻止刘沪修水洛城，并且将矛头直指韩琦。朝中大臣亦多偏于郑戬，请治尹洙、狄青等人的罪。韩琦也认为修水洛城，工程太大，不易成功，上疏切论修水洛城的十三条弊端，并且为尹洙辩护道："其刘沪凭恃郑戬，轻视本路主帅，一面兴工不止，及至差官交割，又不听从，此狄青等所以收捉送禁，奏告朝廷。今来若以刘沪全无过犯，只是狄青、尹洙可罪，乃是全不计修水洛城经久利害，只听郑戬等争气加诬，则边上使臣，自此节制不行，大害军事"（《续资治通鉴长编·庆历四年》），"今欲专罪洙、青可罪，而置沪等不问，恐害边计。若以嫌自避而不言，致朝廷赏罚有失，是不忠。沪等实违节制，何可无罪？"（《安阳集编年笺注》）朝廷最终祖护郑戬等人，继续修水洛城，尹洙则被徙知庆州。

二　患难之中的诗信往来

庆历四年，朝内党争日趋激烈，守旧势力大造朋党的舆论，指杜衍、范仲淹、韩琦等为党人，仁宗颇怀疑虑，新政处于困境。尹洙在欧阳修写了《朋党论》之后，随即呈上《论朋党疏》，劝仁宗不要被朋党的舆论迷惑，"知贤而不能任，任之而不能终"（《河南集》）。这一举动自然招致政敌的忌恨。庆历五年，在杜、范、富、韩等大臣接连被贬出京之后，执政者抓住尹洙在渭州时贷公使钱给部将孙用还债的把柄，诬陷尹洙欺隐官钱。监察御史李京又言韩琦处置边机不当，请求罢免韩琦枢密副使之职，并认为韩琦之过，实自尹洙而起，奏请将尹洙一起治罪。

公使钱是宋代一种特有的官给，官府用于宴请、馈赠过往官员，只要不据为己有，就不算犯法。尹洙的部将孙用，由军校补边，曾自京师借高利贷，无以偿还。尹洙惜其才可用，恐其犯法被罢，就借给他公使钱以还债，每月从其俸禄中扣除一部分偿还。董士廉弹劾尹洙时，孙用所借公使钱已经还清，这本不算犯法之事。以这件事大做文章，只是保守势力打击改革力量，阻挠新政的伎俩而已。韩琦深知此事已到了不可为的地步，于是自请补外。庆历五年三月，韩琦罢枢密副使，以资政殿学士知扬州。七月，尹洙被贬为崇信军节度副使，徙监均州酒税。

其间，韩琦曾寄书慰勉，尹洙亦与之有诗文往来。尹洙在《答扬州韩资政书》中向韩琦诉说自己被贬的生活及对时事的反思。

> 邓州附到七月三日所赐书，不胜感忻。某久不上记，亦如尊谕，到随贱属，患痁疾尽得平愈，食物甚贱，私用虽窘，而不乏读经书，益有味。体力亦无疲耗，不烦赐念。平时与人异同，遂至争论不息，盖国家事。今既发放，若复云云，乃是怀私忿耳。不惟绝之于口，亦不萌之于心。用是益以自适，但恨地远，不得拜伏门下。栖倚之心，莫能且陈，惟望善保台候，以慰倾颂之恳。

从《河南集》中可以看出，韩琦与尹洙之间多有书信往来。韩琦曾写信对尹洙子、侄之丧表示深切慰问。尹洙写有《答枢密韩谏议一首》，感念韩琦的安慰，并向他倾诉自己的失子之痛，悲痛后继无人。

> 自使节还都，不敢辄上笺记，伏蒙深赐体亮，特降手教，兼以某儿、侄丧亡，曲加存慰，不胜感涕。侄植、男朴俱为门户所托。朴又尝以文赞左右，蒙国士之顾，本谓此儿终为门下之用，何期不幸，一至于此。某在秦所生一儿，亦前此失之。年将五十，未有继嗣，未尝不终夜抚心，对客吁叹。若使忧能伤人，亦恐不复再奉顾盼矣。

尹洙的长子尹朴，自幼秉承父教，博学能文，举进士，为韩琦所深知。韩琦尝称颂之于公卿间，认为其学识将来一定能继承乃父衣钵，其才必为朝廷所用。但尹朴不幸早亡，韩琦后遵循尹洙的遗嘱，为尹朴作墓志铭。

三　尹洙逝后的交情延续

　　被罪放逐使秉性刚毅正直的尹洙蒙受耻辱，他郁郁寡欢，不幸染疾，遂于庆历七年病故，年仅 47 岁。尹洙病重时，范仲淹替他请官，允许他到自己所在的邓州就医。远在扬州的韩琦也非常关心此事，写信向范仲淹询问尹洙的病情。但尹洙到邓州 5 天后就去世了，留下遗言让韩琦为自己写墓表。韩琦仔细向范仲淹询问尹洙的丧葬安排、家眷寄留诸事。当韩琦看到尹洙年轻时即相交的好友孙甫所写的行状时，对行状与事实不符且有所诬非常气愤，他在《与文正范公论师鲁行状书》中悲愤地说："师鲁有经济之才，生不得尽所蕴，谪非其罪而死，又为平生相知者所诬，以恶书之，是必不瞑于地下矣！夫生则卖友以买直，死则加恶以避党，此固庸人之不忍为，岂之翰之心哉！"他请范仲淹迅速把这篇行状退给孙甫，附上尹洙侄子提出的质疑，让孙甫重新去写。

　　尹洙去世后，韩琦作有《祭龙图尹师鲁文》。在祭文中，韩琦赞扬尹洙："惟君之生，天与英奇。如鉴之明，无隐不窥。如材之美，无用不宜。仁义之勇，过于熊罴。疑昧之决，审乎蓍龟。"对尹洙的古文成就给予高度的评价，并且回顾了两人并肩作战的戎马生活："伊昔夏人，扰于西垂。余忝兵任，君实同之。周旋塞上，余往君随。昼筹夜画，忍睡忍饥。星霜矢石，劳苦艰巇。凡四五年，心愈形羸。退而视君，志不少衰。"（《安阳集编年笺注》）韩琦认为自己是尹洙的"知之深者"，两人"义虽朋执"，实则如兄弟一样亲密和睦。韩琦对自己不能亲自为尹洙送葬、祭奠，深感遗憾。

　　庆历八年，欧阳修写成《尹师鲁墓志铭》，对尹洙一生的为人行事、古文成就给予简要的评述。但此文遭到尹洙家属的非难，他们认为欧阳修对尹洙的首倡古文之功评价不足。另外，尹洙、欧阳修的友人也纷纷责怪他，最终欧阳修所写的墓志铭废弃不用，尹洙的遗属请韩琦另写墓表，这给韩琦出了个难题。作为尹洙的"知之深者"，他在祭文中不得不俯循尹家"小字辈"所请，说尹洙"首倡古文，三代足追。学者禽从，圣道乃夷"。但在墓表中，他却写道："天圣初，公（尹洙）独与穆参军伯长矫时所尚，力以古文为主。次得欧阳永叔以雄词鼓动之，于是后学大悟，文风一变。"（《安阳集编年笺注》）这里先叙尹、穆"力以古文为主"，次叙欧阳修"雄词鼓动"之功。"次得欧阳永叔"的"次"仅指时间先后而言，至于功之大小，仍隐然推尊欧阳修为首。从这段文字可以看出，韩琦努力在尹、欧两家间平衡弭然，但看法并不含糊其辞，可谓煞费苦心。

韩琦在墓表中，为尹洙鸣不平，悲其早逝。

以公文武之才，荦荦然震耀天下之如是，曾不得一纾所蕴于公卿之位，辅政太平之业，而反遭罹谗毁，遂终贬官，此当时守道之士所以仰天叹呼，疑为善而得祸，而中人者引以为鉴，思择利而自安也。然上以聪明仁恕御天下，一细民之枉，必矜而获辨，如公以文致其罪，未有抑而不申也。故当时指以党而排去者，不四三年间，皆复显官，处大任。使公年且及此，其进擢可量哉？奈何乎天不与公之寿也！悲夫！

韩琦还由衷地赞颂尹洙宁折不弯、勇于革新的精神："临大节断大事，则心如金石，虽鼎镬前列，不可变也。"感叹"今夫文武之士，平居议论慷慨，自谓忠义勇决，世无及者，一旦遇急难而试之，往往魄丧气夺，百计避脱，虽以富贵诱之，犹掉臂而不顾。余居边久，阅人多矣，如公挺然忘身以为家国者，天下不知有几人"（《安阳集编年笺注》）。

尹洙去世后，韩琦对其家人顾恤有加，曾分奉资助其家人。尹洙去世时，幼子构方襁褓。既长，韩琦荐之于朝，命官。韩琦判北京时，荐为僚属，教育之如子弟。构所为或过举，韩琦挂师鲁之像，哭之。

小　结

尹洙的政治生涯与庆历新政紧紧地联系在一起，他坚定地站在革新势力一边，在激烈的政治风浪中毫不动摇，故累遭打击迫害。其仕途、家境、寿考均不如意，终以贬死，是庆历革新人士中命运最不幸者。嘉祐元年冬十月，韩琦还朝任枢密使，向朝廷申明尹洙的冤情，奏请仁宗追复尹洙为起居舍人，直龙图阁，还尹洙以清白。韩琦用这种特殊的方式告慰好友。从尹洙去世后的方方面面中，我们可以看出韩琦和尹洙之间交情的真挚、深厚。

参考文献

（清）毕沅：《续资治通鉴》，岳麓书社，1992。

（明）陈邦瞻：《宋史纪事本末》，中华书局，1977。

（宋）韩琦：《安阳集编年笺注》，李之亮、徐正英笺注，巴蜀书社，2000。

（清）纪昀等：《四库全书总目》，中华书局，1965。

（宋）李焘：《续资治通鉴长编》，中华书局，1985。

（宋）魏泰：《东轩笔录》，李裕民校点，中华书局，1983。

（宋）尹洙：《河南集》，影印文渊阁四库全书本。

明代河南的城镇分布及其城镇化发展[*]

徐春燕[**]

摘要：明代河南的城镇发展经历了破坏——恢复——发展的过程。前期，因为战争城镇受损严重，经过明初的一系列休养生息政策的实施，到中期城镇已经恢复并超过了元代水平。就城镇化水平而言，此时期正处于由快速发展向相对高水平城镇化过渡的中间阶段。在这个阶段城镇化已经具有了相当水平，但整体上还在快速提升，区域发展带有不平衡的特征，处于逐步改善过程中。

关键词：明代　城镇化　城市密度　交易半径

明代随着中原地区城镇数量的增加，城市人口的集聚以及城镇交易面积和交易半径的不断缩小，地域之间的空间联系进一步加强，城镇化程度不断提升。需要说明的是，本文提到的"城镇"，涵盖范围包括州城、县城和集镇，但不包括府城。原因之一是，传统社会中，府治一般设于县城，在计算过程中很容易出现府城和县城叠加的现象。原因之二是，明代集、镇的定义并不十分清晰，于是就出现市镇、集镇、店镇等并行记载于方志的现象，在脱离史料记载的具体环境下很难加以分辨。虽然一般来说，镇的规模大于集、市、店，如《兰阳县志》提到"宋朝之制，民聚不成县而有税课者则为镇……吾邑地非要会，虽不能为镇，店亦有。税课货鬻者，是亦镇店之类欤"，"铜瓦厢，人民丛聚，税课渐多，可当一镇"（《兰阳县志》卷一）。而且"集"有集期，固定商铺没有或很少；"镇"的商铺相对较多，每日营业；此外镇与市、集、店等在建造结构、设施和交易人员等方面也有所区别（方行，1987）。但是要做到切实的区分还是一件非常困难的事情，因此笔者沿

---

* 基金项目：国家社会科学基金青年项目"明清时期中原城镇的发展研究"（项目编号：09CJL007）阶段性成果。

** 徐春燕，河南省社会科学院历史与考古研究所助理研究员。

用集镇、市镇与城镇一体的概念（邓玉娜，2005）。

一 明代城镇的数量

明代的城镇经历了破坏——恢复——发展的过程。前期，因为战争城镇受损严重，经过一段时期的休养生息，到中期城镇已经恢复并超过了元代水平。从州县统计数量来说，明代较之元代要少，但是与清代大致持平；而从集镇的发展来看，明代集镇数量超越前代，但是远少于清代。

（一）元末明初城镇的破坏与恢复

明初，从中央到地方的各级政权组织均沿袭元朝制度，但是因为中原常年处在战乱中心，域内经济衰败，居民大量减少，州、县有所减并，集镇数量更是大幅度缩水。洪武十八年十一月，"中原诸州，元季战争，受祸最惨，积骸成丘，居民鲜少"（《明太祖实录》卷一七六）。"河南、山东、北平数千里沃壤之土，自兵燹以来，尽化为榛莽之墟。土著之民，流离军伍，不存什一。地广民稀，开辟无方"（《立斋闲录》卷一），华北地区到处呈现一片荒凉破败的景象。洧川县，洪武初年，"百姓流移，存者十二三。郊原旷野，鞠为茂草"（《洧川县志》卷四）；延津县，明初"籍民占田，而土著止数十家"（《延津县志》）；获嘉县，洪武三年"户口土著不满百，闾井萧然"（《获嘉县志》卷一二）；邓州，元季"民流城破，阖境数百里，草昧于荆棘者二十余年"（《邓川志》卷十一）。由于人口锐减，虽然政府极力保留原来的行政建制，但还是废除了南顿、商水、沈丘、长社、阳翟、陕县、城父、邝县、谯县、睢阳、考城、柘城、襄邑、定城、汝阳、上蔡、新蔡、确山、方城、梁县20县，并将辉州、淇州降为县，归德府降为州，隶属开封府。与此同时，开封也由上府降为下府。洪武二年，又废穰县、沁阳县，嵩州、林州降为州。洪武十年六月，河南布政司所属州县，"凡州改县者十二，县并者六十"（《明太祖实录》卷一六四）。

在此背景下，统治者深刻认识到"今丧乱之后，中原草莽，人民稀少。所谓田野辟、户口增，此正中原今日之急务"（《明太祖实录》卷四八），采取招抚流亡、移民屯垦、鼓励生育等一系列措施，大力促进人口的恢复和增长。在政府强力推动下，早先由于人口稀少而废置的州县，又相继复置。洪武四年，上蔡、新蔡、商水、汝阳四县复置；五年，确山县复置；十年，镇平、获嘉、胙城等县复置；十三年，考城、柘城两县复置，同年睢县又重新升级为州。不可否认，元末战乱对中原城镇的破坏极为严重，而人口的恢复和增长又相对缓慢。依《明实录》的记载：洪武十四年，河南户314785，口1891087；洪武二十四年，户330294，口2106991；洪武二十六年，户315617，口1912542。由此推定洪武时期人口在200万上下。若按照曹树基估计洪武二十六年河南的城市化水平略低于湖广，以7%的人口比率推算，洪武时期城市人口在14万左右，应该不到北宋开封城人口的1/10，而当时河南的州、县总数应该在100个上下，若此，平均每个普通州、县的人口才1400人，城镇之衰落可见一斑。又根据成化《河南总志》所记，洪武二十四年，在河南所辖7府12州88县中，有13个州县，户数都在1001户之下，如柘城县，589户，2390口；新蔡县409户，人2513口；考城县432户，人2682口；镇平县527户，2943口；胙城县483户，人3039口；延津县545户，人3282口；泌阳县，806户，4417口，宁陵县489户，人4801口。如果继续依照7%的比率折算，柘城县城市人口仅有167人，新蔡县176人，镇平县206人，人口稍多的宁陵县也不过336人，其实已经算不上真正的城市。县级以上城市人口大量缩水，其周边市镇发展更是相形见绌，许多县级以下城镇萎缩，如鄢陵，宋时有四镇，到明代仅存其一（《鄢陵志》卷一）。嘉靖《归德志》载，"宋之村落庶矣，今通商贾而市财货者，惟三十有六余，若乡寨村营多著于古，而泯于今。盖以兵燹河患相寻，人烟漂徙，屋庐荡然，鞠为农耕牧唱之区矣，仅存其名"（《归德志》卷一），可见归德府的市集到嘉靖时期仍没有恢复到宋代水平。

（二）明代中后期城镇的发展与繁荣

1. 人口的增加与州县的调整

经过上百年的休养生息，中原地区承平日久，人民安居乐业，经济日益繁荣，城市发展呈现出蒸蒸日上的景象。从洪武到嘉靖，河南人口持续增加。按照嘉靖二十一年官方统计的数字，河南户数603871，人口5278275，与洪武十四年统计数字比较，户数增加了近2倍，人口增加了近2倍，此外，户均口数也从原来的6.01增加到8.74，从这些数字中不难看出人口增加之快。不仅如此，洪武十四年，河南户数仅占全国的 2.95%，而人口也只占全国的 3.16%，到嘉靖二十一年，户数占全国比重上升到了 6.06%，人口则上升到了 8.44%，由这个变化可以看出在全国河南也属于人口增长较为迅速的省份。与人口增加相对应的是河南行政区划的调整。曾经一度被降级、合并的州县因为经济和人口发展到了一定水平，行政建制陆续恢复。成化六年，淅川从内乡县析置出来单独设县；十年，宝丰、伊阳两县重新设立，隶属汝州；十一年，固始县又从商城县析出；十二年，汝州从南阳府分立出来，成为直隶州。弘治四年，陕州治下卢氏县减少行政隶属层次，直接归河南府管辖；十年，沈丘县复置。嘉靖二十四年，归德州从开封府分立出来，升州为府。隆庆五年，钧州治下新郑县直接归属开封府管辖。

行政区划和建置的变动也可以从表 1 中表现出来。元代河南设置 20 州，101 县，州县总量达到了 121 个；明初州减少了 8 个，县减少了 15 个，州县总量减少到 98 个；经过中后期的恢复和调整，州仍保持在 12 个，县则增加了 10 个，州县总量为 108 个，较之元代减少了 13 个，但比明初增加了 10 个，与清代大致持平。对于行政建制的调整，既是适应社会发展的需要，也对巩固封建政权统治起到了不可忽视的作用，是一种进步的表现。

表 1　元代、明初、明末州县数量对比

	元　代		明　初		明　末	
府、直隶州	州	县	州	县	州	县
开封府	5	38	6	36	4	30
归德府	4	12	降为州，属开封府	—	1	8
河南府	1	12	1	10	1	13
怀庆府	1	6	0	6	0	6
卫辉府	2	4	0	6	0	6
彰德府	1	3	1	6	1	6
汝宁府	4	15	1	11	2	12
南阳府	2	11	3	11	2	11
汝州直隶州	散州，属南阳府		散州，属南阳府		1	4
合　计	20	101	12	86	12	96

注：明初的时间截至洪武十三年。

资料来源：根据《元史》《明史》《太祖实录》《大明一统志》《读史方舆纪要》《明代政区沿革》整理。

2. 集镇数量迅速增长

明代中后期县级以下城镇的发展非常迅速。比如偃师县，据《元丰九域志》记载，宋时偃师只辖有缑氏一镇。而到明代成化时这里已经有了四个规模比较大的集市了。嘉靖《永城县志》载："按《旧志》止有东关、西关、酂阳、太丘、胡家庄、苗村桥六集，今增共四十五集。集有东关集、西关集、北关集，以上在坊乡。费桥集、白马桥集、薛疃桥集、柏山集、东十八里集、胡家庄集、铁佛寺集、黄家集、苗村桥集、睢城集、域村集、丁家集、秦家集、旱道口集、窦家集、李梁集，以上在甫城乡。泥台店集、龙冈集、白庙集、县城集、王家集、张家集、裴家桥集、书案店集、马头寺集、扎捕集、麻家集、柘村集、双桥集、找子营集，以上在甫县乡。山城集、潘陆道口集、胡父桥集、何家集，以上在砀山乡。火烧店集、薛家胡集、保安集、买头集、太丘集、西十八里集、□阳集、马牧集，以上在保安乡。"（《永城县志》卷一）查阅史料，明正统十三年，永城县训导陈聪曾修补县志，4 年之后，也就是景泰三年，永城教谕周叔刚，训导贡瑞重新撰写县志，目前这两本县志均已失传。嘉靖《永城县志》中提到的《旧志》应该是其中的一部，无论是哪一部《旧志》，距离嘉靖本的时间都在 100 年左右。百年间，永城的市集由 6 处增加到 45 处，增长了 6.5 倍，商业市镇发展之迅速可以想见。郾城县，永乐初年有集市 8 处，到嘉靖三十年增加到 11 处（王兴亚，1998）。尉氏县，宣德十年新立 14 处集市，成化年间增加 1 处，嘉靖年间又增加 2 处（《尉氏县志》卷一）。明代河南集市变迁的史料虽然很少，但是从一些零星记录里，我们还是能够清楚地看出，河南集市在明代前期和中期处于迅速恢复发展期，前期重于恢复，中期则重发展，尤其是嘉靖时期，很多州县的市集数量基本确定。此外，巡检司本是政府设于关津要道，用于盘查过路行人，以缉拿奸细、截获脱逃军人及囚犯，打击走私，维护正常商旅往来的基层组织，到了后来也有不少巡检司所在地具有了市镇性质，如"六安、罗田、固始、商城四县接界之所，军民杂居，今改巡司于其镇，河通舟楫，货物交集，一巨市也"（《商城县志》卷二）。丁家道口位于虞城县境内，为河防要地，正统十年设巡检司，经济繁荣，"舳舻星聚，贾货云集，亦兹土名区也"（《归德志》卷二）。

明代前期的集镇数量，已经很难统计，但是中后期的集镇数量可以根据现有资料进行统计。需要说明的是，笔者的统计除了地方志，还参考了其他史料，如祥符县参考了《如梦录》中"外有四镇，东埽头、西瓦子坡、北金垣镇、南朱仙镇"的记载；修武县参考了《豫变纪略》中对于清化镇的记载，从而得出表 2 的统计数字。

表 2　明代中后期河南州县、集镇数目统计

府、直隶州	州　县	集　镇	平　　均
开封府	20	186	9.3
归德府	4	107	26.8
怀庆府	5	6	1.2
卫辉府	3	25	8.3
彰德府	6	29	4.8
南阳府	8	84	10.5
汝宁府	9	136	15.1
河南府	13	65	5.0
汝　州	5	64	10.8
合　计	73	702	9.6

资料来源：《如梦录》、弘治《偃师县志》、正德《新乡县志》、嘉靖《通许县志》、嘉靖《太康县志》、嘉靖《尉氏县志》、嘉靖《鄢陵志》、嘉靖《阳武县志》、嘉靖《兰阳县志》、嘉靖《仪封县志》、嘉靖《沈丘县志》、嘉靖《许州志》、嘉靖《襄城县志》、嘉靖《归德志》、嘉靖《夏邑县志》、嘉靖《辉县志》、嘉靖《彰德府志》、嘉靖《光山县志》、嘉靖《固始县志》、嘉靖《商城县志》、正德《汝州志》、嘉靖《鲁山县志》、嘉靖《邓州志》、嘉靖《永城县志》、万历《罗山县志》、万历《武陟县志》。

对于缺少州、县的集镇数据，我们按照已有的州、县集镇的平均值进行估算，由此得出表 3。需要说明的是，明代中后期估算的河南集镇共有 1039 个左右，这个估值距离实际应该会有一定的误差，如果按照误差率 5% 推算，此时期集镇数大概在 987～1091 个；城镇数量 1147 个，同样以 5% 推算，城镇数大概在 1090～1204 个。

表 3　明代中后期河南州县、集镇估算数量表

府、直隶州	州、县	集　镇	合　　计
开封府	34	320.6	354.6
归德府	9	155.1	164.1

续表

府、直隶州	州、县	集　镇	合　计
怀庆府	6	15.6	21.6
河南府	14	74.6	88.6
卫辉府	6	53.8	59.8
彰德府	7	38.6	45.6
南阳府	13	132.1	145.1
汝宁府	14	184.1	198.1
汝　州	5	64	69
合　计	108	1039	1147

二　城镇的地域分布

受地理环境、经济发展、河道变迁等因素的影响，城市分布是一个不断变化的过程，但是也有一定规律可循。一般来说，中原地区以地域划分，豫东和豫北集中，豫南次之，豫西最为稀疏；以地形划分，平原集中，丘陵次之，山区最为稀疏。此外，集镇的分布也与距离中心城市的远近有着重要关系。

（一）不同区域的城镇分布

1. 州县的变化

明初的河南地广人稀、荒草遍地、满目疮痍、城市凋敝，元代时这里的州县数量为 121 个，到洪武十三年，只剩下 98 个，数量减少了 23 个，其中 1 个府被降级为州，7 个州被降为县，此外还有 20 余个县被省并。其中行政建制改变最大的要数归德府。归德府地处豫东，"南控江淮，北临河济，彭城居其左，汴京连于右。形胜联络，足以保障东南，襟喉关陕，为大河南北之要道焉"（《归德府志》卷十），重要的地理位置和战略地位使得这里战乱频仍，加之黄河水患不断侵扰，明代之初人口减损大半，城乡圮废。为了减少国家财政支出和地方赋役征收，洪武元年，政府不得已将城父、谯、下邳等三县裁并，商丘府也被降为州，归入开封府治下。豫南的汝宁府行政建制变动也很大。除了洪武初年，定城、沈丘、信阳、真阳4县被裁，汝阳、确山两县被裁而复置以外，颍州及其所属颍上、太和两县和被降级的息县一同改归临濠府辖境。明中期以后，随着人口的增加，许多被废除的府、州、县纷纷恢复，并设置新县。如归德府，嘉靖二十四年复升州为府，置附郭商丘县；分开封府属宁陵、鹿邑、永城、夏邑、虞城五县及睢州（领考城、柘城两县）来属。豫南南阳府，成化六年，析邓州地置淅川县，直属邓州；十一年，析汝州地置宝丰县，直属汝州；十二年升汝州为直隶州，分鲁山、郏、宝丰三县一并往属；是年，析唐县地置桐柏县；析南阳县地置南召县（牛平汉，1997）。经过一系列调整，河南州县分布发生了变化。开封府一直保持着河南首府的地位，洪武时期，这里州的数量占全省的一半，县的数量占全省的41.86%；中后期，开封州的分布数量仍然处于高位，州的数量是全省的1/3，县数量占31.25%，接近1/3（见表4）。

表4 明代河南州县地域分布数量、比重

		明 初		明 末	
		州县数量	比重（%）	州县数量	比重（%）
豫 东	开封府	42	42.86	34	31.48
	归德府	—	—	9	8.33
	小 计	42	42.86	43	39.81
豫 西	河南府	11	11.22	14	12.96
	汝 州	—	—	5	4.63
	小 计	11	11.22	19	17.59
豫 北	怀庆府	6	6.12	6	5.56
	卫辉府	6	6.12	6	5.56
	彰德府	7	7.14	7	6.48
	小 计	19	19.39	19	17.59
豫 南	汝宁府	12	12.24	14	12.96
	南阳府	14	14.29	13	12.04
	小 计	26	26.53	27	25.0
合 计		98	100	108	100

2. 明代中后期集镇的分布

从宏观数据看，明代州县的集镇分布数量相差悬殊。开封府经济发达，集镇数量最多，有 321 个，几乎占全省总量的 1/3；排名第 2 位的是汝宁府，共有 184 个，比排名第 3 位的归德府高出 29 个；南阳府居第 4 位，有 132 个。其余州县集镇数量均不过百，最少的是怀庆府和彰德府，分别是 22 和 39 个，只占开封府的 6.85% 和 12.15%，在全省所占比值仅为 1.54% 和 3.75%。不同区域的数量排名与州县相似，但又不完全相同。豫东地区集镇数量仍是最多，有 476 个，占全省的 45.77%；豫南紧随其后，占 30.38%；豫西和豫北州县数量在中后期持平，集镇也相差不多，豫西 139 个，豫北 109 个，两者相加之和也仅有 248 个，只占全省比重的 23.85%，比豫东低 21.92 个百分点，比豫南低 6.53 个百分点（见表 5）。

表 5　明代中后期河南城镇数量估算表

地　域	府、直隶州	集　镇	排　名	占全省比重（%）
豫　东	开封府	321	1	30.87
	归德府	155	3	14.90
	小　计	476		45.77
豫　北	怀庆府	16	9	1.54
	卫辉府	54	7	5.19
	彰德府	39	8	3.75
	小　计	109		10.48
豫　西	河南府	75	5	7.21
	汝　州	64	6	6.15
	小　计	139		13.37
豫　南	南阳府	132	4	12.69
	汝宁府	184	2	17.69
	小　计	316		30.38
	总　计	1040	—	100

具体到各个州县，集镇分布呈现以州县城市为中心的特点，不仅城集分布密度和集市繁华度超过乡集，而且乡集也是以中心城市为原点，四维分布，分布数量与距城远近密切相关。仅就城集来说：第一，城集所占比重大。根据王兴亚（1998）的统计，当时的城集共有 82 个，占总量的 38.9%；乡集 129 个，占总量的 61.1%（见表 6）。乡村的面积是城市面积的 10 倍以上，但是乡集的数量只是城集的不到两倍，可见城市集镇的集

中。第二，城集集期要较之乡集密集。王兴亚曾细致统计了正德、嘉靖、万历时期新乡、巩县、鲁山、辉县、项城五县城集的集期，多为日日集或隔日集。而同时期的乡集则相对较少，如偃师县只有 3 个乡集，均为每月 6 集，加起来一个月也不过 18 集，按一个月 30 天算，将近两天一集。第三，明代城集分行就市的现象已经非常普遍。裕州有马市、驴马市、板市、盐市，辉县城内有炭市、柴市等，这种情况在乡集中还没有见到。因此城集在分布密度、集期以及规模等方面都较乡集更为发达，乡集满足的只是百姓的日常之需的柴米小市，如果农村居民对消费品有更进一步的需要，则必须到中心城市才能实现。

表 6　明代中期 11 县城集、乡集数量统计表

地　　区	集市总数	城　　集	乡　　集	材料来源
鲁山县	17	11	6	嘉靖《鲁山县志》卷一
郾城县	11	4	7	嘉靖《郾城县志》卷五
尉氏县	22	14	8	嘉靖《尉氏县志》卷一
真阳县	21	4	17	嘉靖《真阳县志》卷二
永城县	45	3	42	嘉靖《永城县志》卷一
夏邑县	17	4	13	嘉靖《夏邑县志》卷一
柘城县	26	10	16	嘉靖《柘城县志》卷一
淇　县	9	7	2	嘉靖《淇县志》卷一
胙城县	10	5	5	万历《卫辉县志》卷一
获嘉县	18	12	6	万历《卫辉县志》卷一
辉　县	15	8	7	万历《卫辉县志》卷一

资料来源：王兴亚：《明清河南集市庙会会馆》，中州古籍出版社，1998。

（二）集镇的县域分布

集、镇遍布于城乡，具体来说，镇分布于州城、县城之外，而集则在州城、县城的内外均有。州县城市是地方政治、经济、文化的中心，也是集镇贸易的中心，城内关厢均设有街市，如尉氏县宣德十年城内有大小 14 集：东街集、东门外集、小十字街集、小东门集、北街集、北门外集、小西街集、小西门外集、新街集、县前街集、西街集、西门外集、南街集、大十字街集；嘉靖时期襄城县城内在十字街、南街、北街、东街、西街、东新街、西新街、十字街、衙巷、南巷、东巷、西巷、水巷、学南巷、学东巷有集 15 个。城外有数量不等的集镇分布，如嘉靖时期鲁山县有城外集镇 6 个，郾城县有 7 个，尉氏县有 8 个，真阳县有 17 个，永城县有42 个，夏邑县有 13 个，柘城县有 16 个，淇县有 2 个。虽然关于个州、县集镇记载的数据不全，但是根据表 6 所示，城集、乡集分布之梗概，大略如此。

乡集镇都是以州、县城市为中心设置的。根据对 16 个州县集镇距中心城市里程、方位的数量统计（见表 7），乡集一般分布在距城 90 里地之内，50 里范围内的集镇最为集中。随着距离中心城市里程的增加，数量逐渐减少；90 里地之外，数量所剩无几；集镇最远距中心城市历程不超过180 里。

表 7　明代河南集镇距中心城市里程、方位数量统计

里程 \ 方位		正东	东南	正南	西南	正西	西北	正北	东北	合计
1～10 里	2 里	1	0	0	0	0	0	3	0	4
	3 里	2	0	0	0	0	0	0	0	2
	4 里	0	1	0	1	1	0	0	0	3
	5 里	2	0	3	0	3	0	0	0	8
	6 里	0	2	1	0	1	0	0	0	4
	7 里	0	2	0	0	0	0	1	0	3
	7.8 里	0	0	1	0	0	0	0	0	1
	8 里	1	1	2	3	2	3	2	0	14
	10 里	4	1	7	2	2	3	5	1	27
	小计	10	7	14	6	9	6	11	1	64
11～20 里	12 里	0	1	0	3	1	3	2	2	12
	15 里	4	2	8	5	3	4	3	1	30
	16 里	0	0	0	0	0	1	0	1	2
	18 里	0	0	0	1	2	0	3	1	7
	20 里	11	1	8	12	7	7	14	3	63
	小计	15	4	16	21	13	15	22	8	114
21～30 里	25 里	7	5	3	7	3	4	4	2	35
	28 里	1	0	0	0	0	0	0	0	1
	30 里	12	9	14	10	12	10	10	5	82
	小计	20	14	17	17	15	14	14	7	118

续表

里程	方位	正东	东南	正南	西南	正西	西北	正北	东北	合计
31～40里	35里	1	1	1	3	5	6	0	3	20
	40里	12	5	7	9	9	6	4	7	59
	小计	13	6	8	12	14	12	4	10	79
41～50里	45里	1	1	1	0	1	1	1	0	6
	50里	6	7	5	3	6	10	7	2	46
	小计	7	8	6	3	7	11	8	2	52
60里	60里	2	2	8	2	3	4	4	0	25
70里	70里	2	4	12	4	1	1	1	0	24
80里	80里	0	1	5	0	0	0	1	2	9
90里	90里	1	1	2	0	0	0	0	0	4
90里以外	120里	0	1	3	0	0	0	0	0	4
	130里	0	0	1	0	0	0	0	0	1
	140里	0	0	1	0	0	0	0	0	1
	180里	0	0	1	0	0	0	0	0	1
	小计	0	1	6	0	0	0	0	0	7
	合计	70	48	94	65	62	61	66	30	496

资料来源：弘治《偃师县志》、正德《汝州志》、正德《汝州志》、嘉靖《许州志》、嘉靖《光山县志》、嘉靖《夏邑县志》、嘉靖《尉氏县志》、嘉靖《长垣县志》、嘉靖《太康县志》、嘉靖《鄢陵志》、嘉靖《内黄县志》、嘉靖《归德志》、嘉靖《兰阳县志》、嘉靖《郾城县志》、嘉靖《青阳县志》、嘉靖《商城县志》。

如果以距县里程为横坐标，以各里程集中的集镇数量为纵坐标，以10里为等距离区间，可得到图1的波浪图形，对于集镇的分布会反应的更为直观。从图形中可以清楚看到距中心城市100里以内集镇分布呈抛物线状。1～10里处是抛物线的起点，起点相对较高，数值是64，此后迅速上升，25里附近达到抛物线的最高峰。此后逐步回落，到50里附近与起点大致相同，然后60里、70里、80里、90里的曲线继续下降，100里集镇分布为零。由此可以看出明代集镇大多分布在中心城市90公里以内，集中分布在0～10、1～20、20～30、30～40区间，也就是说40里以内的集镇分布最为密集。90里外只有120里处分布有4个集镇，其他等间距数值为0或1，由此可以判断90里外集镇只是零星分布。

考虑到以等间距10里进行分析过于粗放，因此笔者又进一步细化，以

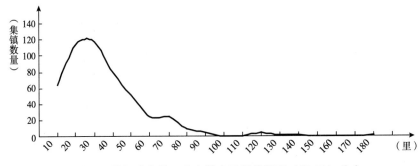

图 1　明代河南集镇距中心城市里程等距离（10 里）分布

5 里为等间距，遂得出图 2。距城 100 里的范围内，每隔 10 里出现一个波峰，在距城 30 里处波峰达到最高值，这一点同 10 里等距离分布图一致。100 里外，依旧有小波浪出现，但是起伏已经不太明显。

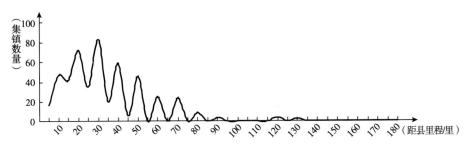

图 2　明代河南集镇里程等距离（5 里）分布

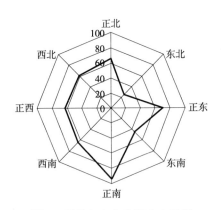

图 3　明代各方位集镇分布示意

从图 3 可以看出，明代集镇分布不太均匀，具体显示为中心城镇的正南方向集镇最多，数量达到 94 个，正东方向次之，为 70 个，再次是正北、西南、正西、西北，分别为 66、65、62、61，东南方向相对较少，为 48 个，东北方向最少，只有 30 个。这种不均匀的分布，应该与选取的标本城市有一定关联。比如光山县，明代嘉靖《光山县志》记载了 62 个有明确距县里程记载的集镇（见表 8）。

表 8　光山县集镇各方位分布情况

方　　位	正东	东南	正南	西南	正西	西北	正北	东北
数量	2	7	26	9	6	3	8	1
占总量的比率（%）	3.2	11.3	41.9	14.5	9.7	4.8	12.9	1.6

光山县不同方位的集镇分布差别很大，正南方向有集镇 26 个，占总量的 41.9%，而东北方向的市镇只有 1 个，占总量的 1.6%，集镇数目较大加之不同方位分布数量差距悬殊必然会影响总体数据的比值。造成光山县集镇分布不均匀的主要原因有两点：一是县城在全县区域中的位置并不是在全县的中心，而是在东北方向，这必然使得西部、南部的面积总和要超过东部和北部。二是作为以农业生产为经济支柱的地区，土地质量是影响经济发展的关键因素。光山县面积虽然不大，但是境内土地的优劣却有着明显的等级之分。嘉靖《光山县志》卷一《风土志》就记载，"县邑东南里余众水所会，知县王室尝筑石障水……近邑之田数千余亩，民甚得之"，从中可以知道，因为地处水流汇聚之地，东南及其附近区域的农田灌溉便利，粮食产量自然要优越于其他地区。此外，清代乾隆年间纂修县志时也记载，"东南山田多陂泉之利，西北平冈，灌溉少，土人等其地，曰：'东金南银西铜北铁'"，两相印证可以推测东、南方向的经济要发达于西、北方向。光山东部、东南、南部方向的集镇总数为 35，占总量的 56.4%，而西部、西北、北部的集镇数量仅为 12，占总量的 19.3%，前者是后者的将近 3 倍。集镇的发展应该是与经济相适应的，在经济发展相对快速的地区集镇也会发展的相对迅速，光山县出现的这种集镇分布不均匀现象很好地说明了这一点。

像光山这样集镇分布严重不均衡的情况在明代集镇分布的 16 个标本中还属于特例。如果除去光山县，河南集镇分布情况就会有所改观（见图 4），虽然正东方向集镇仍然偏多，东北方向集镇仍然偏少，但整体上来说城镇分布均衡了许多。这种改变在方位指数变化图中表现得更为明显（见图 5）。

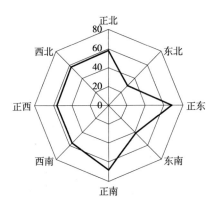

图 4　不计入光山县集镇标本后河南集镇各方位分布

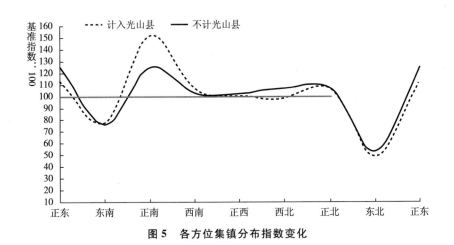

图 5　各方位集镇分布指数变化

表 9　各方位集镇分布情况

		正东	东南	正南	西南	正西	西北	正北	东北	总计	平均
计入光 山县	合计	70	48	94	65	62	61	66	30	496	62
	指数	113	77	152	105	100	98	106	48	—	100
不计入 光山县	合计	68	41	68	56	56	58	58	29	434	54.25
	指数	125	76	125	103	103	107	107	53	—	100

　　表 9 所反映出来的，正北、东北、正东三个方位的指数表明东北指数
最小，只有 53，但是与其相邻的正北和正东方向的指数都高于 100，尤其
是正东方向高达 125，是 3 个方位指数值最高的，三个方向的平均指数值
是 95；与之相对应的，西南、正西、西北是指数走向最为平稳的一段，三

个方位的平均指数为 104.3；两者比较，指数的数值差为 9.3。其实从整个图 6 走向来看，平均指数始终在 80 ~ 120 之间波动，较之个方位指数线平缓了许多，这充分说明集镇的分布是根据居民的需求而产生的，因为集镇的分布具有交错性，不仅一个城市如此，不同城市之间也是如此，一个地区方位贸易地点的不足会由相邻方位的贸易地点作为补充，因此从这个意义上来说，方位贸易地点的数量差异对居民的日常生活影响不大，或者说只能在很小的层面上会对居民交易发生作用，这种作用基本可以忽略不计。

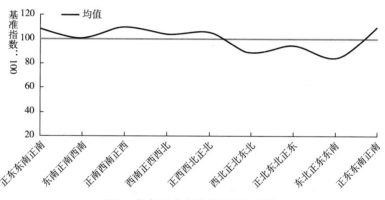

图 6　相邻三个方位集镇指数变化

三　中原地区的城镇化水平

城镇化水平，指随着城镇数量的增加和城镇规模的扩大，人口向城镇聚集；同时又在聚集过程中不断将城市的物质文明和精神文明向周围扩散，并在区域产业结构不断演化的前提下，衍生出新的空间形态和地理景观的过程（顾朝林，1999）。城镇密度和与之相关的交易面积、交易半径是衡量一个地区城镇化水平的重要指标。

（一）州县密度的提升

明代城镇化的发展是一个不断提升的过程。因为集镇记载缺失的原因，虽然无法估算不同时段城镇密度的整体变化，但是不同时段州县密度的提升也可以在一定程度上反映此时期的城镇化发展情况。需要说明的是，州县密度只能从一定程度上证明城镇化的发展程度，并不能从根本上代表城镇化的整体水平。

州县密度指每 1 万平方公里土地上州县的数量。由表 10，可以清楚地看到：豫东州县密度最高，豫北紧随其后，两区都大于全省密度平均值；豫西第 3，豫南最低，两区均小于全省密度平均值。从州县密度发展来说，中原地区的州县密度在前期每 1 万平方公里是 5.9 个，中期提升到了 6.5 个，提升速度为 10.17%。各区发展状况不同，提升幅度与密度值几乎是反向排列。密度值排名第 2 的豫北保持第 1 万平方公里有 9.2 个的数值不变，提升幅度为 0，州县最为密集的豫东由 9.4 个，增加到 9.7 个，提升了 3.19%，幅度较小，低于中原地区 6.98 个百分点。前期密度值相对较小的豫西、豫南则提升幅度较大，其中豫西由每 1 万平方公里 4.2 个增加到 5.7 个，提升 35.71%，比全省提升幅度高出 25.54 个百分点；豫南也由每 1 万平方公里 3.5 个增加到了 4.0 个，提升 14.29%，较全省高出 4.12 个百分点。出现这种密度值相对较高的地区密度提升较慢，而密度值相对低的地区密度提升较快的现象说明在明代中原地区州县密度值提升的过程中，不同区域的州县密度逐步向一个更为平衡的方向发展。而需要指出的是，明代中期到后期，州县密度值全省保持不变；而一直到清代，明代中期形成的这种区域分布情况也基本维持不变，清代中期河南州县密度一度从每 1 万平方公里 4.5 个，增长到 4.6 个，出现了微幅提升，但是到清代后期州县密度又恢复到了 4.5 个，这说明就州县发展来说明清时期城镇化水平已经达到较高水平，此时的州县数量发展速度减低，甚至在某些区域，州县密度出现了零增长或负增长。

表 10　明朝前期、中后期河南区域州县密度统计

地　区		前　期			中后期		
		州县数量（个）	面积（平方公里）	城镇密度（个/万平方公里）	州县数量（个）	面积（平方公里）	城镇密度（个/万平方公里）
豫东	开封府	42	44460	9.4	34	31890	10.7
	归德府	—	—	—	9	12570	7.2
	小计	42	44460	9.4	43	44460	9.7

续表

地　区		前　期			中后期		
		州县数量（个）	面积（平方公里）	城镇密度（个/万平方公里）	州县数量（个）	面积（平方公里）	城镇密度（个/万平方公里）
豫北	怀庆府	6	6060	9.9	6	6060	9.9
	卫辉府	6	4654	12.9	6	4654	12.9
	彰德府	7	9911	7.1	7	9911	7.1
	小计	19	20625	9.2	19	20625	9.2
豫西	河南府	11	25950	4.2	14	25950	5.4
	汝州	—	—	—	5	7275	6.9
	小计	11	25950	4.2	19	33225	5.7
豫南	南阳府	14	40014	3.5	13	32739	4.0
	汝宁府	12	33940	3.5	14	33940	4.1
	小计	26	73954	3.5	27	66679	4.0
合计		98	164989	5.9	108	164989	6.5

（二）城镇化水平分析

一般来说，地域的城镇化水平与城镇密度、人口密度呈正比关系，与交易面积、交易半径呈反比关系，也就是说区域城镇数量和人口越多，其所对应的城镇化水平越高，交易面积和交易半径越小，人们从事贸易活动越便利，相应的城镇化水平越高。

1. 城镇密度和人口密度

表11显示，各府、直隶州城镇密度排序是归德府、卫辉府、开封府、汝州、汝宁府、彰德府，南阳府和怀庆府排在末位；人口密度排序是怀庆府居首位，开封府、汝州并列第二，其后是卫辉府、彰德府、河南府、汝宁府、南阳府。怀庆府城镇密度虽在全省最低，但人口密度却是全省最高，这应该与明代地方志对于怀庆府集镇缺少专门的记载有关，而史料中所涉及又不多，从而导致统计数字偏小。如修武县仅在《豫变纪略》等史料中提到清化镇，武陟县也仅在万历《武陟县志》中提到宁国城、木栾店，两县的实际集镇总量应不止此数。忽略怀庆府，可以看到排在城镇密度前4位的分别是归德、卫辉、开封、汝州，而人口密度排在前3位的是

开封、汝州、卫辉。考虑在嘉靖时期的人口统计中，归德府是计入开封府的，因此可以看出此一时期全省人口密度的前4位与城镇密度的前4位虽然在排序上略有出入，但是基本一致，扩大到全省，人口密度和城镇密度的相关度也大致如此。

表11　明代中后期河南城镇、人口密度统计

府别	地形	城镇数量（个）	面积（平方公里）	人口（人）	城镇密度（个/100平方公里）	人口密度（人/平方公里）	交易面积（平方公里）	交易半径（公里）
开封府	平原	354	31890	2038542	1.11	46	89.33	5.33
归德府	平原	160	12570		1.27		78.56	5.00
卫辉府	平原	57	4654	195647	1.22	42	81.65	5.10
怀庆府	山区平原	21	6060	421896	0.35	70	288.57	9.59
彰德府	山区平原	45	9911	341104	0.45	34	220.24	8.37
河南府	山区	91	25950	780990	0.35	30	285.14	9.53
汝州	山区	69	7275	337517	0.95	46	105.43	5.79
南阳府	山区平原	140	32739	388433	0.43	12	233.85	8.63
汝宁府	平原山区	194	33940	529103	0.57	16	174.95	7.46
合　计		1134	164989	5033232	0.69	31	145.49	6.81

从全省分区看，嘉靖三十一年，河南城镇密度由高向低的排序为豫东、豫北、豫南、豫西（见表12）。豫东地处平原，境内的开封府是全省的政治、经济、文化中心，这里交通发达，人口集中，平均每百公里有1.16个集镇，较之集镇密度位居第二的豫北要高近一倍。豫北地理环境和豫南相似，境内都是山区、丘陵和平原兼而有之，相比之下，豫南地域面积大，经济发展水平不及豫北，豫北城镇密度是0.60个，豫南是0.50个，豫北高出豫南20%。豫西以山地为主，交通受限，人口稀疏，城镇发展相对落后，城镇分布密度仅有0.48个，处于全省最低位。人口密度由高向低的排序为豫北、豫东、豫南、豫西。豫东的城镇密度虽然远高于豫北，但

是人口密度却不及豫北，这主要是因为豫北农业发达、土地富饶、物产丰富，除了自然的人口增加，明代还有大量晋、陕移民进入，提高了这里的人口总量，所以人口密度略高于豫东。从数值上看，豫北每平方公里为46.4人，豫东为45.9人，豫北比豫东每平方公里多0.5人，差距十分微小。通过城镇密度和人口密度的比较，可以看出豫东和豫北的城市化水平最为接近，在全省处于高位。此外豫南的人口密度每平方公里为33.7人，而豫西只有13.8人，不难看出豫南的城镇化水平虽然落后于豫东、豫北，但是差距并不算太大。而豫西城镇密度和人口密度均位居全省末尾，城镇密度为豫东的41.38%，人口密度仅为豫北的29.7%，经济落后，地广人稀，毋庸置疑使其城镇化水平处于全省最低。

表 12　嘉靖三十一年河南分区城镇和人口密度

密　　度	豫　东	豫　北	豫　南	豫　西	全省平均
城镇密度（个/100平方公里）	1.16	0.60	0.50	0.48	0.69
人口密度（人/平方公里）	45.9	46.4	33.7	13.8	30.5

2. 交易面积和交易半径

交易面积和交易半径是反映居民贸易水平的重要数据。明代中后期河南平均交易面积为145.49平方公里，交易半径是6.81公里。以正常人步速每小时5~7公里计算，居民到附近集镇贸易，半天往返没有问题，尤其是在开封府、归德府、卫辉府这些平原地带，交易半径往往缩小到5公里左右，居民实现集市贸易更为便捷。但是还应考虑到6.81公里仅是全省的平均交易半径，在河南府、南阳府这些多山地区，受制地形复杂，很多居民时速达不到每小时5~7公里，且这些地域集镇分布稀疏，交易半径往往需要延长到8~9公里，甚至有些州县超过10公里，因此在这些地区的居民贸易并不方便。清代延续了明代城镇化提升的趋势，发展速度更快，截至清末，河南共有城镇数量3659个，城镇密度为100平方公里有2.18个，交易面积为45.85公里，交易半径为3.81公里，仅就交易半径来说，已经不到明代的1/2，居民集市贸易的便利程度大大提升，即使在河南府这种典型的地广人稀的山区交易半径也达到了4.39公里，缩短了一半多，居民到附近集市贸易半天来回不成问题。由此可以判断，清代的城镇化已经达到了相当高的水平，而明代正是河南由快速发展向高水平城镇化过渡的中间阶段，在这个阶段城镇化发展已经具备了一定水平但整体上还在快速提升，区域化发展带有不平衡的特征，处于逐步改善过程中。

参考文献

（清）陈锡辂：《归德府志》，清乾隆十九年刻本。

邓玉娜：《清代河南的城镇化发展》，《中国经济史研究》2005年第3期。

方行：《清代前期农村市场的发展》，《历史研究》1987年第6期。

顾朝林：《中国城市地理》，商务印书馆，1999。

（清）何文明：《洧川县志》，清嘉庆二十三年刻本。

（明）黄钧、李嵩：《归德志》，明嘉靖三十二年刻本。

李希程：《兰阳县志》，中华书局，1965。

（明）刘讱：《鄢陵志》，明嘉靖六年刻本。

牛平汉：《明代政区沿革综表》，中国地图出版社，1997。

（明）潘庭楠：《邓州志》，明嘉靖四十三年刻本。

（明）屈可伸：《延津县志》，清康熙十一年刻本。

宋端仪：《立斋闲录》，北京大学出版社，1993。

（明）汪心：《尉氏县志》，明嘉靖二十七年刻本。

王兴亚：《明清河南集市庙会会馆》，中州古籍出版社，1998。

（明）魏有本等：《永城县志》，明嘉靖二十七年刻本。

（清）吴乔龄、李栋：《获嘉县志》，清乾隆二十一年刻本。

（清）杨殿梓：《光山县志》，清乾隆五十一年刻本。

（明）张应辰：《商城县志》，明嘉靖三十年刻本。

《明太祖实录》，台湾历史语言研究所校勘，上海书店，1982。

河洛文化及其研究中的不足与差距

杨海中[*]

摘要：河洛文化孕育了华夏文明，是中华民族文化的核心文化，是中国传统文化的主体。河洛文化最主要的特征是内容的元典性、内涵的核心性和传承的连续性。近些年来，河洛文化研究取得了引人注目的成绩，但作为地域文化其还存在很多不足，尤其是有关学理概括、学术带头人培养及研究基地建设等方面尚存在不小的差距。

关键词：河洛文化　民族文化　中原文化

20世纪80年代以来，随着改革开放的深入和全面发展，地域文化研究在全国蓬勃发展并取得了显著成绩。河洛文化研究与徽文化、楚文化、闽文化、晋文化、齐鲁文化、湖湘文化、陇右文化、巴蜀文化及岭南文化等研究一样，不仅成绩斐然，而且特色突出，影响十分深远和广泛。

一　河洛文化及特点

（一）河洛文化的界定

河洛文化是产生于河洛地区的文化，具有时空的规定性和内容的规范性。就"河洛"而言，目前大多专家认为，"河"指黄河，"洛"指发源于陕西商洛地区的洛水，洛水东下，流经豫西数县，与伊河合流后至巩义市汇入黄河。河洛地区的核心区指以洛阳、嵩山为中心的周边地

---

* 杨海中，河南省社会科学院研究员。

区①，其区域范围大致西至潼关，东至开封、商丘，南至南阳，北至晋南及冀豫交界之处。就河洛文化的内容而言，它既包含历史学文化的内容，又包含考古学文化的内容。

河洛文化与中原文化关系密切。长期以来，人们习惯称黄河中游地区的文化为中原文化。就河洛文化与中原文化而论，两者既有相互覆盖与交叉，又有相对的独立性。因而不少专家认为，河洛文化就是狭义上的中原文化。二者的区别在于：在时间上，河洛文化专指历史上的中原文化，其下限应在明末清初，中原文化的内容则涵盖古今；在空间上，中原文化的区域较为宽泛，其地域大大超出了河洛地区而扩大到今日河南全省及与周边数省交界的县市。

（二）河洛文化的特点

河洛文化与一般的地域文化一样，具有原创性、辐射性、开放性、包容性、厚重性，但其最突出的特点则主要是内容的元典性、内涵的核心性和传承的连续性。

内容的元典性。一是指具有根源性。河洛文化在整个中华文明体系中具有肇始与母体的地位，不论其反映的史前文明，还是对有文字记载以来文明的概括，都具有鲜明的时代精神，而且具有跨时代的超越性。如天与人、变与通、政与德、中庸与和合等，至今仍被人们称道或借鉴，以至成为中华民族的文化自信与文化自觉。二是指具有鲜明的原创性。河洛文化中的诸多文化元素，不论是政治的、经济的、哲学的、军事的、道德的、法律的、逻辑的，还是各种官方的或民间的制度建构、传统习俗等，均在整个中华文明体系中发挥了筚路蓝缕的开创作用。加之河洛地处"天下之中"，长期为中国政治、经济、文化中心，因而其辐射力极大，辐射范围极广，影响能力极强，从而使很多地域文化都烙下河洛文化的印记，具有

---

① 北京大学汤一介教授在《河洛文化小议》（《光明日报》2004年11月9日）中说：黄河出现龙图，洛水出现龟书，于是，黄帝效法河图作八卦，夏禹效法洛书作九畴。河洛文化肇始于此。"河洛文化"就是指"黄河""洛水"一带的文化。也有人认为"河"指渭河，"洛"指源于甘肃的北洛河。如冯秀珍教授在谈到客家"根在河洛"时就说："客家'根在河洛'是广义河洛概念，'河'是渭河、'洛'是发源于甘肃的北洛河，'河洛故里'的主体是西北大地"（见《客家研究中的若干基本问题探讨》，载《首届石壁客家论坛论文集》，福建教育出版社，2013，第20页）。

河洛文化的某些特征，也使有些文化成为其亚文化。

内涵的核心性。一是指具有基础性。在中华文化形成的过程中，河洛文化长期处于主体与主干的地位，虽经民族融合，百代发展，但其基本理念一直是贯通的。比如农本理念、天人理念、民本理念、厚德理念、宗法理念等；虽历代面貌有异，外延不断拓展，但万变不离其宗，其内涵仍是三代时所形成的初始理念。又如儒学与道教，虽然派别不一，但都是以尊奉孔孟与老子之学为本的。二是指具有终极性。在中华文化中，不论是哲学本体，还是人的宇宙观，都涉及人、自然、社会三者的关系，它要解决或解释的是人在发展中如何处理人与人、人与自然、人与社会的内外矛盾等一系列带有根本性的问题。上述观念在河洛地区形成后，不仅毫无时限地指导、引领着中华民族政治、经济、哲学、教育、文化、军事等问题的解决与发展，而且就其内涵而言，其天人观、义利观、德法观、和合观、家国观、荣辱观、尊卑观、大同观、发展观等虽历经时代变迁、沧海桑田，或升或沉，但至今还保持着它的完整性，体现着终极的关怀。其中，有的成为民族的意识形态，被全社会所认同；有的成为评判是非善恶的准则，被视为行为的规范；有的成为人们的追求与愿景，梦梦相因，薪火相传。

传承的连续性。一是指源头久远。河洛地区不仅有远古三皇五帝的传说，还有与之有关的历史遗迹。更为重要的是在这里发现了贾湖文化、裴李岗文化、仰韶文化、二里头文化、二里岗文化等。夏都阳城，殷都于亳，中国最早两个王朝之都在河洛地区得到了确认。大量地下文物的发现，印证了许多历史文献记载的真实性。尤其是甲骨文的发现，破解了疑古之谜，使得一些秦汉文献中关于远古的传说成为信史。中国八九千年前至四五千前的历史在这里得到了确凿证明。二是指传承具有连续性。中华文明的起源是多元的。甘肃马家窑文化、长江下游太湖流域的良渚文化、辽河流域的红山文化、四川广汉三星堆文化等，不仅久远，而且无比灿烂。但由于它们发展的中断，致使人们对这些绚丽的文化是从哪里来的，又到哪里去了等问题，至今尚是一个谜团。相比之下，河洛文化则不是这样，从远古至商周，相衔如环，其传承的连续性，不仅全国所有的地域文化，甚至世界古代三大文明地区的文化都无与伦比。

历史表明，河洛文化孕育了华夏文明，是中华民族文化的核心文化，是中国传统文化的主体。河洛文化以其强大的生命力、辐射力、同化力，以及它的根源性、厚重性、融合性，充分反映了中华民族文化的古老与厚重、宏博与精深。不言而喻，河洛文化代表了中华文化。

二 河洛文化研究取得了显著的成绩

近10年来，河洛文化研究工作取得了重大进展，不仅取得了引人瞩目的丰硕成果，而且在有些领域有所突破，因而影响越来越深远。

在20世纪八九十年代洛阳举办三次河洛文化研讨会的基础上，2004年秋由河南省政协港澳台侨委员会等主办的第四届河洛文化国际学术研讨会及2006年春中国河洛文化研究会的成立，标志着河洛文化研究进入了一个新阶段，尤其是得到全国政协领导同志的倾心关注，大大提升了河洛文化研究的规格和层次。

2010年秋第九届河洛文化学术研讨会在改革开放的前沿城市广州召开和2012年秋第十一届河洛文化学术研讨会在江西省赣州市召开，是河洛文化研究走出河南、走向全国的重要标志。河洛文化与岭南文化、赣都文化深刻的渊源关系，从一个侧面说明中华民族文化的形成既有中心辐射，又有地方动力。2011年4月，第十届河洛文化学术研讨会跨过海峡在台北召开，影响更为深远，它生动地再次向世人昭示：河洛文化不仅是中华民族文化的核心文化，而且是联结海峡两岸的重要纽带；深入研究河洛文化不仅对探讨中华文明的起源、传承与影响有着重要意义，而且对全世界华人、华侨对中华民族的认同、文化的认同、祖国的认同等具有重大的现实意义，同时也表明海峡两岸民众对携手推动中华民族的复兴有着共同的心愿与企望，因而从某种意义上说，这是一次具有里程碑的学术聚会。

河洛文化研究所取得的成绩可以简要概括为如下几个方面：①中国河洛文化研究会的成立使各方面的研究力量，尤其是豫闽赣粤台五地的研究力量得到一定的整合和提升；②河洛文化作为中华民族文化的核心文化和源头文化的研究得到了新的推动与深化；③河洛文化在地域文化中的特殊性尤其是与客家文化的渊源关系研究更加深入和广泛；④以高等院校和地方社会科学研究院所为骨干的研究力量得到一定的整合，大量研究成果的推出，为河洛文化学理的可持续研究奠定了深厚的文化积淀[①]；⑤河洛文化研究的普及工作取得了一定的成绩。

三　河洛文化研究存在的不足与差距

毋庸置疑，我们在肯定河洛文化研究取得成绩的同时，也应清醒地看到存在的不足。为了有利于此问题的说明，特与湖北楚文化研究作一简要对比。

（一）河洛文化内容、内涵等的研究尚缺乏较为全面、深入、准确的学理概括

30 年来，河洛文化研究的内容十分宽泛，诸如河洛文化的基本内涵、地理区位、文化形态、发展历史、突出特点、辐射与影响等均有涉及，河洛地区新的考古发现震惊世界，成绩多多。但从整体上说，尚未对上述成果加以综合梳理，未从纵与横的结合上加以概括和进行学理分析，故未形成明晰的河洛文化全貌。

目前，虽然给"河洛文化"下一个严格且准确的定义还比较困难，但笔者亦曾多次试图对其加以描述：河洛文化是产生在河洛地区的历史文化，其导源于远古，生成于夏商，成熟于周代，发达于汉魏唐宋各代，它既包括以农耕为中心的物质文明，也包括由此产生的政治、经济、习俗、心理等在内的政治文明和精神文明。河洛文化最具个性的特点是内容的元典性、内涵的核心性和传承的连续性。

现在看来，对这些研究性的描述还是很初步、很肤浅的，而湖北楚文化的研究在这方面为我们做出了榜样。

著名楚文化专家、湖北省社会科学院张正明先生（1990）将楚文化放到世界文化的坐标上加以考察，认为在公元前 6 世纪下半叶到公元前 3 世纪上半叶，即通常学界所称的轴心时代，世界早期文明的中心"在西方是

[①]　河南已出版有关河洛文化研究的专著及论文集数十部。2006 年以来，又先后承担了全国社科基金项目 4 个，分别是《河洛文化研究》（河南省社会科学院，2006）、《河洛文化与民族复兴》（洛阳理工学院，2006）、《河洛文化与闽台关系研究》（中国河洛文化研究会、河南省社会科学院，2009）和《河洛文化与华夏历史文明的传承及创新》（中国河洛文化研究会、河南省社会科学院，2012）。

希腊文化；在东方，是楚文化"。寥寥数语，由此可知楚文化的先进性及其历史地位。

在大量楚文化研究的基础上，张先生于 1987 年出版了《楚文化史》（上海人民出版社）。该书被冯天瑜先生（2007）誉为"新时期楚史及楚文化研究的奠基之作"。《楚文化志》（湖北人民出版社，1988）首次全面系统地对楚文化的源流、特质、内涵、外延，以及地位和影响等重要问题作了精辟论证，从而使楚文化研究的大体框架初步完成。张先生关于楚文发展的"五个时期""六大支柱"之说，已成为楚学界的共识（刘玉堂，2007）。之后张先生又出版了《楚史》（中国人民大学出版社，2010）。在《楚史》中，他把楚文化放在中华民族历史长河中进行考察，并概括了其兼容性、独创性、中介性、集成性等文化特征。

张正明先生主编的《楚学文库》18 卷（湖北教育出版社，1996 年），全面、深入、系统地展示了波澜壮阔、风采绝艳的楚国历史画卷，是对楚史、楚文化研究成果的全面总结。该书还首次提出了"楚学"这一概念，意味着对楚文化的研究已开始把历史学、考古学和人类学结合起来，因而在社会学界引起极大反响，著名学者季羡林、张岱年、任继愈、庞朴、刘梦溪、俞伟超、邹衡、瞿林东等先后都对该文库编辑出版的重要意义和学术价值给予了高度评价。

在研究楚文的基础上，张先生还以其宽广的学术视野、多学科交叉的综合性研究方法对长江文化进行了概括。张先生（1991）认为，中国古代文化"应该说是二元耦合的。所谓二元，就是长江文化与黄河文化，或者叫作南方文化与北方文化……新石器时代南北文化二元耦合的格局，大致可以说是南稻北粟，南釜北鬲，南丝北皮，南'巢'北'穴'，南舟北车……春秋战国时代的南北二元耦合的格局是南炎北黄、南凤北龙、南道北儒、南《骚》北《诗》……华夏文化二元耦合的格局，不独先秦为然，它因时而异，如经学分南学与北学，禅宗分南宗和北宗，戏曲分南曲和北曲，等等。"这些言简意赅的结论性的判断，使人们在认识楚文化时感到耳目一新。

相比之下，河南虽然也出版了多部河洛文化研究的丛书，但总的来说，对河洛文化内涵及特点的概括不仅缺乏力度，而且不够全面和系统，论述尚不够精准，影响所及远无法与楚文化研究相比。

（二）研究队伍尚缺乏高水平的权威领军学术带头人

湖北楚文化研究的崛起和成绩的取得，与领军式的权威学术带头人张正明先生是分不开的。

张正明先生毕业于清华大学社会学系，是有名的社会学、民族史研究专家，1979 年就在中华书局出版了《契丹史略》，曾任湖北省社会科学院副院长，因其学术造诣深厚而被推举为中国民族史学会副会长。在张先生的指导下，湖北省社会科学院、华中师范大学先后建立了楚文化研究所和楚学研究所。张先生不仅主持、指导两个研究所的全面工作，还招收培养了多届楚文化专业的研究生。在张先生的示范和有力的带动下，湖北省楚文化研究很快进入了快车道。1981~2006 年，经过 26 年的不懈努力，出版了数十部涵盖楚文化各个方面的专著，培养了一批楚文化研究的学术骨干。时至今日，在谈到楚文研究之丰功及硕果时，湖北学界无不深切地怀念这位领军式的学术大师，对他的深厚学养、远大目光及组织才能感佩至深。

纵观河南的河洛文化研究，一些专家的水平虽然较高，造诣深厚，如许顺湛先生、朱绍侯先生、李民先生等，但由于他们各有自己的工作与专业，还无法把精力全部用于河洛文化的研究，对河洛文化研究还处于"业余工作"地位，因而除了少量文章之外，无一人有河洛文化的专著问世；一些后起之秀虽有心致力于河洛文化的研究，也崭露头角，有一定的潜能，但其学术成就、知名度与影响力是无法与张正明先生相比的。

（三）研究基地建设尚缺乏人才群体的支撑

湖北省楚文研究之所以成绩斐然，是与其重视建立稳固的研究基地分不开的。

1984 年 6 月楚文化研究所（原称楚国历史文化研究所，1997 年 3 月更名）成立，这是最早以楚文化研究为对象的学术研究实体。该所组建不久，教育部就同意其招收培养硕士研究生，至今已毕业数十名研究生。该所原所长刘玉堂教授不仅是著名的楚文化专家，而且走上了院领导岗位，担任了湖北社会科学院副院长。现任所长为夏日新研究员，副所长邵学海研究员也都是著作多多的知名专家。此外，湖北省学术团体——楚国历史文化学会也挂靠在楚文化研究所。

华中师范大学历史文化学院在其多年研究的基础上成立了楚学研究所，2002 年张正明先生从湖北省社会科学院退休后应聘主持该所工作。多年来，该所充分发挥自身学科优势，致力于楚学及楚文化研究，取得了数十项优秀成果。该所所长蔡靖泉教授原任湖北省社会科学院楚文化研究所研究员、副所长，顾久幸教授原任湖北省社会科学院楚文化研究所研究员，他们从事楚学研究都已 20 多年，是湖北省开创、建设楚学学科并使之处于全国领先地位的主要学者。

另外，为加强楚文化的研究，位于荆州的长江大学也于 2003 年初组建了楚文化研究中心。

目前，河南省以研究河洛文化为中心任务的机构、社会团体主要有河南省河洛文化研究中心（设在河南省社会科学院）、洛阳师范学院河洛文化国际研究中心、河南科技大学河洛文化研究中心、洛阳理工大学东方文化研究院和洛阳市河洛文化研究会。就笔者所知，这些单位大多没有编制，多数是"一个单位、两块牌子"，人员以兼职为主，没有固定办公场所，更无专项办公经费。在这种情况和环境下生存的研究基地，其作为大受限制，作用也难以发挥。在研究力量整合上，"利用社会资源"聘请兼职人员完成一定的课题的做法应予肯定，但就本单位培养专业人才而言，很难实现初衷。现实存在的问题是相当多的"中心"成立多年，除了名义上"中心主任"对外挂帅之外，有的连一兵一卒也没有，这明显是一种目光不够长远的短期行为。

余 论

河洛文化内容丰富、源远流长，在中华文明发展和中华民族建构中一直处于核心地位。深入研究河洛文化不仅是中华文明探源的需要，也是民族振兴、文化强国的需要。为加强河洛文化的研究和促进研究向纵深发展，河南有关方面应认真总结近十年来的成绩与不足，虚心向湖北、山东、福建等地学习，除了克服工作中的不足，切实加强队伍建设和基地建设之外，更要从宏观与微观的不同层面加强全面研究。河南省社会科学规划部门应在广泛征求专家意见的基础上制订出河洛文化研究的近期和中长期发展规划，并在财力、出版等方面予以支持。已经成立河洛文化、中原文化或其他地域文化研究的大专院校和科研院所，应充分利用中原丰富的考古成果和文献记载，结合田野调查，从大中华文化的视阈出发，对河洛文化的内涵与形态从人类学、文化学、传播学等角度切入并进行全面深入的学理探讨。通过与不同地域乃至异国文化的对比，梳理其内容、概括其个性、分析其特点，以形成有分量的阶段成果。只要各方面的力量能够得到有效的整合，再经过一二十年的努力，河洛文化的研究一定会有新的、重大成果。届时，河洛文化也可能会成为一门显学。

参考文献

冯天瑜：《正明先生楚文化研究二三事》，《江汉论坛》2007 年第 12 期。

刘玉堂：《张正明先生的学术人生》，《江汉论坛》2007 年第 12 期。

张正明：《"长江文化研究"发刊辞》，《东南文化》1991 年第 5 期。

张正明：《古希腊文化与楚文化比较研究论纲》，《江汉论坛》1990 年第 4 期。

关于宋学若干问题的探析

杨世利*

摘要： 宋学在明末清初指的是宋明理学，现代学术体系下的宋学又有狭义和广义之分。狭义的宋学指的是宋代哲学，广义的宋学指的是宋代学术文化，今天应该大力提倡广义的宋学。宋学的本质是信仰，对待宋学，首要的态度是爱之若生命，因为宋学是生命之学，是中国人的精神家园。宋学精神是追求"三代"王道的理想主义。今天应该超越王道、霸道之争，正确处理价值观与制度的关系。

关键词： 宋学 信仰 宋学精神

儒学是中国传统文化的主流和核心，宋学是儒学发展的重要里程碑，是中国传统文化的顶峰。宋元明清的学术都属于宋学范畴，中国要创造新的学术文化，宋学是出发点。如果不对宋学进行一番彻底的检讨，新的学术文化建设就是盲目的。那么，什么是宋学，宋学的本质是什么，宋学精神是什么，这些基本的问题首先需要弄清。

一 宋学是宋代学术文化

宋学的含义是什么，宋学与理学、新儒学的关系如何，这在学术界有不同的认识。陈寅恪先生非常推崇宋学，他在《邓广铭宋史职官志考证序》（1943）中指出：

> 吾国近年之学术，如考古历史文艺及思想史等，以世局激荡及外缘薰习之故，咸有显著之变迁。将来所止之境，今固未敢断论。唯可

---

* 杨世利，河南省社会科学院历史与考古研究所副研究员。

> 一言蔽之曰，宋代学术之复兴，或新宋学之建立是已。华夏民族之文
> 化，历数千载之演进，造极于赵宋之世。后渐衰微，终必复振。

他认为宋学即宋代学术，中国学术发展的目标是复兴宋学，建立新宋学。

钱穆先生同样十分认同和推重宋学，认为宋代学术气象开阔、博大。
他在《国史大纲》（1996）中指出：

> 宋学之博，远超唐贤，只观《通志堂经解》所收，可见宋代经学
> 之一斑。至史学如司马光《资治通鉴》、郑樵《通志》、李焘《续资
> 治通鉴长编》等，其博大精深，尤非唐人所及。而南宋尤盛于北宋。
> 即易代之际人物，如王应麟、胡身之、马端临等，其博洽淹雅，皆冠
> 绝一代。世疑宋学为疏陋，非也。即如朱子，其学浩博，岂易窥其
> 涯涘？

钱先生（2005）也认为宋学指的是宋代学术，并指出宋学的特点是经、
史、文学三方面兼通汇合，在"政事治平之学""经史博古之学""文章
子集之学"等三大方面都取得了辉煌的成就。

邓广铭先生是从狭义上理解宋学的。他在《略谈宋学》（1997）一文
中指出："如果把萌兴于唐代后期而大盛于北宋建国以后的那个新儒家学
派称之为宋学，我以为是比较合适的。""宋学是汉学的对立物，是汉学引
起的一种反动。""理学是从宋学中衍生出来的一个支派，我们却不应该把
理学等同于宋学。"邓先生认为宋学是探究性命义理的新儒学，这样就把
宋学缩小到经学范围内了。漆侠先生（2002）同意邓广铭先生的宋学概
念，并指出，"陈（寅恪）先生提出来的新宋学和宋学两个概念的含义是
很不相同的：新宋学包括了哲学（主要是经学）、史学、文学艺术多个方
面，涵盖面是较为宽广的；而宋学则指的是，在对古代儒家经典的探索
中，与汉学迥然不同的一种新思路、新方法和新学风。"漆先生同样认为
宋学主要是指经学，不认同宋学是宋代学术文化。但陈寅恪先生所说的宋
学是宋代学术，这一点是不能否认的，因为陈先生把宋代义理之学称为新
儒学而不是宋学。陈先生在《冯友兰〈中国哲学史〉下册审查报告》中指
出："中国自秦以后，迄于今日，其思想之演变历程，至繁至久。要之，
只为一大事因缘，即新儒学之产生，及其传衍而已。"这里的"新儒学"

指的就是漆先生说的对古代儒家经典的探索中与汉学迥然不同的一种新思路、新方法和新学风。

有学者对宋学的定义作了如下梳理（高秀昌，1996）。

> 朱伯崑认为，宋学这一概念有三层含义：首先，它是以儒学为核心形成和发展起来的思想文化体系，不同于道家文化和佛教文化的传统；其次，经学史上的所谓宋学，这是宋学的本义；再次，就哲学史说，它亦指宋明道学或理学，被称之为新儒家。衷尔钜、石训等认为，宋学有广义与狭义之分。广义宋学包括有宋一代经济基础和上层建筑，狭义宋学即与"汉学"对称的义理之学。狭义宋学不仅有程朱理学、陆九渊心学，还有以气学为特征的王安石新学、张载的关学和李觏、陈亮、叶适等的事功之学。这一扩大了的义理之学应是宋学的核心。卢连章认为，宋学是一个十分宽泛的概念。从横断层面来看，它包括哲学、宗教、政治、文学、艺术、史学、教育等多方面。从纵向的历史发展线索来看，它既是以中国儒家思想为主要内容的传统文化发展到 11 世纪初期、顺应时势而兴起的一种新思潮、新流派，又是一种跨时代的新的文化模式，这就是"新儒学"。

朱伯崑认为宋学包括了三个层次，其中广义上宋学指的是儒学文化，不仅包括哲学，还包括文学、史学，这与卢连章、陈寅恪、钱穆的观点相近。朱伯崑第二层次的宋学指的是经学史上的宋学，这与衷尔钜、石训所说的狭义宋学、义理之学接近，也与邓广铭、漆侠的观点相近。朱伯崑第三层次的宋学指的是理学或道学，这是最狭义的宋学。

宋学为什么会有这么多不同的含义，哪一种含义较好呢？这还要从"宋学"这个概念的产生说起。"宋学"这个概念产生时是一个略带贬义的词，用来批评学者中空谈性命义理的不良学风。正如学者指出："这种称谓出现于明末清初的反理学高潮中，当时戴震等人为了反对宋明以来的空谈性命义理之学，就把汉唐以来的辞章训诂之学搬来，扯起'汉学'的旗号，与之相对抗，于是便有'汉宋之争'。"（路闻，1984）实际上宋明理学探究性命义理，但并不是只空谈义理，空谈义理是理学末流的流弊。清代汉学只是治经方法上的变化，汉学家并不反对宋学的性命义理，只是反对空谈义理。所以说，汉学并不是宋学的对立物，汉学是对宋明理学末流的纠偏。虽然"宋学"这个称谓是以负面形象出现的，但这个概念就此沿用下来，用来指称宋明理学。冯友兰先生（1984）在北京大学读书时就有"宋学"这门课，"'宋学'就是宋明哲学史，不过还沿用宋学这个旧名词"。

可见宋学最初指的就是理学或者道学，这是最狭义的概念。为什么会单指理学为宋学呢？因为程朱理学不仅是宋代各学派中成就最大的一派，而且后来还成为封建王朝的正统意识形态，理学是官学，影响大，流传广。理学是宋学的代表，所以常常把理学与宋学混为一谈。近代理学失去官学地位，作为学术研究对象，理学属于哲学范畴。同属宋代哲学研究对象的李觏功利学、王安石新学、三苏蜀学、浙东事功学派等都探究性命义理，所以也被纳入到宋学范畴，这是经学史、哲学史意义上的宋学。把宋代学术称为宋学，这是陈寅恪、钱穆等现代学术大师的发明，笔者赞同这种观点。因为把义理之学称为哲学是现代学术体系下的做法，哲学这个学科是舶来品，义理之学中有哲学的成分在，但不能把义理之学简单等同于哲学。宋代义理之学不仅有哲学的一面，还有信仰即价值观的一面。正因为宋代义理之学有信仰、价值观的一面，所以经学的价值观渗透到了史学、文艺、教育、经世实学中。宋代经、史、子、集是不可截然分开的，"经义"与"治事"也是相通的。所以，经学是宋学的核心，经学所阐发的价值观渗透到宋代各门学问中，宋学应该是指宋代学术。关于这一点，下面还要具体探讨。

事实上，现在已经很少有人把宋学等同于程朱理学了，因为这是清代"汉宋之争"的产物。现在哲学界一般认同哲学史意义上的宋学概念，即把宋学等同于宋代哲学。但哲学界一般不使用"宋学"这个概念。观点比较彻底的学者如张立文先生（2001）明确反对宋学这个概念。他指出："有一种说法，'理学'就是'宋学'，即区别于汉唐以来训诂辞章之学的宋代'性命义理'之学，而称之为'宋学'。这种以朝代来命名学说，显然欠妥。"理由是宋代有各种不同的学说和由此而产生的不同学派，宋学这个概念太笼统、太模糊了，另外宋明时的哲学家几乎都谈"性命义理"，宋学这个概念很难区分理学主流派和非主流派的界限。笔者赞同此说，尽管学者都不习惯使用宋学这个概念，但一提到宋学，观念当中还是把其视为心性义理之学。不仅哲学界如此，历史学界的邓广铭先生、漆侠先生等也把宋学等同于宋代哲学。

今天应该大力提倡的宋学应该是宋代学术文化意义上的宋学，即陈寅恪先生、钱穆先生提倡的宋学概念。正如陈寅恪先生（1980）所说的"华夏民族之文化，历数千载之演进，造极于赵宋之世"，"天水一朝之文化，竟为我民族遗留之瑰宝"。

二 宋学的本质是信仰

提倡宋代学术文化意义上的宋学，这关系到中国人的信仰问题。上文提到，虽然哲学界不习惯使用这个概念，但只要提到宋学，就会把它与宋代哲学联系起来。在现代学术体系下，把宋学当作哲学来研究，这本身并不错，但这种做法却有着很大的局限性，因为宋学还承载了中国人的价值观。

宋学（即后期儒学）既是以经学为核心的学术，也是国家的正统意识形态，还是中国人的主流信仰。近代以来，随着西方学科分类体系引进中国，儒学被分割到哲学、史学、文学等学科，完整的承载着国人价值观的儒学不复存在。儒学之所以重要，在于它是中国人的信仰，这种信仰经过长时期的渗透，可以说是无孔不入，已经深入到政治、经济、文化、社会等各个领域。近代以来，儒学沦为一种古典学术、一种客观知识体系后，社会和个人不再把它作为一种关乎个人安身立命的价值观来看待。这样，儒学也就失去生命力了。

哲学本身就是关于世界观、人生观、价值观的学问，把宋学当作哲学来对待不是正合适吗？诚然，哲学在西方的本义是对知识的探求，是求真，到中国后即转向对价值的探求。比如，冯友兰先生（1996）认为哲学是"对于人生的有系统的反思的思想"。冯先生认为中国人"不大关心宗教，是因为他们极其关心哲学"，"他们不是宗教的，因为他们都是哲学的"，提出了以哲学代替宗教的观点。问题在于，宗教的本质是信仰，人们信仰宗教是因为它具有神圣性。而哲学的本质是知识体系的建构，无关人们的信仰。宋学是中国传统社会后期的主流信仰，它发挥了类似西方宗教的作用，中国人崇拜圣人就如同西方人崇拜上帝。儒学沦为中国古代哲学后，作为信仰的儒学就不存在了，以儒学为核心价值观的政治、学术、教育、风俗、礼教等社会建制也土崩瓦解，中国人赖以安身立命的儒学沦落到了"游魂"的境地。

中国没有宗教，但中国有传统文化。儒家文化（后期为宋学）是中国人安身立命之本，但这个"本"到近代以后就断了，因此中国人正承受着文化上的断裂之苦。关于文化的断裂，陈寅恪先生在《王观堂先生挽词（并序）》中有很沉痛的分析："凡一种文化值衰落之时，为此文化所化之人，必感苦痛，其表现此文化之程量愈宏，则其所受之苦痛亦愈甚；迨既达极深之度，殆非出于自杀无以求一己之心安而义尽也。""盖今日之赤县神州，值数千年未有之钜劫奇变；劫尽变穷，则此文化精神所凝聚之人，安得不与之共命而同尽，此观堂先生所以不得不死，遂为天下后世所极哀而深惜者也。"文化是人的灵魂，是一个人的精神生命。王观堂先生承受的文化断裂的苦痛，也是全体中国人的苦痛。现在中国社会上的道德失范现象，不正是文化断裂结出的苦果吗？

近代以来，中国不仅面临着富国强兵的任务，更面临着文化重建的任务。没有文化的重建就没有中华民族的复兴，关于文化对于民族的重要性，钱穆先生在《国史大纲》中有精彩论述。

> 故民族与国家者，皆人类文化之产物也。举世民族、国家之形形色色，皆代表其背后文化之形形色色，如影随形，莫能违者。人类苟负有某一种文化演进之使命，则必持成一民族焉，创建一国家焉，夫而后其背后之文化，始得有所凭依而发扬光大。若其所负文化演进之使命既中辍，则国家可以消失，民族可以离散。故非国家、民族不永命之可虑，而其民族、国家所由产生之"文化"之息绝为可悲。世未有其民族文化尚灿烂光辉，而遽丧其国家者；亦未有其民族文化已衰息断绝，而其国家之生命犹得长存者。环顾斯世，我民族命运之悠久，我国家规模之伟大，可谓绝出寰倚，独步于古今矣。此我先民所负文化使命价值之真凭实据也。

之所以说文化是国家、民族的生命，是因为如果一个国家、民族没有了文化，那就等于没有了生命。西方国家的生命是基督教文化，中国的生命就是儒家文化，宋代以后就是宋学。宋学不仅仅是道学、理学、哲学，作为文化的宋学是一个整体，它兼经、史、子、集四部之学，在政事治平之学、经史博古之学、文章子集之学等方面都取得了很大的成绩。宋学不仅是学术，更是一种信仰。学术文化是信仰的载体，作为信仰载体的文化一定是个整体，把宋学按照现代学科体系四分五裂以后，作为信仰的宋学精神就无处安身了。欲重建宋学，不仅要学、要"信"，更要热爱。正如钱穆先生在《国史大纲》扉页上对读者提出的要求。

> 一、当信任何一国之国民，尤其是自称知识在水平线以上之国民，对其本国以往历史，应该略有所知。二、所谓对其本国以往历史略有所知者，尤必附随一种对其本国以往历史之温情与敬意。三、所谓对其本国以往历史有一种温情与敬意者，至少不会对其本国以往历史抱一种偏激的虚无主义，亦至少不会感到现在我们是站在以往历史最高之顶点，而将我们当身种种罪恶与弱点，一切诿卸于古人。四、当信每一国家必待其国民备具上列诸条件者比数渐多，其国家乃再有向前发展之希望。

热爱传统文化，就应该有文化自信。只有做到了这一点，才谈得上文化创新，而且文化创新一定是温故知新，而绝不可能是从零开始；热爱传统文化不是抱残守缺、故步自封，文化创新离不开吸收外来文化，问题在于如何吸收外来文化，吸收外来文化是为了发展、壮大自己，而不能以否定本民族的文化为代价。只有立足本民族文化，才能更好地吸取外来文化，创造新文化。关于这一点，陈寅恪先生在《冯友兰〈中国哲学史〉下册审查报告》中有明确论述：

> 窃疑中国自今日以后，即使能忠实输入北美或东欧之思想，其结局当亦等于玄奘唯识之学，在吾国思想史上，既不能居最高之地位，且亦终归于歇绝者。其真能于思想上自成系统，有所创获者，必须一方面吸收输入外来之学说，另一方面不忘本来民族之地位。此两种相反而适相成之态度，乃道教之真精神，新儒家之旧途径，而二千年吾民族与他民族思想接触史之所昭示者也。

"不忘本来民族的地位"，就是坚持自己的核心价值、立身之本，外来学说只能当成一种思想资源，这样才能充分消化、吸收外来之文化，否则就会

"虚不受补"。

总之，对待宋学，对待传统文化，首要的态度是热爱。如果仅仅把宋学当成客观知识来看待，是一定会出问题的。漆侠先生在《宋学的发展和演变》中指出："七八十年来，我国哲学史、思想史的研究有着突出的成就和贡献，但其中也有不少的弱点和不足。其中一个主要的弱点和不足是，由于研究者们自身与政治的脱节，因此在考察古代学术思想的发展过程中，往往习惯于沿着从思想到思想的认识路线进行，割断了这些思想同社会经济关系的联系。"哲学本身就是研究人类思维的辩证发展过程的，因此从哲学这个学科的标准来看，"从思想到思想"的研究本身并无可厚非。如果说"从思想到思想"、割断思想与社会的联系有什么不妥的话，其主要的原因并非研究者自身与政治脱节，而是研究者在现代学术体系下仅仅把宋学当作思想史、当作客观的知识来研究，而没有把宋学当作文化、当作民族的信仰和生命来看待。

三　宋学精神是一种理想主义

宋学是宋代的学术文化，是中国人信仰的载体。那么宋学精神是什么呢？

宋学中有重视心性修养的一派，有重视事功的一派，这两派之间激烈争论，互不妥协。哪一派代表宋学真精神？关于这个问题，学术界也有不同看法。现代新儒家认同心性修养的一派，他们认为内圣为本，外王为末，内圣修养可以开出外王事功。认为心性理论是宋学的精髓，应该继承宋学这笔遗产，建立道德的形而上学。史学界的邓广铭先生、漆侠先生比较认同宋学中的事功学派，认为事功学派坚持"经世致用"原则，能够理论联系实际，而理学家则有空谈义理的倾向。如何看待理学家与事功学派的矛盾，也就是王道与霸道、内圣与外王之辨。

笔者认为应该区分作为话语的宋学与作为精神的宋学。中国没有西方意义上的形而上学，没有理想国传统。中国的价值观不能离开制度而独立存在。在孔子那里，作为价值观的"仁"离不开作为制度的"礼"，"仁"是"礼"的精神，"礼"是"仁"的载体。所以不能说"仁"是孔子学说的精髓，只能说"仁""礼"合一是孔子追求的理想境界。同样，在程朱等理学家那里，虽然发展出了庞大、精致的性命义理之学，但内圣离不开外王，"理"离不开"气"，天理离不开人欲，天理就存在于人欲中。李泽厚先生（2011）认为宋明理学追求超验是失败的。

> 宋明理学一方面强调"理为本""理在先""理为主"；另一方面又强调"理在气中""离气不能言理""人欲中自有天理"，并经常以各种自然景物如季候、生物、生理等等经验现象来做比拟和解释。这使得他们这个不同于"气"的"理"、不同于"情"的"性"，不仅没有摆脱而且还深深渗透了经验世界的许多特色和功能，所以，我以为宋明理学对超验或先验的理性本体即所谓"天理""道心"虽然做了极力追求，但在根本上是失败的。他们所极力追求的超验、绝对、普遍必然的"理""心""性"，仍然离不开经验的、相对的、具体的"情""气""欲"。

所以说理学的"道德形而上学"并不是理学和宋学的真精神，具体的内圣理论、外王事功都是话语层面的宋学，真正的宋学精神是内圣与外王的合一，也就是理想高于现实、引领现实、提升现实，理想虽高但又不能脱离现实，最高境界是理想与现实合一。这只是一种抽象的形式，在不同时代可以有不同的内容。

关于抽象的儒学精神、宋学精神，陈寅恪先生也有论述。陈寅恪先生在《王观堂先生挽词（并序）》中指出：

> 吾中国文化之定义，具于《白虎通》三纲六纪之说，其意义为抽象理想最高之境，犹希腊柏拉图所谓 Idea 者。若以君臣之纲言之，君为李煜亦期之以刘秀；以朋友之纪言之，友为郦寄亦待之以鲍叔。其所殉之道，与所成仁，均为抽象理想之通性，而非具体之一人一事。夫纲纪本理想抽象之物，然不能不有所依托，以为具体表现之用；其所依托以表现者，实为有形之社会制度，而经济制度尤其最要者。

中国文化精神即儒家精神是抽象的，抽象的精神必须依托于一定的制度，"道"与"仁"依托于纲纪等礼制，纲纪礼制要依托于经济制度。纲纪礼制固然不是精神，但"道""仁"离开纲纪后就无所附丽了。

"道""仁"理想完美落实到纲纪礼制中是中国文化追求的最高境界。上引陈寅恪先生《冯友兰〈中国哲学史〉下册审查报告》也有对宋学精神的论述:"一方面吸收输入外来之学说,另一方面不忘本来民族之地位。此二种相反而适相成之态度,乃道教之真精神,新儒家之旧途径。""外来之学说"是话语层面的具体内容,"不忘本来民族之地位"是新儒家即宋学家的真精神。宋学家以"我"为主吸收释、道两教的学说,创立了宋学的义理学说,具体学术可以吸收,但精神、灵魂只能是自己的,不能拿来。

宋学精神是一种抽象的形式,而作为话语的宋学有具体的内容。无论是程朱理学的内圣理论,还是浙东事功学派追求的外王大业,都只是话语层面的宋学,在话语层面,两者是对立的。但在精神层面,两者又是统一的。笔者认为,宋学精神是理想主义,宋儒各派都矢志不渝地追求"三代"王道理想社会。程朱等理学家与陈亮、叶适等事功学派只是对王道的理解不同,努力的侧重点不同,并不能说理学家追求王道,事功学派追求霸道;也不能说理学家只会空谈,事功学派抛弃了心性修养。理学家虽然着力点在内圣领域,但他们的终极目标是实现王道,行动才是理学家的根本立场,理论建设只是为行动提供精神动力。正如余英时先生(2004)所指出:"无论'上接孔、孟',或形上系统都不是理学家追求的终点,二者同是为秩序重建这一终极目的服务的。前者为这一秩序所提供的是经典依据,后者则是超越而永恒的保证。一言以蔽之,'上接孔、孟'和建立形上世界虽然重要,但在整个理学系统中却只能居于第二序的位置;第一序的身份则非秩序重建莫属。"所以,认为理学家空谈道德的观点是不公允的,理学后学确实出现了空谈心性的现象,但这是理学世俗化、庸俗化的结果,不能以此为据批评真正的理学。

同样,陈亮等功利主义宋学家虽然谈王、谈霸追求建功立业,但并没有背离追求"三代"王道的儒家立场。朱熹批评陈亮说的是王道,行的是霸道,"义利双行,王霸并用",这种批评并不公道。陈亮也认同三代王道理想,不同之处在于他更强调行动。陈亮认为道德修养应体现在富国强兵的行动中,而不是只注重理论探讨。所以,陈亮不认同朱熹对自己"义利双行,王霸并用"的批评,他在回信中说自己是"直上直下,只有一个头颅做得成耳",也就是说自己践行了内圣外王之道,并非说一套做一套,假借仁义行霸道。关于这一点，邓广铭先生在《朱陈论辩中陈亮王霸义利观的确解》一文中有详细论述，可以参考。

站在今人的立场上看朱熹、陈亮王霸之争，不能说是儒家与法家之争。因为所谓王道是就意识形态而言的，所谓霸道是从制度、政策层面而言的，两派虽然互相攻击，但同属一个思想体系，是一个体系的两极，谁也离不开对方。王道派又可称为内圣派，他们强调道德修养，努力建立义理学说，追求社会理想，可称之为学者型理想主义者。事功派其实也是口不离三代、王道、仁义，但他们更注重具体的治国之策，强调制度的重要性，是具有实干精神的理想主义者。总而言之，宋学各派都是理想主义者，都认同内圣外王的伟大理想，他们的分歧仅仅在于对理想的理解不同，对如何实现理想的认识不同。他们依照自己的理解积极探索、积极实践，从不同方面为中国文化做出了自己的贡献。

本来都是追求三代王道理想，内圣派与事功派理应是互补的关系，两派却相互攻击，形同水火，这说明中国传统文化在处理价值观和制度的关系问题上有缺陷。今人应该弥补这个缺陷，超越王道、霸道之争，而不是停留在古人的缺陷里上演新时代的王道、霸道之争。

结　语

综上所述，在宋学的定义上，应坚持广义的宋学定义，即宋学是宋代学术文化。不能把宋学仅仅当作哲学来看待，因为宋学不仅有哲学的一面，还有信仰（即价值观）的一面。宋学是中国传统社会后期的主流信仰，它发挥了类似西方宗教的作用，中国人崇拜圣人就如同西方人崇拜上帝。对待宋学，首要的态度是爱之若生命，因为那是民族的生命，是民族的精神家园。吸收外来文化，不能以否定本民族的文化为代价。只有对本民族文化有充分的自信、自觉，才能更好地吸取外来文化，创造新文化。宋学精神是一种理想主义。宋学各派都是理想主义者，都认同内圣外王的伟大理想。他们的分歧仅仅在于对理想的理解不同，对如何实现理想的认识不同。对他们的贡献，我们应同等对待，客观评价。

参考文献

陈寅恪：《寒柳堂集》，上海古籍出版社，1980。

陈寅恪：《金明馆丛稿二编》，上海古籍出版社，1980。

邓广铭：《邓广铭治史丛稿》，北京大学出版社，1997。

冯友兰：《三松堂自序》，生活·读书·新知三联书店，1984。

冯友兰：《中国哲学简史》，北京大学出版，1996。

高秀昌：《中国宋学与东方文明国际学术研讨会纪要》，《哲学动态》1996 年第 8 期。

李泽厚：《哲学纲要》，北京大学出版社，2011。

路闻：《宋学·道学·理学》，《中州学刊》1984 年第 1 期。

漆侠：《宋学的发展和演变》，河北人民出版社，2002。

钱穆：《国史大纲》，商务印书馆，1996。

钱穆：《朱子学提纲》，生活·读书·新知三联书店，2005。

余英时：《朱熹的历史世界》，生活·读书·新知三联书店，2004。

张立文：《朱熹思想研究》，中国社会科学出版社，2001。

浅谈都市民俗志的几个基本问题

杨旭东 *

摘要："民俗志"概念提出后，学界一直在进行探索，但是"民俗志"在学术实践中等同于"村落民俗志"，导致都市民俗志几近被忽略。实际上，中国的都市同样拥有丰富多彩的民俗文化，表现出不同于乡土社会的文化特质。因此，推动都市民俗志发展是必要和迫切的。中国古代文献典籍中的都市民俗记录说明记录者已经意识到城乡文化的差异。当代学者虽然也进行了都市民俗志编写的尝试，但是陷入了寻找"都市土著"的困境，未来的都市民俗志应该怎样编写仍需进一步探索，尤其需要对都市民俗文化面临的新问题予以足够的关注。

关键词：民俗志 都市民俗 城乡分野 都市土著

"民俗志"这一概念提出之后，民俗学界一直在不断推进民俗志理论的发展，试图让民俗学的"民俗志"同人类学的"民族志"一样，发挥一种方法论的作用，对于民俗学学科的发展有所贡献。然而，现实情况是我们对于民俗志的基本问题，很少做出正面的回答，即使对这些基本问题进行了某种程度的探讨，也始终没有达成共识，这些基本问题包括：究竟什么是民俗志？民俗志和民族志的区别在哪里？民俗志的基本功能取向究竟是方法论意义上的还是写作体裁意义上的？民俗志应该如何编写？由于这些基本问题悬而未决，导致我们在实际的田野调查和论文写作的过程中，很难树立一种明确的"民俗志"意识，常常难以断定究竟是在采用民俗志的方法还是编写出一篇合乎规范的民俗志。换言之，"民俗志"概念之于民俗学是模糊的，作为学术名词的意义大于其实用意义。上述基本问题没有明确的答案，也造成了民俗学另一个非常明显的误区，即"民俗志"等

---

* 杨旭东，法学博士，河南省社会科学院《中原文化研究》杂志社助理研究员。

于"村落民俗志"。实际上，中国的都市同样拥有丰富多彩的民俗文化，并且表现出不同于乡土社会的文化特质。因此，要走出这种误区，有必要就有关都市民俗志的编写问题展开讨论。

一 提出都市民俗志的必要性

都市民俗志的提出并非完全基于对民俗志理解的偏差，更重要的是立足于中国社会的客观事实和民俗学研究对象日益明晰化的现状。

（一）中国社会的城乡二元化形成了在文化特质上既有某种相似之处，又存在显著区别的两种民俗文化

在相当长的历史时期，中国都是一个农业社会，但政治、经济、文化的中心却始终在城市。农业社会里的民俗主体是农民，群体成员的组成大多是以血缘为纽带联结在一起，农民的生活结构单一、稳定，在长期的农业生产生活中，形成了具有"小农意识"的乡村思想文化体系。而在都市社会当中，"城市的主体是市民，他们大多为迁徙之徒，来自八方的乡野，具有多族源、多姓氏的特征，并且相互杂居于空间狭窄的街巷之中，各干其业，经长期相处、磨合，逐渐褪去原先的地方色调，整合出新的城市民俗"（陶思炎，2004）。我们习惯上对这个群体的文化冠之以具有"小市民意识"的城市民俗文化体系。如同"市民"往前数三辈大多出身"乡民"一样，城市民俗文化与乡村民俗文化可能存在着"源"和"流"的关系，甚至呈现出一些交叉、重叠之处。但是从"小农意识"和"小市民意识"这两个习惯性称谓来看，我们可以明确感受到，两种文化在性质上的迥然不同。当然，我们不排除此类概括性语言中包含着某种贬抑，甚或嘲弄。恰恰正是这种带有某种情感色彩的语言，比较准确地反映了两个群体在思想文化特质上的根本差别。比如，城隍庙和土地庙，一定意义上可以代表以城市为生存空间的市民和视土地为生命的农民构建起来的两种不同的神灵信仰，而且两者置换的可能性很小。

（二）都市民俗及都市民俗学的确立

钟敬文先生很早就注意到了都市民俗的问题，他在1983年的一篇讲话中说："在我们国家里，农村是广大地区，但从战国以来，特别在齐国、赵国这些地方就已经有了人口相当多的商业城市了。这种城市文化同农村文化有区别（同时自然也有关联），同今天的都市文化也有区别。我们应当认真去研究，一个地方一个地方地去研究，进行具体深入的研究。"虽然钟先生没有提出"都市民俗"这个概念，但是他所说的农村文化和都市文化问题，是"对民俗学界问题的意见的'速写'"。到了 20 世纪 90 年代，姜彬主持编写的《都市民俗学发凡》较早提出了都市民俗学的问题，随后陶思炎又明确提出了"中国都市民俗"的问题，将其与乡村社会的民俗文化作了明确区分。如果我们承认他们提出的"都市民俗"是一个具有独立学术意义的研究对象的话，那么都市民俗学作为整个民俗学的重要分支或者研究领域，也应该是站得住脚的。但是以民俗学专业硕士、博士论文的产生为参照，纵观近些年来民俗学的研究热点，我们的确有一种"掉到村里"[1] 的感觉。即便是一些对都市民俗研究的尝试也大多是在都市的边缘徘徊，或者致力于重构都市民俗的历史景象，鲜见真正以都市民俗为研究对象的探索。从这个意义上说，与都市民俗相呼应，对都市民俗志进行探讨和思考，既是合理的，也是非常紧迫和必要的。

二 文献典籍中的都市民俗：城乡分野的记录传统

中国历史文献典籍中很早就有关于都市民俗的记载。从严格意义上说，这种记录并不是真正意义的都市民俗志，它们主要分布在各种典籍文献中。这一类记录是琐碎而有体系的。说其琐碎，是指其记录内容多只言片语，点到为止；说其系统，是指除了少部分对于婚丧嫁娶这一类人生礼仪的记录之外，它基本上按一年的岁时节令来进行记录。但是总体来说，已经基本可以看出记录者有意识地对记述对象进行城乡区分。

（一）地方志中有关民俗的记录

地方志多以官修为主，实际的主持者通常是地方的行政长官或负责教

---

[1] 叶涛在 2006 年北京师范大学"民族志·民俗志理论与实践学术研讨会"上的发言。

育的学政和当地具有一定文化水平的士绅，这一点从各种方志的序言中很容易看出。他们把民俗作为整个地方志中的一个重要组成部分，其目的无外乎"观风俗，知得失"。但是科举出身的这些地方官员和地方士绅对于"民俗"的理解并不相同，因此他们在编纂地方志的过程中，对"民俗"的处理方式也不一样。以河南省地方志为例，对"民俗"的归属范畴划分上，有以下几种做法：

疆域、方舆、地理类：

《尉氏县志》（道光二十一年刻本）→卷三疆域志→风俗

《登封县志》（康熙三十五年刻本）→卷二舆地志→风俗

《温县志》（乾隆二十四年刻本）→地理志→风俗、风土、礼俗类

《内黄县志》（乾隆四年刻本）→卷五风土志→风俗

《新乡县志》（乾隆十二年刻本）→卷十八风俗志→民政、社会类

《阳武县志》（民国二十五年铅印本）→卷三礼俗志→岁时节序

《修武县志》（民国二十年铅印本）→卷八民政志→风俗→岁时

《续安阳县志》（民国二十二年铅印本）→社会志→礼俗

从上述方志的编写体例中，大约可以看出早期地方官员及士绅对于"民俗"的一些基本理念和对风土人情的重视程度。虽然从其范畴划分上，城乡界限模糊，但如果从其记载的具体内容看，应该说，这种有意识的区分基本上可以辨别出来。关于城市的记载，如《密县志》（嘉庆二十二年刻本）载："'元宵'四街演剧祀神，文庙张灯，放花炮。"又如《武陟县志》（道光九年刻本）载："'上元'前后，剪彩为灯。城市居民列树竹枝，翠叶扶疏，瓦灯掩映。"这些显然都是属于发生在城市中的民俗事象。关于乡村的记载，在很多地方也明确指出其乡民属性，例如《新乡县续志》（民国十二年刻本）载："正月初三日，例墓祭，乡间有'元旦'上坟者。"《获嘉县志》（乾隆二十一年刻本）载："二月二日，农家于是日宴庄客，修未耜。（五月）麦收时，农人樵麦中野，以网包盛之。老幼妇女率尾樵者，竞拾遗穗，获多者以斗记，莫之禁。"这些记录又明显是对乡村社会农事的呈现。当然，除了这些城乡分明的记载之外，也有一些未有明确的城乡标示，但是从记录者对民俗主体的身份界定上也可以辨别出来，例如《仪封县志》（民国二十四年铅印本）载："二月三日，士祀文

昌，农祀土谷。"还有类似于这样的身份标志如"士女""士人"在方志中民俗记录中常常出现，以这样的方式对于所记录的民俗现象作一种城乡的区分。

（二）古代文人知识分子的各种"记"和"录"

这一类记录有几个明显的特征，钟敬文先生（2002）在《建立中国民俗学派》中曾提到过两点：一是"从回忆的角度来记录民俗"，二是记录这些民俗的作者"有一个共同的特点，就是都是知识分子出身，还曾在某一朝代当过小官或中官，经历了太平盛世的生活"。除了钟先生提到的这两个特征之外，还有一个钟先生不曾提到的特点就是这些记录大多都是以"城市生活"为记录对象，基本上不涉及乡村生活，而且这些城市主要是当时经济比较发达的城市，比如扬州有李斗的《扬州画舫录》。要么是以都城生活为主，这一类的记录典籍更是不在少数。特别是曾经作为都城的开封、洛阳、杭州、南京、北京等城市，由于这些城市汇聚了一大批的官员、文人知识分子，还包括一些落魄文人，他们一直生活在或者曾经生活在都城里面，对于都城的市民文化生活有着相当直观的感受，虽然作者写作的动机并不完全相同，但都力图把都城的繁荣、市民的生活、岁时节日等记录下来。记录开封的《东京梦华录》、记录洛阳的《洛阳伽蓝记》、记录杭州的《武林旧事》《梦粱录》、记录南京的《金陵岁时记》，而记录北京的著作就更多了，从《燕京岁时记》《帝京景物略》《天咫偶闻》《京都风俗志》《朝市丛载》一直到《北平风俗类征》《燕京乡土记》等。这些作者们凭着自己的观察或者记忆，对城市各个阶层的民众生活进行了详尽的记录。当然，今天看来，他们的这种记录缺乏一定的科学方法，有太多的主观性因素。但我们必须看到，他们的细微观察给我们留下了宝贵资料，对很多日常生活琐事的记载，既是好奇心的驱使，也有着某种程度的人文关怀在里面。遗憾的是，上述著作中有相当一部分在记录方法上类似于方志中的记述，按照一年当中的岁时节令进行，只是详尽程度不同而已。

从以上论述我们看到，民俗记录者在记载民俗现象时有一种较为明显的城乡区别对待的意识，这说明对中国民俗的记录其实一直有着城乡分野的传统，而这种传统的形成又是基于两种民俗文化的本质差别。

三　当代都市民俗志：寻找城市"土著"的局限性

中国志书编纂传统中对于都市民俗的关注，直到当代还在延续。各级政府都有专门的地方志办公室，作为地方文化中心的城市有了更多的人力、物力、财力组织人员进行实地考察，组织专门的写作团队进行编写。20 世纪八九十年代，在全国范围内，各级地方政府纷纷组织力量对当地地方志进行重新编写。作为物质生活水平相对较高的城市，已经开始有意识挖掘所在城市的文化资源，以满足民众的文化需求，这种意图在方志中也得到了充分地体现。与以往相比，当代方志中的民俗记录，把各种民俗归入到"文化"的版块当中，应该说是一种认知上的提升。

1978 年，顾颉刚、钟敬文等 7 位教授上书，明确提到了"民俗志、民俗史等作为一种系统的学问，却没有被提到编辑、研究、出版的日程上来"（钟敬文，2002）。随后，民俗学学科建立，使得民俗志的写作呈现出迅猛发展的势头，涌现出以省份进行分卷的陶立璠主编的《中国民俗大系》、段宝林主编的《中国民俗大全》和以民俗事项类别为分卷的齐涛主编的《中国民俗通志》。这些民俗志著作，开创了当代民俗志书写的范式，即按照民俗事项的类别划分进行书写，几乎囊括了城乡社会的所有民俗事项。但是随着人文社会科学的发展，民俗学学科的学理也不断发展，对民俗志编写过程中将鲜活生动的民俗事项的扁平化处理表现出极大的不满，开始寻求对这种民俗志书写方式的突破。刘铁梁先生在这方面做了一些有益的尝试，他提出了"标志性文化统领式民俗志"的理论，并进行了大量的实践和探索，写出了《中国民俗文化志》门头沟区卷和宣武区卷。其中宣武区卷是以城区为主，属于真正都市意义上的城市民俗志。对此，刘铁梁认为："门头沟区地处京城远郊，《中国民俗文化志·北京·门头沟区卷》自然基本上是对于乡村民俗文化的描述性书写。与之不同，宣武区位于城区，其民俗文化自然有别于乡村，宣武区民俗文化志就是对都市民俗文化进行书写。对于我们来说，以标志性文化统领式的理念来书写都市民俗同样是一次巨大的挑战。"因此，他在序言中提出要"在具体理解民俗与地方生活关系的基础上，写出在文化巨变时代体现文化自觉意识的新式地方民俗志"（刘铁梁，2006）。显然，刘铁梁已经意识到：一是城区内的都市民俗志编写是有别于乡村民俗志的，二是今天民俗志编写面临着许多新的问题。从宣武区民俗文化志的书写看，编写者充分考虑到都市民俗的特征，运用"标志性文化统领式"的理论，以传统历史街区的形成和划分为依据，将宣武地区按照大栅栏商业区、天桥平民娱乐区、牛街回族聚居区、宣南会馆云集区以及梨园文化集中区等来书写。值得注意的是，这种区分是历史形成的，并非所有的城区都是如此。因此，很难说这种做法具有普适性。而且，上述具有较强标志性的民俗文化中，有一部分并非是宣武区独有，比如梨园文化。对于这种具有更大共享区域的民俗文化如何处理也是一个棘手的问题。由于上述的标志性民俗文化具有很强的历史性，民俗志的普查更多的是一种寻找北京"土著人"的努力，难免让人觉得对当下的文化巨变关注不足，或者说对于传统社会变迁带来的新的文化因子有所疏忽。

随着传统社会结构的解体，人口流动性增强，同时带来了社会文化的流动和转移，"现代化"成为新的时代主题，这些都给新时代民俗志编写带来很多操作上的问题。以北京为例，根据2008年的统计，北京市有总人口2213万人，其中本市户籍人口1204万，外地来京人口1009万人。而对于这1204万人的本市户籍人口中有相当大一部分也并非是土生土长的北京人，只是户籍意义上的"北京人"，属于新移民的范畴。北京作为国际性的大都市，还有一部分常年生活在北京的"外籍北京人"。这样一来，北京的城市文化当中至少包含了三个大的组成部分："土著"北京人的民俗文化；境外传播过来的时尚文化，如酒吧、街舞等时尚文化；京外人口带来的其他区域文化，如河北梆子、评剧在北京就有相当多的受众，民国年间在天桥一带河南坠子同样很受北京市民追捧（连阔如，2006），新中国成立以后山东快书在北京也很受欢迎，河南籍北京人还形成了一个相当规模的豫剧受众群体，此类事例不胜枚举。

毫无疑问，面对北京文化的复杂、包容、多元，如果都市民俗志的书写还仅仅停留在对北京"土著"民俗志的书写上，就会有一种"城市遗留物"的嫌疑。仅从人口比例上看，北京的城市"土著"数量一直在萎缩，外来人口活跃在京城的每一个角落，越来越多的外来文化占据着文化消费市场。因此，当前的都市民俗志编写面临的最大问题就是如何认识、适应这个时代的文化巨变，将这种变化写入都市民俗志当中，既包括北京"土著"对外来文化的反应与应对，也包括"户籍"意义上的北京人，甚至包括外来流动人口所带来的文化在北京的生存现状，以及与本土文化的互动等方面的内容。

四 "另眼"看"市景"：对未来都市民俗志的想象

应该说，当都市民俗遭遇现代化的时候，也在不断进行着自我的调适。尤其在国家日益重视提升文化软实力的时代背景下，作为传统文化资源之一的民俗文化越来越受到重视。于是，自上而下掀起了一场非物质文化遗产保护运动。客观地说，这种运动极大地宣传了少为人知的民俗学，旅游、餐饮、社区文化建设都在大打"民俗牌"，甚至在一场极有影响力的演出中都少不了"民俗"出来唱戏。[①] 姑且不论这种民俗展演的是非真假，单就这种对都市民俗文化着力显现的行为而言，可以肯定地说，这仍是一种对都市"土著"民俗的追寻和强化。对于北京这样的国际性大都市，如果要打破当代都市民俗志的局限性，就必须充分关照当下都市民俗文化的多元性。从一个民俗学研究者的视角来看，要跳出追寻城市"土著"的窠臼，必须以一种更加开放和包容的眼光，更加细致地观察时尚文化如何在都市中本土化或者是保留其固有的文化特色，对于其他的地域文化与都市"土著"民俗文化的互动观察，则相对比较复杂，既有都市外来者自觉融入都市土著的民俗文化当中，并且能够很快地习得，实现个体的再习俗化，也有坚守自己的地域文化特色不变，对于都市"土著"民俗表现出一定排斥情绪；反之，都市外来者的地域文化特色是否能够影响都市"土著"，甚至为其习得，或者排斥、厌恶外来者的地域文化？两者之间的关系怎样？冲突如何调适？融合又是怎样的过程？作为都城的北京具有很强的包容性，那么随着外来者的大量涌入，公共文化资源被更多的人共享，都城民俗文化的包容性是否降低？总之，我们必须以一种全新的眼光来看待今天的都市景象，才能够为未来都市民俗志的书写创造一种可能。

究竟未来的都市民俗志应该是怎样的？整个的民俗志编写都在不断地

[①] 2010年10月12日，北京市西城区宣南文化节开幕，演出中间既有耍中幡这样的民俗表演，还有以北京琴书、梅花大鼓、北京童谣、北京岔曲等民间艺术形式在整台演出中穿针引线就是一个鲜活的例子。

探索中，都市民俗志更毋庸讳言。《中国民俗文化志·北京·宣武区卷》是新式都市民俗志的一种有益尝试，但是它绝不是我们可以随意照搬的都市民俗志范式。编写民俗志时所依据的行政区划既有历史上形成的，也有依靠行政力量组合而成的。当今天的一纸命令，让以王府文化著称的北京西城区和以平民文化著称的宣武区进行了行政上的合并，新的西城区民俗志又该如何定位呢？虽然这只是一个案例，但是它引发出来我们在民俗志编写时必须注意的一个问题：都市民俗志编写所依托的区域是文化意义上的还是行政意义上的？面对诸多问题，我们很难对未来的都市民俗志进行一个轮廓上的勾勒。但无论采用怎样的书写方式，一定要对都市民俗文化所面临的新问题予以足够的关注，这是变革时代赋予都市民俗志的重任，而都市民俗志也应该承担起的反映时代变化的义务。

参考文献

连阔如：《江湖丛谈》，当代中国出版社，2005。

刘铁梁：《中国民俗文化志·北京·门头沟区卷》，中央编译出版社，2006。

陶思炎等：《中国都市民俗学》，东南大学出版社，2004。

钟敬文：《钟敬文文集》，安徽教育出版社，2002。

中国古代经典石桥与世界桥梁遗产对比研究

张冬宁 *

摘要：中国古代经典石桥具有很高的遗产价值，选取其中具有代表性的赵州桥、洛阳桥和卢沟桥与世界桥梁遗产进行对比研究，发现其在历史人文、艺术审美和科学技术等核心遗产价值方面并不逊于后者，同时从保护理念和保存方式上审视了中国古代经典石桥存在的问题。

关键词：中国古代经典石桥　世界桥梁遗产　对比

截至 2013 年，《世界遗产名录》共收录了 981 项世界遗产项目，其中以桥梁为主体的世界遗产就有 8 项，隐含在《世界遗产名录》当中的著名桥梁更在 30 座以上，世界桥梁遗产逐渐成为一个令人瞩目的遗产类别。中国有大量的古代桥梁保存至今，这些古代桥梁包含了梁桥、拱桥、索桥和浮桥等类型，材质多为石材和木材。其中石桥的建造类型更为多样，更有代表性，其完整性和保真度也是木桥所无法企及的。且中国古代经典石桥在国际上拥有较高的知名度，入选的 8 项世界桥梁遗产项目中也以石桥居多。基于此，本文选取三座较具申遗潜力的中国古代经典石桥，即河北赵县赵州桥、福建泉州洛阳桥和北京丰台区卢沟桥作为研究对象。

一　世界桥梁遗产简述

需要指出的是，只有以桥梁为主体的世界遗产项目才能被称为世界桥梁遗产。符合这一条件的世界遗产共有 8 项（见表1）。

---

* 张冬宁，河南省社会科学院研究人员。

表1　收录《世界遗产名录》的世界桥梁遗产

桥梁名称	国　家	建造年代	材　质	桥梁功能	外观分类
加德桥	法 国	公元前 20 年至公元前 19 年	石材	高架引水桥和人行桥	高架多层联拱石拱桥
塞哥维亚的高架引水桥	西班牙	53～117 年	石材	高架引水桥和人行桥	高架多层联拱石拱桥
阿维尼翁桥	法 国	1177～1185 年	石材	人行桥	联拱石拱桥
莫斯塔尔的旧桥	波 黑	1557～1566 年，2001～2004 年重建	石材	人行桥	单拱石拱桥
迈赫迈德·巴什·索科罗维奇的古桥	波 黑	1566～1571 年	石材	人行桥	联拱石拱桥
乔治铁桥区的铁桥	英 国	1779～1781 年	铁质	人行桥	拱形铁桥
旁特斯沃泰水道桥	英 国	1795～1805 年	石材与铁质	水道桥	高架联拱桥
维斯盖亚桥	西班牙	1898～1893 年，1941 年完成重建	钢结构	人行桥	高空拉索桥

相比于赵州桥、洛阳桥和卢沟桥的建造时间、材质、用途和外观形制，特意选取较之近似的加德桥和迈赫迈德·巴什·索科罗维奇古桥作为世界桥梁遗产的代表进行比较研究。

（一）加德桥

公元前 1 世纪，古罗马帝国为了解决当地的用水问题，于法国南部尼姆附近的加德河上修建了一座长达 275 米，高约 50 米的巨型古罗马式高架引水桥。桥身分为三层，且全部采用石材建造。上层宽 3 米，分 35 个小拱，并设有宽约 1 米，深约 1.5 米的引水道；中层宽 4.5 米，分 11 个拱；底层宽 6.4 米，分 6 拱，为人行道。加德桥作为与古罗马斗兽场齐名的帝国标志性建筑，在历经了 2000 余年的地震、洪水和战乱屹立至今，可以说是桥梁建筑史上的一个奇迹。它作为精湛的施工技艺与科学设计完美结合的产物，反映出当时文明的繁荣昌盛，世界遗产委员会就曾做出这样的评价：加德桥建于公元前夕，是为了让尼姆高架水渠（长约 50 千米）横跨加德河所建，设计这座桥的罗马建筑师和水利工程师创造了一件技术和艺术的传世杰作。

（二） 迈赫迈德·巴什·索科罗维奇的古桥

迈赫迈德·巴什·索科罗维奇的古桥横跨于波斯尼亚和黑塞哥维那东部的德里那河上，于16世纪末由奥斯曼帝国的首相迈赫迈德·巴什·索科罗维奇下令建造。该桥作为奥斯曼帝国的纪念性建筑和土木工程的巅峰之作，桥身长179.50米，共有11个石拱，每个石拱跨度在11~15米，右侧的入口斜坡有4个拱门，位于德里那河左岸。它是土耳其和意大利文艺复兴时期最伟大的建筑师和工程师之一——米玛尔·科卡·思南的代表性杰作。在布局设计上，桥梁整体的不对称美与桥身设计的对称美相得益彰，代表了东西方文化融合的艺术设计理念。在选址上，桥的南面群山环绕，北面则是开阔而静谧的德里河——在群山绿水之间，古桥静静矗立其中。

二 中国古代经典石桥与世界桥梁遗产的遗产价值对比

参考《保护世界文化和自然遗产公约》对世界遗产概念外延做出的解释和《实施保护世界文化与自然遗产公约的操作指南》的评估标准，结合目前已经入选世界遗产的桥梁项目的特征，可以发现世界桥梁遗产在推动技术创新方面扮演着重要角色，能为当时的文明或文化传统提供特殊的历史见证，并对当时某一区域的文化、艺术、城镇规划和景观设计等方面有着巨大的影响。从深层次来看，这些特征仍是人类的历史人文、艺术审美和科学技术价值的重要体现。因此，研究中国古代石桥所拥有的遗产价值，也可以从这三方面进行比较。

（一） 历史人文价值层面

表2所列的三座中国古代经典石桥在历史人文方面拥有很高的价值，在文化方面拥有更为深厚的底蕴。一是从建造年代上来看，三座中国石桥建造年代均十分久远，能为当时的文明或文化传统提供特殊的历史见证。二是泉州洛阳桥是不同文化进行交流的重要象征，与迈赫迈德·巴什·索科罗维奇的古桥有着异曲同工之妙。三是衍生出不少文学作品，这三座桥梁不仅是民间传说故事的重要素材，如鲁班修赵州桥，洛阳桥的"醋"字故事等；也是历代文人墨客的青睐之地，在中国古代文学作品中留下了不可或缺的身影。

表2 入选世界遗产桥梁项目的历史人文内涵

桥梁名称	建造时间	主要历史人文内涵
加德桥	公元前20年至公元前19年	古罗马帝国标志性建筑，见证了历史的流逝，拥有许多故事传说，深深烙下了那个黄金时代的文化印记
迈赫迈德·巴什·索科罗维奇的古桥	1566～1571年	记录了奥斯曼帝国的兴衰，不仅是当时帝国对边疆强力统治的表现，更是连接两岸伊斯兰文明和基督教文明的纽带，被誉为融合不同宗教间分歧和不同文化间冲突的真正"桥梁"
赵州桥	隋朝（605～618年）	体现当时建筑设计的最高水平，成为无数文人墨客笔下的璀璨明珠，也是隋朝国力昌盛的重要体现
洛阳桥	宋朝（1053～1059年）	宋代泉州对外贸易交流发展繁荣兴盛的历史见证，也是激发历代文学诗词创作的重要源泉
卢沟桥	金朝（1189～1192年）、明朝（1444年）、清朝（1698年）两次重修	金朝历史人文的重要遗存，同时也是中国近代重大历史事件的见证

（二）艺术审美价值层面

在审美价值方面，两者相比具有显著差异。一是中国古桥比较重视细节的设计，欧洲古桥则显得朴实无华。二是中国古代石桥在整体布局上体现着一种传统文化——"山水"之美的理念，非常注重人工建筑与自然环境的完美结合。三是中国古桥极具东方特色的圆润美和对称美，欧洲古桥注重层次感和线条感的艺术设计（见表3）。

表3 入选世界遗产桥梁项目的艺术审美价值

桥梁名称	主要艺术审美价值
加德桥	代表当时建筑艺术设计的最高成就，整个桥身朴实无华，线条硬朗，三层连拱的设计具有很强的层次感，而每层桥拱不同的制式极具冲击性的视觉效果，体现了当时人们的审美价值观念

续表

桥梁名称	主要艺术审美价值
迈赫迈德·巴什·索科罗维奇的古桥	整座桥梁从侧面看起来像顶角约为170度的等腰三角形，桥面的弧形砖石铺设变化多样。整体设计既有东方的圆润弧度，也有西方特色的硬朗线条，在选址上非常注重与周围环境的融合，体现了东西方艺术理念的完美结合
赵州桥	外形奇特壮丽，设计精美巧妙。桥体圆润的设计使得整座桥梁非常美观，恰似初月出云，长虹引涧。桥与周边景色浑然一体，充分代表了东方的"山水"意境。其对细节构造也非常重视，栏板、桥身都有精美绝伦的雕刻
洛阳桥	连绵不绝的桥身建有数座桥亭，整体构造恢宏雄伟、气势磅礴，选址布局与海天一色。建于桥南的蔡襄祠内修有蔡襄亲题的《万安桥记》宋碑，具有极高的书法、记文、雕刻艺术价值
卢沟桥	石雕石刻，惟妙惟肖；附属建筑极具特色，如乾隆御笔"卢沟晓月"石碑；选址布局充满美感

（三）科学技术价值层面

桥梁遗产正是在科学技术方面拥有独特的创新，并对世界桥梁的发展起到了重要的推动作用，才得以入选《世界遗产名目》。通过对世界桥梁遗产和中国古代经典石桥在科学技术价值层面的比较，可以发现后者并不逊于世界桥梁遗产。无论是首创敞肩石拱桥制式的赵州桥，或是在桥梁施工过程中开创了"筏形基础"和"蛎房固基"这两种新型技术的洛阳桥都是桥梁建筑史上的经典（见表4）。

表4　入选世界遗产桥梁项目的科学技术价值

桥梁名称	主要科学技术价值
加德桥	加德桥在桥梁和水利工程史上占有一席之地。桥身整体设计分三层，虽都是联拱，但层层制式不同。上层特意建造了35个小拱，尽量压缩联拱处的面积，以求在大风天气下减少风应力；中层考虑到洪水泛滥时对桥梁横截面的冲击力，特意开设了许多跨度较大的桥拱；底层则本着加固桥身的初衷，采取主拱跨河，偏拱支撑的设计

续表

桥梁名称	主要科学技术价值
迈赫迈德·巴什·索科罗维奇的古桥	迈赫迈德·巴什·索科罗维奇古桥作为联拱石拱桥的典型代表，拱形呈尖形拱的制式，用纵联砌置的方式修建而成，从其联合面来看，属于无铰石拱桥，这在当时都是比较先进的技术
赵州桥	首先，桥梁采用了跨度达到37米的单孔石拱形制，以减少桥身对水流造成的阻力，延长桥梁使用年限。其次，为了便于行人的来往，并减少施工难度和原材料的使用，桥采用扁弧形制式。最后，赵州桥在世界桥梁建造史上开创了敞肩石拱桥的形制，在其大拱的两旁拱肩上，独创性的各开两拱。不但较大程度上减少了桥身的自重，也节省了用料，还能够起到分洪泄流作用
洛阳桥	洛阳桥最引以为傲的科学技术成果体现在"筏型基础"和"蛎房固基"这两种建造技术上。前者针对软土地基上难以建桥的问题，先沿桥梁中线设置大量石块，在江底形成一条坚固石堤，之后再在上面建桥。后者则是为进一步加固桥基和桥墩的连接，创新性的在桥下大量种植牡蛎，利用牡蛎附着力强和繁殖迅速的特性，将桥基和桥墩胶结为经得起海水冲击的人工磐石
卢沟桥	桥身设计方面采用了11联拱的弧形拱式设计，此种造型最大的好处就是桥墩能将任意一拱的承重进行分散传载，由桥身整体承担，延长了桥的寿命。桥墩设计也很有特色，其桥墩形似船形，墩头向北，以杀水势，墩头的前端都有加固

综上所述，中国古代经典石桥作为华夏历史文明的见证，承载着中国传统文化的精髓，体现着东方特色的"山水"审美理念，其科学技术上的创新也在世界桥梁建筑史上写下了浓墨重彩的一笔。中国古代经典石桥在历史人文、艺术审美和科学技术等遗产核心价值层面都不逊于世界桥梁遗产，具有极大的申遗潜力。

三　世界遗产视角下中国古代经典石桥面临的问题

通过上述的对比、分析，我们发现，虽然中国古代经典石桥与进入世界遗产名录的桥梁相比，在各个方面的价值并不逊色，但是由于我们在保护理念和保护方式上存在诸多问题，严重影响了它们作为优秀遗产的价值发挥。

（一）保护理念的落后是当前中国经典石桥面临的首要问题

河北赵县赵州桥、福建泉州洛阳桥和北京丰台卢沟桥作为国家重点文物保护单位，桥梁本身虽然受到了良好的保护，但这种保护方式多是一种"静态"的圈养，在很大程度上忽视了对其"活态"的保护观念的培养。应该争取让更多的民众参与到古桥保护的活动中来，让他们不仅是旅游式的走近、看见，而且要让更多的普通人去真实的感受和体验。反观世界遗产强国法国在这方面的经验，他们不仅重视对文物保护观念的宣传，还让每一位民众都有机会参与到文物保护的管理过程中来，增强公众文物保护的意识和对民族文化的认同感。

（二）桥梁自身的保护方式也面临着严峻的考验

这种考验主要来自于经济发展与文物真实性、完整性之间的矛盾。文物保护本身是一种公益性行为，保护的最终目的并不是为了经济收益，而是为了更好地将这些历史遗产传承，延续中华民族的文明与血脉，经济利益应该让位于公益。真实性的破坏源于地方政府的无序或过度开发，忽视了对桥梁原貌的保护，给文化遗产的真实性造成了不同程度的破坏。完整性的考验主要体现在桥梁周边环境的破坏。桥梁遗产包含了桥梁周边的山水人文氛围，应尽量减少新建筑，以避免破坏整体环境格局，最大限度保持其完整性。以赵州桥为例，早在 1996 年赵州桥就入选了我国的"世界遗产预备名录"，当地政府随后迁移了周边的民居，盲目扩大赵州桥公园的面积，完全破坏了整个赵州桥的原始环境，导致其在 2006 年又被移出"世界遗产预备名录"。

图书在版编目（CIP）数据

文史哲论丛.2014卷/谷建全主编. —北京:社会科学文献出版社，
2014.11

ISBN 978 - 7 - 5097 - 6575 - 3

Ⅰ.①文…　Ⅱ.①谷…　Ⅲ.①文史哲 - 丛刊　Ⅳ.①C - 55

中国版本图书馆 CIP 数据核字（2014）第 229042 号

文史哲论丛（2014 卷）

主　　编／谷建全
副 主 编／卫绍生　张新斌　高秀昌　闫德亮

出 版 人／谢寿光
项目统筹／任文武
责任编辑／高　启　王　颉

出　　版／社会科学文献出版社·皮书出版分社(010)59367127
　　　　　地址：北京市北三环中路甲29号院华龙大厦　邮编：100029
　　　　　网址：www.ssap.com.cn
发　　行／市场营销中心（010）59367081　59367090
　　　　　读者服务中心（010）59367028
印　　装／北京季蜂印刷有限公司

规　　格／开 本：787mm × 1092mm　1/16
　　　　　印 张：18.5　字 数：302 千字
版　　次／2014 年 11 月第 1 版　2014 年 11 月第 1 次印刷
书　　号／ISBN 978 - 7 - 5097 - 6575 - 3
定　　价／58.00 元